通识课

中国古代军事通识课

钟少异 等 著

中共中央党校出版社

图书在版编目（CIP）数据

中国古代军事通识课 / 钟少异等著 . -- 北京 : 中共中央党校出版社 , 2021.12
（新时代领导干部通识读物）
ISBN 978-7-5035-7222-7

Ⅰ . ①中… Ⅱ . ①钟… Ⅲ . ①军事史－中国－古代－干部教育－学习参考资料 Ⅳ . ① E291

中国版本图书馆 CIP 数据核字（2021）第 241976 号

中国古代军事通识课

责任编辑 蔡锐华 王美丽
版式设计 张 敏
责任印制 陈梦楠
责任校对 马 晶
出版发行 中共中央党校出版社
地　　址 北京市海淀区长春桥路 6 号
电　　话 （010）68922815（总编室） （010）68922233（发行部）
传　　真 （010）68922814
经　　销 全国新华书店
印　　刷 唐山嘉德印刷有限公司
开　　本 710 毫米 ×1000 毫米 1/16
字　　数 294 千字
印　　张 20.5
版　　次 2022 年 1 月第 1 版 2022 年 1 月第 1 次印刷
定　　价 59.80 元

网　　址： www.dxcbs.net **邮　　箱：** zydxcbs2018@163.com
微 信 ID： 中共中央党校出版社 **新浪微博：** @党校出版社

本书作者

钟少异　霍印章　葛业文　魏　鸿

高润浩　赖　锐　姚有志　任　力

邱剑敏　李元鹏　张　欣　喻　江

萧大维　高　炜　赵　英　荚　丽

倪霄汉　李晓玲

总 序

领导干部要有通识通学通才

王蒙

得知中共中央党校出版社准备出版一套领导干部通识教育读物，深受鼓舞。这一套系列丛书，涵盖文学、历史、哲学、经济、政治、军事、管理、科学、艺术等各个主要学科领域。它们将能丰富我们的知识，拓宽我们的眼界，推动我们的思维认知、选择决策，延伸发展我们的执政能力、教化能力、全面深化改革能力，优化领导干部素质，提高领导干部的境界和威信。

为了完成党领导全国各族人民，统揽伟大斗争、伟大工程、伟大事业、伟大梦想，推动中国特色社会主义伟大事业的历史使命，我们的领导干部，不但必须掌握既有的专门学科知识与技能，更要具备统揽大局、统筹全局的通识通学通才。

新中国成立前夕，在毛泽东提议下，党中央重新编审了一套12本干部要学习的马列主义著作，毛泽东专门把这套书定名为“干部必读”。这

12本“干部必读”，也是一套马列主义著作的通识课，许多老同志至今对此记忆犹新，感奋不已。改革开放初期，邓小平提出了实现干部队伍革命化、年轻化、知识化、专业化的战略方针。其中的知识化，既包括了专业教育，也包括了通识教育、通才教育。习近平总书记十分重视对领导干部的本领和能力的培养教育，他提出“领导干部要爱读书读好书善读书”，领导干部要增强“八大本领”，年轻干部要提升“七种能力”。习近平总书记强调，经济、政治、历史、文化、社会、科技、军事、外交等方面的知识，领导干部要结合工作需要来学习，不断提高自己的知识化、专业化水平。要坚持干什么学什么、缺什么补什么，有针对性地学习掌握做好领导工作、履行岗位职责所必备的各种知识，努力使自己真正成为行家里手、内行领导。这样才能成为一个复合型领导干部，也就是一个通才。

作为复合型领导干部，还要善于汲取世界先进文明成果。文明因多样而交流，因交流而互鉴，因互鉴而发展。马克思主义和社会主义思想传入中国，再到改革开放以来全方位对外开放，中华文明始终在兼收并蓄中历久弥新。我们只有张开双臂拥抱世界，才能不断扩大对外开放，社会主义市场经济才能取得高质量发展。

孔子提出了“君子不器”的观点，就是说，君子的使命感责任感在于修齐治平，大任在于家国天下，不能仅仅满足于技能性操作，更要把握天命天道，以及多方面的追求规范，用今天的话来说，就是要把握历史的发展规律，要树立正确的“三观”与科学的价值体系，从而更好、更全面地推动中国的进步与发展。

我们常说，博观约取，厚积薄发。通识教育就是一个“博观”“厚积”的过程，这个过程做扎实了，就能“约取”“薄发”。领导干部要做到通识，要融会贯通多学科、跨学科与人民历史性实践的方方面面的文明成果。这样一个成果的获得，也正是马克思提出的实现人的全面发展的理想在中国特色社会主义现代化中的体现。经过摸索探寻研讨总结，希望这套丛书的出版能有助于领导干部自我教育的努力，有利于我们的干部通识教育的发展与完善。

王蒙，著名作家、学者，曾任文化部部长，2019年9月被授予“人民艺术家”国家荣誉称号。

绪 论

高度重视学习借鉴中国古代军事文化

国家的诞生是人类历史上一次深刻的社会革命，也是一次深刻的军事革命。从此国家成为战争和军事活动的主体，以其强大的组织能力不断推动战争和军事的发展。在国家诞生之初，甚至有可能在国家孕育萌芽之际，中国先民就提出了一个惊世骇俗的设问：“帝力于我何有哉？”（帝王的力量对我有什么影响啊？）这句话出自中国现存最早的一首古诗《击壤歌》：“日出而作，日落而息。凿井而饮，耕田而食。帝力于我何有哉！”这首诗相传是尧舜时代先民留下的歌谣，反映了老百姓安宁生息的田园生活和自食其力的朴素思想。其最不同凡响之处，是提出了“帝力”的概念，发出了“帝力”对我有什么影响的设问。古代帝王的力量其实就是国家力量，其核心是国家的军事力量。没有强大的国家军事力量的保障，百姓怎能安宁生息？所以自古以来，国家军事力量是否强大，国家军事力量的建设和运用是否得当，与每一个人息息相关。所以中国古人又有一句话“天下兴亡，匹夫有责”，体现了强烈的家国一体意识。

中国古代政治家和军事家很早就认识到了这一点，因而提出：“国之大事，在祀与戎。”（《左传·成公十三年》）“兵者，国之大事也，死生之地，存亡之道，不可不察也。”（《孙子兵法·计篇》）先哲们无不主张从国家整体上以理性慎重的态度思考和处理战争和军事问题，确保国家的持久安全。

为此，历朝历代因应内外各种威胁，提出了丰富的军事思想，进行了大量军事实践，形成了独具特色的中国古代军事文化。其中，既有成功，也有失败；既包含诸多优秀的军事传统，也带有特定时代的历史局限。中国古代军事的优秀传统，对历朝历代维护国家安全和统一发挥了积极作用，中华民族之所以能够生生不息，创造出世界上唯一延续数千年而不中断、至今仍蓬勃旺盛的文明，与此紧密相关。中国古代军事的历史局限，则对历朝历代的国防军事举措产生了负面作用，中国历史上一再出现的周期性动荡和晚清面对列强侵略的惨败与此直接相关。

本书主要着眼于中国古代军事与中国古代国家安全发展的关系，着重从军事文化、安全观念、国防军事重大举措（包括制度设计、战略决策、力量建设、战争行动）、军事思想和军事技术等方面，进行分析探讨：分析其根源成因、作用影响，探讨其得失成败、经验教训。以期对我们今天思考国防军事问题提供有益的镜鉴和启发。

全书共十五讲。第一讲总论中国古代军事文化，提出军事文化的核心是决定民族军事思维方式和军事行为模式的那些具有根本性的思想和精神，分析了中国古代军事文化的基本特点和历史成因，概括了中国古代军事文化的精髓要义，剖析了中国古代军事文化的历史局限，并在此基础上对创新发展中国特色军事文化进行了思考。

第二讲总论中国古代国家安全思想，认为国家安全思想是决定国防军事发展的基石，中国古代国家安全思想成熟早，具有综合性、内敛性、预防性的基本特点，经过历朝历代的实践运用积累了丰富经验，其中包含着维护国家安全的重要历史规律，晚清面对西方冲击和历史巨变，中国传统国家安全思想经历了近代化的痛苦转型，这些都为思考当代国家安全问题提供了宝贵借鉴。

第三讲至第八讲评析历朝历代国防军事重大问题，涉及思想观念、制度设计、战略决策、军力建设、边防措置、训练后勤、战争行动等，每个时期突出其具有时代特点的最重要的内容，评析其成败得失、经验教训。先秦秦汉时期突出大一统问题和应对解决匈奴威胁问题；魏晋南北朝时期突出分裂战乱原因和民族问题对国家安全的影响；隋唐五代时期突出解决突厥威胁、唐太宗的国防战略和安史之乱的教训；宋元时期突出统一方略和解决军事积弊不力、国防积弱的教训；明代突出边海防战略和东南抗倭、援朝抗日等边海防危机应对；清代突出康熙乾隆的国防观念、维护国家统一的成就和晚清军事衰败的根源。

第九讲分析地理环境对中国古代国防态势的影响；第十讲综论汉唐清盛世与国防的关系，从总体上认识中国古代国防的特点，以及国防军事对中国古代历史发展的重要作用。

第十一讲至第十三讲论述中国古代军事思想，突出三个内容：中西军事战略思想的历史发展，通过比较揭示中国古代军事战略思想的特点和价值；《孙子兵法》的成就和军事思维特色、孙子思想对现代战争指导的意义；中国古代作战思想的丰富内容和智慧内涵。

第十四讲和第十五讲论述中国古代军事技术，第十四讲着重分析中国古代国家对军事技术发展的作用，揭示其中的积极作用和消极影响；第十五讲着重分析中国与火器革命失之交臂的历史过程和深层原因，探讨其中的历史教训。

中国五千多年的军事发展，波澜壮阔；中国五千多年的军事文化积淀，弘远厚重。它深刻昭示：中华民族的发展历经坎坷，每个时代都面临巨大的安全威胁，只有富国强军，勇敢斗争，善于斗争，才能保障安全和发展、和平与安宁；中华民族有其不屈的脊梁，求统一、求安定、求发展，虽历经风雨而矢志不移，自强不息故能屹立于世界；中华民族理性持重，贵和慎战，决不穷兵黩武、横行霸道，也决不容许强权霸凌、分裂祸国。

本书各讲内容都是参与撰写者长期研究的成果，反映了学者们对中国古代军事相关问题的认识，一些认识不一定到位，不当之处，诚恳欢迎广大读者批评指正。

钟少异

2021年冬于京西

目 录

第一讲
中国古代军事文化的成因、精髓和局限

中国古代军事文化是源远流长的中华文明的重要组成部分，是中华民族长期军事实践的历史积淀，是中国当代军事文化的根基和源泉。

文化的内核是对民族的思维方式和行为模式起决定作用的具有根本性的观念意识和精神风尚。中国古代军事文化的核心就是历史上对中华民族的军事思维方式和军事行为模式起决定作用的那些根本性的观念意识和精神风尚。它是在中华民族的历史发展中长期积淀形成的民族共同心理趋向，具有根深蒂固的内在性，长期以来决定了中华民族在战争和军事问题上的思维方式（怎么想）和行为模式（怎么做）。从这个根子上对中国古代军事文化进行理性、客观的分析，力求科学地把握其优秀特质和历史局限，唯有如此才能正确认识古代中国的军事传统，进而取其精华，去其糟粕，创新发展中国当代先进军事文化。

一、中国古代军事文化的基本特征

中国古代军事文化根植于中华文明的母体，独特的历史土壤塑造了中国古代军事文化的独特面貌，突出表现于三个方面。

（一）占主体的农耕文明和儒家思想塑造了中国古代军事文化的非扩张性特征

中华民族世代生息繁衍的华夏大地，是一个天然屏障环绕、区域广大且内部结构体系完整的地理单元。它西北耸立着帕米尔高原，西南横亘着喜马拉雅山脉，东、南两面为万顷波涛，北部是一望无际的荒漠草原。中华农耕文明发源于这个区域中心的黄河流域和长江流域，并不断向适宜农业的周边地区扩散，从关中平原、华北平原、江淮地区，再扩展到四川盆地、珠江流域和东北平原。从主体上看，中华民族五千多年的文明史，就是一部农耕文明的发展史、延续史。封闭的地理环境，发达的农业经济，自给自足的生产生活方式，造就了祈求安定、注重秩序、崇尚和谐的民族心理趋向。作为封建时代主流意识形态的儒家思想，是中国古代农耕文明的产物，重视和谐、关注民生、提倡仁爱，强调以德立国，主张施行德政教化来实现国家的长治久安，并影响和感化天下；反对侵略扩张和穷兵黩武，深刻影响和塑造了中国古代军事文化的基本品格——非扩张性，突出表现为重内部治理而非对外扩张，强调在施行德政的基础上慎重、合理地使用武力，反对滥用武力，逞暴天下。

秦汉以后，黄河中下游、长江中下游和珠江流域的宜农区域基本上得到了开发和统一，主流思想认为“治安中国，而四夷自服”[①]，只要把内部治理好了，国家安定强大，周边的部族邦国自然就会顺服，对外用兵往往被认为是一种耗费国家、危害安定的行为，更多的时候是按照儒家“修德怀远”“德化天下”的政治理想，对周边地区采取怀柔抚绥的温和政策。15世纪初叶，早在西方的“地理大发现”之前，明成祖朱棣就派郑和率领当时世界上最强大的舰队，七次出使海外，跨越西太平洋和北印度洋，到达亚、非30多个国家和地区。但他们没有去进行武力征服，也没有建立海外殖民地掠夺别国财富，而是友好地宣扬中国的文化和物产，与亚非各国互通有无。这正是中国古代军事文化非扩张性特征的充分表现。

（二）中原农耕文明与北方游牧文明的长期对抗塑造了中国古代军事文化的防御性特征

在中国古代，中原农耕文明面临的安全威胁主要来自周边的游牧民族，

---

① 《资治通鉴》卷一百九十三《唐纪九》太宗贞观三年。

特别是北方草原游牧民族。中原农耕文明与北方游牧文明的长期对抗，是古代中国的基本地缘格局，其总体战略态势则是北攻南守。由于古代游牧经济结构单一、效率低下，满足不了社会生活中的多方面需求，特别是抵抗自然灾害的能力很弱，形成其对农耕经济的一定依赖性，促使游牧民族常常季节性南下，从农耕区掠夺生活必需品。而游牧民族精于骑射、行动迅疾、自我保障能力强等军事上的天然优势，进一步增强了其劫掠的动力和危害。

面对北方游牧民族的威胁，以农耕民族为主体的中原王朝的基本做法是防御自守，并随国力的盛衰而在积极防御和消极防御之间变化。积极防御，往往表现为主动出击，以攻为守，如强盛的汉朝和唐朝，以及明朝永乐时期，都曾挥师北征，分别击溃了匈奴、突厥和蒙古诸部的军事力量。消极防御，通常表现为收缩防线，凭险筑城，深沟高垒，只守不攻，各个朝代的中后期大抵如此。雄才大略的汉武帝、唐太宗和明成祖，也曾企图通过大举进攻来一劳永逸地解决北部的边患，但并未成功，长时间、大规模对外用兵使国家付出沉重代价，甚至引起内部动荡。因此，历代王朝的进攻性行动通常延续时间不长，消除了眼前直接的军事威胁后就适时收兵，不会谋求长期占领游牧地区，而防御的态势则是经常、普遍和持久的。这种历史状况塑造了中国古代军事文化鲜明的防御性特征。

（三）智慧辩证的民族心性塑造了中国古代军事文化的智慧性特征

广袤的华夏大地不仅孕育了灿烂的中华文明，也培育了中华民族智慧辩证的心性。中国人长于辩证思维，注重事物的普遍联系、能动转化和循环发展，善于综合地、动态地把握事物。体现在军事文化上，表现为注重对战争规律、战争法则的探讨、总结，注重把握战争规律、理性智慧地指导战争。中国古代军事思维十分发达，从《周易》中的军事思想萌芽，到《孙子兵法》《吴起兵法》《孙膑兵法》等军事专著的相继问世，形成了世界上最早的系统军事理论，开启了兵学兴盛的滔滔长河。据统计，1911年以前见于记载的兵书多达4221部[①]，目前传世的兵书仍数以千计，其数量远远超过了同时期世界其他国家所有兵书的总和。

与西方早期军事著作相比较，中国古代兵书不但问世时间更早、数量更多，而且具有更深邃的理论思考。产生于公元前5世纪至公元前4世纪的古希腊代表性军事著作有希罗多德的《历史》、修昔底德的《伯罗奔尼撒战争史》和色诺芬的《长征记》，它们都是军事史著，作者虽然在历史的叙述中阐发了对战争和军事问题的一些理性认识，但缺乏较系统的理论概括，还算不上真正的军事理论著作。而早在公元前6世纪，中国就已经诞生了专门而系统的军事理论著作《孙子兵法》，并开创了中国古代兵书“舍事而言理”的风格传统，即力求摆脱具体战争史实的羁绊，注重对战争规律和法则的辩证把握、抽象概括，以使理论对实践更具普遍指导性，因而具有言简意赅、思想深邃、富于哲理等突出特点。这赋予了中国古代军事文化强烈的智慧性特征。

二、中国古代军事文化的精髓

中华文明历史悠久，辉煌灿烂。中国古代军事文化积淀深厚，内涵丰富，是中华民族军事实践中精神特质的集中反映，是中华文明鲜明个性和独特气派的重要体现。举其精华，大体可以归纳如下：

（一）“混一宇内”的大一统追求

中华文明缔造之初的诸侯纷争和分合变化，使中国古人很早认识到，只有统一才能免除战乱，只有统一才能保持安定，由此孕育了中华民族强烈的大一统观念。西周时人们就说：“溥天之下，莫非王土；率土之滨，莫

① 参见刘申宁:《中国兵书总目 · 凡例》，国防大学出版社 1990 年版。

非王臣。”[①]经过春秋战国的长期战乱，统一逐渐成为国家发展的趋向。此后从秦统一直到清末，统一的观念日益深入人心，国家统一的广度和深度不断发展。人们认识到，国家愈统一，人民愈团结，国家和民族就愈昌盛。统一因而成为中华民族的政治理想和主导性的价值取向，也是中国军事文化的一个根本追求。这就是陆游《示儿》诗所表达的内涵：“死去元知万事空，但悲不见九州同。王师北定中原日，家祭无忘告乃翁。”正是这种顽强的民族意志，使中华民族虽迭经分裂而总能重新归于一统，使中华文明历经数千年而绵延不绝并不断发扬光大。

（二）“军令归一”的中央集权思想

中国几千年的历史发展进程表明，强有力的中央集权是保持国家统一和安定的关键。什么时候中央政权坚强有力，军令政令统一，国家就能够比较好地保持统一安定局面；反之，则社会动荡，国家走向分裂内乱，战火连绵，民不聊生。武装力量是国家力量和国家权力的基石，对保证国家的统一和安定具有根本性的作用。“兵权所在，则随以兴；兵权所去，则随以亡。”[②]因此，兵权归于中央是中央集权的先决条件，军令统一是政令统一的基础。秦统一中国后，“法令由一统”“法令出一”[③]的中央集权思想全面确立，其中的核心内容就是军权一统、军令归一。此后历朝历代都以此为根本方针来设计国家制度和军事制度。尽管各个朝代的制度设计不尽相同，有的比较成功，有的不太成功，但最为强盛的朝代必然都是军令政令高度统一的朝代；而这些朝代走向衰败之际，必然都是军令政令统一的局面遭到破坏之时。

（三）“止戈为武”的战争观

基于对和平安定生活的强烈追求，中国古人很早就对战争的破坏性进

① 《诗经·小雅·北山》。
② （宋）范浚：《香溪集》卷八《五代论》。
③ 《史记·秦始皇本纪》。

行了深刻反思。“争地以战，杀人盈野；争城以战，杀人盈城”[①]。“师之所处，荆棘生焉。大军之后，必有凶年。”[②]兵凶战危成为中华民族对战争的基本看法，“夫兵，犹火也，弗戢，将自焚也”[③]，滥用武力的后果将是文明的毁灭，包括毁灭自我。有鉴于此，早在春秋时期，中国古人就对“武”字作出了深刻而独到的解读：“止戈为武”[④]，即使用武力的目的就是制止战争。这个观点集中反映了中华民族以和平为取向的战争观，在中国历史上产生了深远影响，促使人们把缔造和平、维护和平作为运用军事力量的最高目标，并由此派生了不以兵强天下、慎战、备战等重要思想主张。

（四）“不以兵强天下”的道胜思想

先秦时期，中国思想家就非常重视以道义赢得天下，而反对以暴力逞强于天下。老子说：“以道佐人主者，不以兵强天下。”[⑤]孟子说：“得道者多助，失道者寡助。寡助之至，亲戚畔之；多助之至，天下顺之。”[⑥]在此基础上，儒家黜霸道、崇王道，反对穷兵黩武、暴虐天下，追求“德被四海”“服远徕众”的境界，发展形成了“怀远以德”的系统理论，主张以发挥文化、政治影响力为主导，以运用有限军事手段为辅助，对周边部族邦国采取抚绥怀柔的政策，以形成四海安定、天下和谐的局面。随着儒家思想成为历代王朝的主导意识形态，非暴力、非侵略、非扩张也成为古代中国社会的普遍思想倾向。

（五）“富国强兵”的图强战略

中国古人不主张以兵强天下，但坚信必须有强大的实力才能够实现和维护国家统一，才能够保障国家安全和发展。孔子指出，“足食，足兵，民

---

① 《孟子·离娄上》。
② 《老子·三十章》。
③ 《左传·隐公四年》。
④ 《左传·宣公十二年》。
⑤ 《老子·三十章》。
⑥ 《孟子·公孙丑下》。

信之矣”[①]是治国的三大要政。墨子说，“食者国之宝也，兵者国之爪也”[②]。战国法家提出了富国强兵的系统思想，深刻揭示了大国兴盛的根本，对秦统一中国和汉唐盛世的形成起了至关重要的作用。其要义：大力发展经济以富国，在富国基础上强军，以强军保障国家的安全，实现和维护国家的统一。由于农耕文明的经济核心是农业，所以法家又把富国强兵思想精要地概括为“重农战”，即着重抓好农业和军队战力，“国待农战而安，主待农战而尊”[③]。战国时期商鞅在秦国实行变法，把国家发展导上了“重农战”的富国强兵轨道，为秦统一中国奠定了坚实基础。汉、唐两朝的前期都遵循这一战略，通过休养生息发展国家经济，在此基础上打造强大军力，有效维护国家安全，缔造了辉煌盛世。近代中国的百年屈辱历史进一步表明，没有国家的发展就没有强军的基础，没有强大的军队就没有国家的安全和地位。

（六）“文武并举”的国家安全观

孔子说：“有文事者必有武备，有武事者必有文备。”[④]“文”是指政治、经济、文化、外交等非军事手段，“武”是指军事和战争手段。在当代美国学者约瑟夫·奈提出“软实力与硬实力”理论两千多年前，中国思想家对此已有深刻的认识，并发展形成了关于国家安全的系统理论——文武结合，刚柔相济。古人认为，国家安全不能单纯依靠武力，也不能片面依靠“文德”，“恃武者灭，恃文者亡”[⑤]。“文”和“武”两个方面，“以武为植，以文为种。武为表，文为里”[⑥]，也就是说，“文”是根本，“武”是其延伸和表现，二者相辅相成。“文”和“武”两种方式，必须结合起来运用，互为补充，才能收到最佳的综合效果。“能柔能刚，其国弥光；能弱能强，其国弥彰；

① 《论语·颜渊》。
② 《墨子·七患》。
③ 《商君书·农战》。
④ 《史记·孔子世家》。
⑤ 《曹操集·〈孙子〉序》。
⑥ 《尉缭子·兵令上》。

纯柔纯弱，其国必削；纯刚纯强，其国必亡”[①]，因此说，“文武并用，长久之术也”[②]。

（七）“安不忘战”的忧患意识

《周易》载：“安而不忘危，存而不忘亡，治而不忘乱。”[③]孟子通过舜、傅说、管仲等人历经艰苦磨炼而后成就功业的历史事实，提出“生于忧患而死于安乐”[④]的观点。中国传统文化这种强烈的忧患意识体现在军事上，就是强调“天下虽安，忘战必危”[⑤]。古人认识到，“兵者百岁不一用，然不可一日忘也”[⑥]，因此主张时刻保持清醒头脑，始终保持国家安全上的警惕性，“夫安国之道，先戒为宝”[⑦]；而且要做好充分的战争准备，“无恃其不来，恃吾有以待也”[⑧]，“无备，虽众不可恃也”[⑨]，“乃其有备，有备无患”[⑩]。由是形成了中国历史上注重居安思危、有备无患的安全理念和战备思想。

（八）“非危不战”的慎战理念

中华民族以富于理性著称，中国古人一贯主张理智、冷静、慎重地对待战争，坚决反对简单、轻率、情绪化地处理战争问题。《孙子兵法》说：“兵者，国之大事，死生之地，存亡之道，不可不察也。”又说：“主不可以怒而兴师，将不可以愠而致战。合于利而动，不合于利而止。怒可以复喜，愠可以复悦，亡国不可以复存，死者不可以复生。故明君慎之，良将警之。此安国全军之道也。”[⑪]基于这样的态度，中国古代思想家、军事家普遍对武力的

---

① 《三略·上略》。
② 《史记·郦生陆贾列传》。
③ 《周易·系辞下》。
④ 《孟子·告子下》。
⑤ 《司马法·仁本》。
⑥ 《鹖冠子·近迭》。
⑦ 《吴子·料敌》。
⑧ 《孙子兵法·九变篇》。
⑨ 《左传·僖公二十二年》。
⑩ 《尚书·说命中》。
⑪ 《孙子兵法·火攻篇》。

运用设置了严苛的界限。老子说，“兵者不祥之器，非君子之器，不得已而用之”①；孙子说“非危不战”②，都把战争手段作为迫不得已的最后选择。这些观念深入人心，使慎战成为民族的普遍意识，古人因而说“从古知兵非好战”③。

（九）“杂于利害”的军事辩证思维

与西方长于形式逻辑，中国人的辩证思维早熟而发达。诞生于西周时期的《周易》把事物的对立统一视为普遍现象，并用阴阳依存、相互转化的观点来说明一切事物的发展变化规律，是中国古代辩证思维方式的集中体现。中国古代军事家也善于运用辩证思维思考战争问题，注重把握战争中的矛盾对立现象及其变化规律，创设了大量对立统一的概念范畴，如强弱、众寡、攻守、奇正、虚实、专分、速久、迂直，等等，在此基础上提出了“智者之虑，必杂于利害”④的基本原则，即思考战争和军事中的任何问题，都要看到正反两个方面的因素，都要从正反两个方面进行比较权衡，并注意把握其互相转化的可能性。这种思维特质使得中国古代军事家普遍强调充分发挥人的能动性，趋利避害，化害为利，促使战争和军事态势朝有利于己不利于敌的方向发展变化。

（十）“知兵谋胜”的制胜方法论

从孙子开始，中国兵学中形成了反对用迷信方法预测战争胜负，而主张在掌握各方面情况的基础上，通过对各种相关因素的分析运筹来谋划战争、克敌制胜的明确思想方法，这就是知兵谋胜的制胜方法论。它以“知”为前提和核心，不仅要求全面掌握战争的规律，而且特别强调对战争的各方面情况要有全面的了解和把握，力求做到“先知”“尽知”。因为知兵知情是战争决策的基础，是作战行动的依据，因此也是克敌制胜的必要条件。

---

① 《老子·三十一章》。
② 《孙子兵法·火攻篇》。
③ （清）赵藩:《题成都武侯祠联》。
④ 《孙子兵法·九变篇》。

孙子以后的中国军事家和兵学理论普遍强调在知兵知情的基础上，善为谋划、巧为谋划、谋定而动，能动地争取战争胜利，并力争以最小代价夺取最大胜利。这是中国古代军事文化“尚智”的重要体现。

（十一）“以奇用兵”的战争指导艺术

老子说，“以正治国，以奇用兵”[①]。中国古代军事家和兵学理论在战争指导上极其强调夺取战争主动权，极其强调作战方法的灵活变化、出奇制胜。《孙子兵法》是突出的代表。孙子明确提出“兵者，诡道也”[②]“兵以诈立”[③]，反对墨守成规，主张积极主动地用智用谋，灵活变化，通过迷惑敌人来调动敌人，创造胜机。他把能够像水的流动那样机动灵活地作战用兵，做到“战胜不复”，即每一次作战都不是机械重复老一套的方式，而是适应不同情况灵活变化，视为作战用兵的最高境界。他提出的一系列用兵原则，如“攻其无备，出其不意”[④]，“因敌变化”——根据敌人的变化而变化，“致人而不致于人”——调动敌人而不被敌人所调动，无不贯穿着主动和灵活变化的精神，被后人广为接受。唐代李靖甚至认为，兵法“千章万句，不出乎‘致人而不致于人’而已”[⑤]。

（十二）“兵非益多”的精兵思想

中国古代军事家很早就认识到，“兵非益多也”[⑥]（克敌制胜，关键是军队要有战斗力，而不是人数越多越好）。由此发展形成了明确的精兵思想——“兵不贵多，贵乎精；多而不精，莫若少而精之为愈也”[⑦]，强调军队建设重质求精，注重建设一支精干而训练有素、战斗力强的军队。明代徐

---

① 《老子·五十七章》。
② 《孙子兵法·计篇》。
③ 《孙子兵法·军争篇》。
④ 《孙子兵法·计篇》。
⑤ 《唐太宗李卫公问对·卷中》。
⑥ 《孙子兵法·行军篇》。
⑦ 《皇明经世文编》卷三十四《于忠肃公文集·宣府军务疏》。

光启说："千筹百计，总以精兵为根本。若无精兵，虽多得良将无可用，多有奇谋不得用，多造利器莫能用，多结外援弗敢用也。"[①]中国古代精兵思想的要义：一是"简选精良"[②]，注重选拔素质优良的兵员；二是"教戒为先"[③]，强调严格的训练；三是"以治为胜"[④]，强调严明的管理和军纪。其中特别是训练，是历代兵家最为强调的精兵之要，因为只有通过严格的训练，才能使军队熟练地掌握武器装备，充分发挥技战术效能，成为精锐善战之师。因此说："夫军无习练，百不当一；习而用之，一可当百。"[⑤]

（十三）"激心励气"的教育训练思想

战争是敌对双方实力的综合对抗，既有物质力量的角逐，又有精神力量的较量。重视精神力量在战争中的作用，是中国古代军事文化的重要特点。古人认为，军心士气可以决定战争胜负，"兵之所以战者气也"[⑥]，"气实则斗，气夺则走"[⑦]，因此特别强调军心士气和战斗精神的培育，视之为练兵之要。《太白阴经》说："激人之心，励士之气。发号施令，使人乐闻；兴师动众，使人乐战；交兵接刃，使人乐死。"[⑧]其主要方法：一是"明耻教战"。通过爱国教育和荣辱教育，培育将士同仇敌忾的战斗精神。二是"精艺励气"。把练心、练胆与练艺紧密结合。"教兵之法，练胆为先；练胆之法，习艺为先。艺精则胆壮，胆壮则兵强。"[⑨]三是将帅身先士卒。"善将者，宜如何而练其心气哉？是不外身率之道而已矣。"[⑩]"先之以身，后之以人，则士无不勇矣"[⑪]。四是精诚团结促士气。《左传》说："师克在和，不在众。"[⑫]

① 《徐光启集》卷三《练兵疏稿一》。
② 《吕氏春秋·简选》。
③ 《吴子·治兵》。
④ 《吴子·治兵》。
⑤ 《将苑·习练》。
⑥ 《百战齐略·气战》。
⑦ 《百战齐略·气战》。
⑧ 《太白阴经·励士篇》。
⑨ 《正气堂集卷之十一·兵略对》。
⑩ 《练兵实纪·杂集卷一·储练通论上》。
⑪ 《将苑·厉士》。
⑫ 《左传·桓公十一年》。

《兵镜》说：“兵贵其和，和则一心；兵虽百万，指呼如一。”[①]因此古人高度重视治军练兵要做到“上下相得”，三军“同心协力”。

（十四）“令文齐武”的治军原则

中国古人历来重视军队管理，视之为治军的重要内容。《周易・师卦》说“师出以律”，最早论及这方面问题。春秋战国时期，军队管理思想在丰富的军事实践中逐步发展成熟。秦汉以后，兵、儒结合，军队管理思想更趋丰富。传统军队管理的核心思想是“令之以文，齐之以武”[②]，其含义是通过思想教化手段达到军令畅通，通过军法约束手段达到行动一致。这一治军原则的要点，一是刚柔相济，即教育、奖励、爱兵等引导方式与法规军纪、严刑重罚等强制方式相辅相成，不可偏废；二是军令素行，即注重养成教育，使士卒平素养成遵规守纪、服从命令、听从指挥的习惯，始终保持部队的整齐划一和行动一致。

（十五）“丹心报国”的军人节操

中国传统文化强调个人的气节和操守，把“修身”作为“治国、平天下”的基础，提倡“天下兴亡，匹夫有责”的胸怀，“富贵不能淫，贫贱不能移，威武不能屈”[③]的气节，“杀身成仁，舍生取义”的精神，成为中华民族的美德。与此相应，古代军事文化也十分重视军人节操，其最突出的精神：一是崇尚舍身报国。西汉骠骑将军霍去病说：“匈奴未灭，无以家为也。”[④]东汉名将马援说，“男儿要当死于边野，以马革裹尸还葬耳”[⑤]。堪称“一片丹心图报国”[⑥]。二是强调爱民保民。孙子说，“唯人是保”[⑦]；荀子说，

---

① 《兵镜吴子十三篇・将职・将职条略》。
② 《孙子兵法・行军篇》。
③ 《孟子・滕文公下》。
④ 《史记・卫将军骠骑列传》。
⑤ 《后汉书・马援传》。
⑥ （明）于谦：《立春日感怀》。
⑦ 《孙子兵法・地形篇》。

“爱民者强，不爱民者弱”[①]。岳飞要求部下“冻死不拆屋，饿死不卤掠”[②]，受到百姓拥戴，成为安民爱民的典范。三是重视武德修养。孙子认为将帅是“国家安危之主”，要具备“智、信、仁、勇、严”[③]的素质，还要有“进不求名，退不避罪”[④]的高尚品德。古人把这些要求简明地概括为将贵“忠勇有谋”。

三、中国古代军事文化的历史局限

中国古代军事文化是中华民族在长期文明发展进程中军事实践的历史结晶，有许多优秀的特质，也不可避免地存在历史的局限性，主要体现于四个方面。

（一）重陆轻海的保守倾向

中国古代文明具有明显的大陆性特征。自给自足的发达的农业经济是其命脉，来自北方草原的严重威胁是其主要祸患，保持农业社会的安定和防范游牧民族的入侵自然成为社会关注的重点和历代王朝的中心任务，历朝历代的安全战略始终专注于大陆农业区的安全和防御。尽管中国自古以来就有漫长的海岸线，但海洋往往只被看作保护内陆安全的一道疆界或防线，即所谓“海疆”“海防”。特别是到中国封建社会后期，海洋观更趋保守，海洋越来越被视为威胁大陆安全和农业社会安定的祸患来源，而不是需要大力开拓的“利薮”，以至在郑和第七次下西洋之后，明朝的大规模海上活动戛然而止，此后明、清两朝均采取了极端保守的“禁海”政策，对民间和官方的海上活动都进行了严厉限制，由此也严重制约了海上力量的

---

① 《荀子·议兵篇》。
② 《宋史·岳飞传》。
③ 《孙子兵法·地形篇》。
④ 《孙子兵法·地形篇》。

发展。明朝中后期和清朝的海洋战略基本上就等同于海防战略，其核心是如何防范敌寇从海上侵袭大陆；而且，与陆上防范北方游牧民族相比较，海防明显处于次要的、从属的位置，其基本方针是沿岸近海防御，海上力量建设局限于沿海或近海水军。正是在这个时候，西方迎来了大航海时代，通过全球拓张带动快速发展，而中国却基本上放弃了海洋，陷入闭关锁国的状态，结果被近代世界浪潮无情抛弃。

（二）重道轻器的片面性

“重道轻器”是中国传统文化的重要特点。道与器的对立最早见于《周易·系辞上》：“形而上者谓之道，形而下者谓之器。”道是指抽象的规律、原理、法则等，器是指具象的器物、工艺、技术等。中国古人主张道为本、器为末，道为主、器为从，所以重道轻器。传统士大夫甚至将科技实践简单地斥为“奇技淫巧”，当权者很少积极地去推动科学技术的发明和应用；而科举文章选士、儒者为官等有关制度和措施又从国家政治层面助长了这一文化现象的蔓延。受其影响，在军事文化中则重视谋略而轻视技术，关注对军事理论的探讨而轻视对武器装备的研究，在制胜手段的偏好序列中通常将谋略置于武器和力量之上，主张“斗智不斗力”。这一倾向的积极意义是，促成了中国古代军事理论的早熟和繁荣，并成就了世界一流的军事谋略艺术；负面影响是制约了中国古代军事技术的发展，以致中国古代虽然发明了火药，却未能使火药火器技术得到充分发展。据统计，在目前存世的数以千计的中国古代兵书中，专门探讨军事技术的只有《火龙神器阵法》《火攻挈要》等为数很少的几部，不足1%，这从一个侧面反映了军事技术在中国传统军事文化中的地位。15世纪后中国科学技术被西方超越，近代西方凭借其军事技术优势敲开了中国国门，才使国人开始警醒。

（三）尚武精神的周期性弱化

在中国历史上，每个朝代开创之初，国家有勃兴之气，军队和社会都有强烈的尚武精神和积极进取意识。但随着海内砥定，社会升平，统治阶层就逐渐松懈了对武备的讲求，尽管有识者屡屡提醒，要“居安思危”“安不忘战”，但收效甚微，总是承平日久，便不可避免地武备废弛，军队和社会的尚武精神、进取意识不断弱化，代之而起的是日益浓厚的安享太平思想。在此过程中，有时某些局部性的危机也促使统治者有所警醒，试图采取措施重振武备，甚至一度出现所谓“中兴”气象，但总是犹如昙花一现，难以挽回一步步衰颓的大势。这种现象在清代表现得非常突出。骁勇善战的八旗军曾为大清王朝的创建立下汗马功劳。定都北京之后，八旗贵族和官兵被赋予了种种特权。曾几何时，这些原本精擅骑射的八旗子弟，一个个优游自在，贪图享受，出入于梨园茶舍，学会了种种消遣，却逐渐消磨掉了勇猛顽强的作风，失去了当年驰骋疆场、奋勇争先的锐气，以至弓马本行也逐渐荒疏，遇有战事，往往“观望逗留，不思振旅遄进，竟尔营私适己，希图便安，或诿兵甲之不全，或托舟楫之未具，借端引日，坐失事机”[①]。所以清朝中期以后，精神退化、武备废弛的清军在对内作战中就屡屡失利，最终更是完全丧失了抵御西方殖民主义侵略的能力。

（四）形式主义和神秘主义的影响

中国传统军事文化中的形式主义，有两个重要表现：一是兵学研究中理论脱离实际的倾向，由此出现了纸上谈兵的风气；二是军事领域重虚文而轻实效的倾向，由此导致了军事训练的虚浮。

《韩非子·五蠹》曾批评战国晚期的社会现象：“境内皆言兵，藏孙、吴之书者家有之，而兵愈弱，言战者多，被甲者少也。”韩非所批评的就是纸上谈兵的风气。这种风气形成于战国时期，到宋代以后，愈加盛行。以致中国历史上产生的大量兵书，有许多内容或空泛不切实际，或神神秘秘、故弄玄虚，或陈陈相因、传抄剽窃，没有多少实际价值。具有讽刺意义的是，中国历史上世人论兵蔚然成风、产生兵书最多的两个时期——

① 《清圣祖实录》卷七十一康熙十七年，正月戊戌。

宋朝和明朝中后期，都是军势国势最为不振的时期：兵书宏富，却屡战屡败。正如韩非所说，言兵者众而兵益弱。毛泽东在读《新五代史》时曾批注：“兵书多坏事，少读为佳。”[①]就体现了对纸上谈兵风气的厌恶。

传统军事文化中的神秘主义来源于阴阳学说，并进一步助长了理论脱离实际的倾向。中国古代在兵学领域产生了许多“花架子”，最为典型的就是宋、明时期的阵法理论。阵作为古代战争的基本作战方式，理应受到兵学研究的关注，但一些文人、术士把排兵布阵与阴阳五行和风角占候理论相结合，把阵法导向了神秘化和烦琐化的误区。什么“太极两仪”“八卦九宫”“奇门遁甲”，纯粹从概念和程式推演出了五花八门的阵，说起来高深莫测，实则严重脱离实际，中看不中用。然而，这些玄虚的阵法理论以及受其影响的花架子式的阵法操演，在一些时期却颇有市场，因为它表面好看，适合对上奉迎。明代名将戚继光曾痛心疾首地指出了其中的害处：“往时场操，习成虚套，号令金鼓，走阵下营，别是一样家数。及至临战，却又全然不同。平日所习器技舞打、使跳之术，都是图面前好看花法之类。如至临阵，全用不对，却要真正搏击，近肉分枪，如何得胜？”[②]

四、几点思考

文化根植于历史，同时影响着历史。中国古代军事文化的优秀特质，对国家的安全和发展、文明的承续和光大，发挥了至关重要的作用；中国古代军事文化的历史局限，既与历朝历代的衰败和动乱息息相关，也对中华文明发展的历史广度形成了制约。

中国古代军事文化是在一个具有很强封闭性的相对独立的历史空间中孕育形成的。今天，世界已经进入信息化和全球化时代，中国已经走出了

① 中共中央文献研究室：《毛泽东读文史古籍批语集》，中央文献出版社 1993 年版，第 269 页。
② 《练兵实纪卷八 · 练营阵》。

东亚大陆的封闭体系，与世界融为一体，中华民族的安全面临着全球力量博弈的挑战，中华民族伟大复兴的中国梦和强军梦迫切呼唤与之相适应的先进军事文化。站在新的时代高度，深入思考中国古代军事文化的优秀特质和历史局限，创新发展当代中国先进军事文化，需要注意把握四个重点。

（一）坚持富国强军与道胜天下相统一，确立当代中国军事文化面向世界的坚定品格

中国是一个泱泱大国，除了大国的体量，还要有大国的实力，才能够雄立于世界。富国强军是中华民族持之以恒的追求，是中华文明能够彪炳于世的基础，也是创新发展先进军事文化的基础。没有这个基础，一切都是空谈。这要求我们必须坚定推进富国强军战略，努力建设与大国地位相适应的先进军事力量。同时还必须看到，两千多年来，中华民族始终把强军作为保障自身安全和发展的基石，而不是依靠强军来威胁和侵略他人。因此，在中国军事文化中，与富国强军思想并行，又形成了“不以兵强天下”的道胜理念，主张大国强国不能以武力胁迫天下，而要以道义影响天下，“得道多助，失道寡助”。近代西方资本主义崛起，大肆对外侵略扩张，使世界陷入了弱肉强食的“丛林法则”之中，中国也深受其害。但放眼世界，扩张性的帝国主义大多没有好结果。未来世界更具生命力的，应当还是把富国强军与道胜天下相结合的中国军事文化传统。当代中国坚持走和平发展道路，宣示“永远不称霸”，就是对这一传统的继承和发扬，对此我们要有充分的自觉和自信，以此确立当代中国军事文化面向世界的坚定品格。

（二）积极经营安全新边疆，强化当代中国军事文化的进取精神

重陆轻海、防御内守是中国古代军事文化根深蒂固的倾向，即使到了20世纪后半叶，新中国的军事战略仍深受这一传统影响。然而，经过改革开放40多年的发展，中国大踏步地走向世界，已经与世界形成了“你中有我，我

中有你”的紧密关系，中国的安全利益疆界早已突破了传统的大陆封闭体系，向全球范围的海洋和空中延伸。同时，科学技术的飞速发展，信息时代的到来，使太空和网络空间成为国家安全至关重要的领域。在当今时代，没有太空安全和网络空间安全，就没有领土、领海、领空安全。因此，今天的国防重心已经不是简单的陆海关系甚或陆海空关系问题，而是陆、海、空、天、网五维关系。这要求我们必须从根本上超越传统思维，树立新的大国防观，面向未来，积极经营陆、海、空、天、网五维空间安全，特别是要把海洋安全、空天安全、网络空间安全作为重中之重——这是中华民族的安全新边疆，没有新边疆的安全就没有老边疆的安全。我们要在大力经营安全新边疆的实践中，锤炼和强化当代中国军事文化积极进取的精神。

（三）紧跟信息时代的步伐，强化当代中国军事文化的科技意识

信息化正引起军事领域的大变革。世界军事史从冷兵器时代到火器时代再到机械化时代、信息化时代，其根本推动力是科学技术的发展，每一次递进都使军事活动的科技含量、科学化水平大幅提升。当前，随着信息科学技术的飞速发展及其在军事领域的广泛运用，信息化武器装备成为军队装备的主角，引起作战手段、军事体系和战争方式发生空前巨变，使军事活动更加高科技化。今天，没有高科技素养，不懂得信息化技术和装备，就打不了信息化战争的仗。在中国历史上，重道轻器的军事文化传统造成了对军事技术的长期忽视，使近代中国在军事上陷于落后挨打的境地。我们必须深刻吸取这个历史教训，高度重视科学技术对军事的作用，紧跟信息时代步伐，认真研究信息化战争的特点规律，真正掌握住打信息化战争的本领，并在此实践过程中，不断强化当代中国军事文化的科技意识。

（四）克服尚武精神弱化和形式主义的弊端，强化当代中国军事文化的战斗精神和务实作风

鸦片战争失败后，中国传统军事文化经历了一场血与火的百年洗礼。

在此过程中，尚武精神弱化、形式主义严重等传统军事文化的历史局限被充分暴露。然而，一大批仁人志士前仆后继，挽狂澜于既倒，同时也以自己的生命和鲜血，顽强地矫正着民族的弱点。特别是中国共产党领导的中国革命战争的伟大实践，终于锻造出了中国军事文化新的品格，它体现为不怕任何艰难险阻，不惧任何强敌，英勇顽强的精神意志；体现为一切从实际出发，“从战争中学习战争”，不尚空谈，务求实效的优良作风……这些新品格从根本上扭转了传统军事文化的历史缺陷。我们今天站在新时代的高起点，创新发展当代中国军事文化，不仅要继承传统军事文化的精华，更要大力倡导中国革命战争实践中锻造形成的中国军事文化的新品格，强化当代中国军事文化的战斗精神和务实作风，力戒传统军事文化中不良现象的沉渣泛起。[①]

---

① 参见钟少异:《正视传统军事文化的阴晴圆缺》,《解放军报》2010 年 6 月 17 日，又载《中国军事学术集萃（2010年 /2011年）》，解放军出版社 2012 年版；钟少异等:《中国传统军事文化及其启示》,《中国军事科学》2015 年第 1 期。

第二讲

国家安全问题的宝贵借鉴：中国古代国家安全思想

中国是一个有悠久历史的文明古国。在中国历史上，宗庙社稷——国家的安危存亡始终是头等大事，关于国家安全问题很早就产生了战略性的思考，并逐渐形成一系列相当稳定的思想，成为历朝历代安内攘外、处理国家安全事务的指针和依据。这些思想也是中国历史上维护国家安全的经验和智慧的结晶，对于我们今天研究国家安全问题、制定国家安全战略仍具有启迪和借鉴的意义。[①]

一、中国古代国家安全思想的基本倾向

在历史上，东亚大陆是一个相对独立的文明区。中国作为东亚大陆的核心国家，所面临的是一个独特的安全环境：以黄河、长江两河中下游地区为中心的中原王朝，建立于发达的农业文明的基础之上，其外部威胁，都来自这个区域周边的部族、邦国，特别是活动于北方地区的游牧民族武装集团，对王朝构成了最大威胁；其内部威胁，则源于中原王朝自身不同阶级、阶层、政治势力和集团错综复杂的矛盾。孕育于这一环境的中国古代国家安全思想，具有三个基本的倾向或特点，由此形成了中国古人思考和处理国家安全问题时三个最根本的传统。

① 参见军事科学院战争理论和战略研究部编著（钟少异主编）：《安邦大略——中国历代国家安全战略思想论析》，军事科学出版社 2007 年版。

（一）综合性：强调内部安全和外部安全、社会安全和军事安全、富国和强兵相统一

中国古人很早就认识到，国家安全不能仅仅着眼于边疆和外部，也不能单纯依靠军事和武力，更不能简单地依恃山河险固，而必须从内、外两个方向，“文”（政治、经济、文化、外交等非军事因素）“武”（军事因素）两大方面综合进行努力，这样才能够形成内部团结安定、国家巩固安全的局面。故说，“内事文而和，外事武而义”[①]；“文武并用，长久之术也”。体现出内部安全和外部安全、社会安全和军事安全、国家安全和国家治理紧密结合的特点。

春秋战国时期，法家、兵家系统地提出了“富国强兵”和“农战”思想。认为国家安全的根本在于富国强兵，“国富者兵强，兵强者战胜”[②]；而富国强兵的关键是“重农战”，即重视农业和战争，“国待农战而安，主待农战而尊”。这个观点把农业和军事视为国家安全的根本支柱，紧紧抓住了“文”“武”两大方面中的核心因素，深刻触及了中国古代农业社会国家安全的本质，即以农业为保障国家安全的基础，以军事为维护国家安全的手段，二者并重，相辅相成，从而实现富国和强兵、社会安全和军事安全、内部安全和外部安全的统一。孔子主张治国之要在于“足食，足兵，民信之矣”；墨子认为“食者国之宝也，兵者国之爪也”，都包含着相似的意义。这一思想实际上为历朝历代的统治者所遵行。

同样，在力量运用和策略手段上，历朝历代也都十分强调文武结合，相辅而行，相资为用，而反对单纯或简单地使用武力。孔子说：“有文事者必有武备，有武事者必有文备。”尉缭子说：“兵者，以武为植，以文为种。武为表，文为里。”这些思想对后世产生了巨大影响。以汉、唐、清三大盛世为代表，凡是社会安定繁荣的时期，其统治者大都能够着眼全局，深谋远虑，军事手段与非军事手段相结合，文武相济，一张一弛，较好地处理

① 《逸周书·武纪》。
② 《管子·治国》。

了国家安全上的重大问题。

这种综合性的倾向和特点，一定程度上体现了安全观念的整体性，即把国家安全看成政治、军事、经济、外交、文化等多种因素互相联系、综合作用的结果，主张内外兼顾，文武并用，综合施策，以实现国家的安全。

（二）内敛性：重内部治理而非向外扩张，重防御而非进攻

早在春秋时期，人们就认识到，国家犹如人，外患还可救，“疾自中起”[①]（从内部发病），就难以应付了。因此，内部安全是国家安全的根本，是外部安全的前提。及至秦汉以降，黄河中下游、长江中下游和珠江流域的宜农区域基本上得到了开发，历朝历代都把广大农耕区域即王朝内部的治理和稳定作为关注的重点，而不是把向外扩张领土作为国家的目标。主流思想始终认为，“治安中国，而四夷自服”，只要把内部治理好了，国家安定强大，周边的部族邦国自然就会顺服；对外扩张用兵则是烦扰社会之举，即使占领了远方的土地，也没有多大用处，徒增国家的动荡和损耗。

在这种思想主导下，防御便成为军事上的基本倾向。自秦汉以来，抵御周边部族邦国特别是强悍的北方游牧民族的入侵，保护中原农业社会的安全，是每一个中原王朝的基本职责。历朝历代对北方游牧民族的防御，总是随国力的升降而在积极防御和消极防御之间变化。消极防御，突出地表现为收缩防线，依凭筑城，单纯防守，各个朝代的末期通常如此。积极防御，往往表现为主动出击，如强盛的汉朝和唐朝，以及明朝永乐时期，都曾向北出击，并分别击溃了匈奴、突厥和蒙古诸部的军事力量。但历史上的每一次出击，总在取得一定的胜利后即收兵凯旋，将军队的主力撤回到长城以内。进攻行动的适可而止，说明中原王朝的战略重点始终是确保长城以内广大农耕区域的安全，而不是向外拓张领土。因此，进攻是短促的、暂时的，防御是长期的、持久的。历代边防的经常性情况，恰如明太

① 《国语·晋语六》。

祖朱元璋所强调的方略，“固守疆圉，防其侵扰”[①]；“来则御之，去则勿追”[②]。

与此相应，中国古代安全战略又表现出强烈的大陆性特征，即专注于大陆农业区的安全和防御，海洋往往只被看作保护内陆安全的一道疆界或防线，即所谓“海疆”“海防”。特别是随着时代的推移，到封建社会后期，海洋越来被视为威胁大陆安全的祸患来源，而不是需要大力拓展的利益空间——“利薮”。自郑和下西洋活动中止后，明、清两朝的海洋战略基本上就等同于海防战略，其核心是防范敌寇从海上侵犯大陆；而且，与陆上的防范北方游牧民族相比较，中国古代来自于海洋的敌人基本上属于海盗式的匪寇，最为严重的也就是明朝的倭寇之乱，因此海防始终处于次要的、从属的位置，海防的基本方针一直是沿岸近海防御，海上力量建设始终局限于沿海或近海水军。

这种内敛性的倾向和特点，在军事上的突出表现就是强调守土，守土重于拓疆；注重防御，防御先于进攻。

（三）预防性：提倡居安思危、有备无患，注重防微杜渐、防患于未然

在国家安全问题上，中国先哲很早就意识到保持忧患意识（即危机意识）的重要性。《周易》中便有“安而不忘危，存而不忘亡，治而不忘乱”的箴言。先秦兵书《司马法》明确指出：“天下虽安，忘战必危。”基于这个认识，历代贤明的政治家、军事家，都十分强调居安思危，见微知著，对各种潜在的威胁保持戒备，预为防范。“乃其有备，有备无患”；“无备，虽众不可恃也”。所以《吴子》说：“夫安国家之道，先戒为宝。”[③]也就是说，保障国家安全的方法，预先戒备是最重要的。

先秦伟大的哲学家老子还从事物发展的普遍性规律出发，深刻指出：

① 《明太祖实录》卷三十二，洪武元年六月庚子。
② 《明太祖实录》卷七十八，洪武六年正月。
③ 《吴子·料敌》。

“其安易持，其未兆易谋；其脆易泮，其微易散。”[①]意为：局面安定的时候容易掌握，事变还没有明显迹象的时候容易谋控；事物在脆弱的时候容易被消解，在细微的时候容易被驱散。因而精辟地提出“为之于未有，治之于未乱”，即在事端没有形成之前就进行处理，在祸乱没有发生的时候就进行治理。与老子的深远哲思互为表里，古代思想家还以“千里之堤，溃于蚁穴”[②]作比喻，形象地揭示了在国家战略筹谋上绝对不能忽视看似微小不起眼的潜在危害的道理。

在这些思想的影响下，中国历史上形成了提倡居安思危、有备无患，注重防微杜渐、防患于未然的安全理念。正是秉承这样的传统，各个时代的有识之士，居安思危，针对国家安全上的重大问题，发表了大量论见，试图启迪当朝，防患未然，也为后人留下了关于国家安全思想的丰富遗产。

二、中国古代维护国家安全的历史规律

中国古代国家安全思想来自中国古人的实践，又被运用于实践，并在实践中不断发展完善。中国古代维护国家安全的实践，既有成功，也有失败，波澜起伏，体现出如下重要的历史规律性。

（一）强有力的中央政权是国家安全的关键

自秦统一以来，历代中央王朝为维护统一国家的安全进行了大量努力，其中最重要的一项措施，就是推行政令统一的国家政治制度，建立统一、高效、坚强有力的中央政府，这不但是巩固统治、防止分裂的保障，而且是集中全国人力物力有效捍卫国家安全的关键。

秦始皇统一六国后，采纳李斯建议，断然废除分封制，实行郡县制。

① 《老子·六十四章》。
② 《韩非子·喻老》。

分封制形成于西周初期的大封同姓子弟以及开国功臣和方国部落等。当时周天子虽是天下共主，但仅能治理王畿之内方圆千里之地，号令不达于千里之外；千里之外都是公、侯、伯、子、男等诸侯的领地，诸侯虽然名义上臣服、朝贡于天子，但实际上拥有世袭不变的独立治国权（政权、财权、兵权）。国家名合实分，结果酿成了春秋战国长达五百多年的诸侯兼并与混战。

郡县制与分封制的根本区别在于全国的政权、财权和兵权都归于中央政府，全国的政策法令都由中央政府制定，全国县以上的官员都是朝廷命官，由朝廷委派，听令于中央政府——其实质就是政令统一。虽然秦王朝因施行暴政二世而亡，但它所开创的政令统一的郡县制却被秦以后的朝代所继承发展，并由内地一步步推广到边疆地区。两千多年中，哪个时期国家的政令统一，中央政府坚强有力，哪个时期国家的统一局面就稳固；哪个边疆地区被纳入了郡县制的体系，与中央政府保持政令统一，它作为统一国家的组成部分就更加牢固可靠。反之，国家和边疆一旦出现分裂动乱，中央政府的权威必然先遭削弱，国家的政令统一必然先遭破坏。两千多年的历史反复表明，唯有实行政令统一的基本原则和制度，唯有建立强有力的中央政权，才有利于国家的统一、安全、发展和富强。

（二）内部安全是国家安全的根本

在中国历史上，大多数王朝的覆亡和国家的分裂，都是因为内部的动乱，或者是由于内部动乱而为外敌入侵提供了机会。因此，在每一个新的统一王朝建立之初，统治者通常都能够清醒地认识到内部安全的根本性作用，坚定地把战略重心放在内部治理上，从而使国家逐渐走向安定和繁荣。汉初的文景之治、唐初的贞观之治、清初的康乾之治，都是这样取得的。

但随着国力增强、国势上升，社会心态趋向自信、骄傲，统治者往往也变得骄矜自负，失去了对内外关系的正确把握，在国家安全利益拓展上好大喜功，导致国力过度损耗，对国家经济和社会安定造成严重反噬。如汉武帝在对匈奴作战取得决定性胜利后，晚年仍频繁对外用兵，甚至为取得“汗血宝马”而兴师动众，远征大宛，以致“丁壮苦军旅，老弱罢转漕”，师老无功，国库耗竭，社会骚动，西汉王朝自此盛极而衰。又如明朝永乐时期，国力鼎盛，永乐皇帝于是五征漠北，又大举用兵安南，并派郑和七下西洋，宣威海外，每次都奉行“厚往薄来”的政策，耗资巨大。这些事件，单独发生已足以给国家造成沉重负担，同时进行，更使明朝的国力消耗过速，不堪重负，以致永乐晚年国库空虚，“内外俱疲”。明朝自此也盛极而衰。历史表明，越是在国力上升时期，越需要关注内部安全问题，越要注意把握拓展国家安全利益和确保国家内部安全的平衡，避免过度消耗国力，对国家内部安全造成反噬。

（三）国富兵强是国家安全的基础

国富兵强是国家强大的标志，也是维护国家安全的物质基础。国富是兵强的必要条件，但国富不一定就兵强。中国历史上一些时期的统治者，较好地把握和处理了这个问题，以富国为先，在国富的基础上，适时地把强大的经济实力转化为强大的军事实力，从而有效地巩固了国防，消除了外部威胁，保障了国家安全。

如唐朝初期，面临突厥的严重威胁。唐太宗一面致力于安定内部，发展经济，一面高度关注军队建设。首先，着力整顿关乎根本的军事制度。通过完善均田制，巩固了府兵制度的基础。同时，着力完善了府兵的兵役和训练制度，进一步明确了府兵的征集、简点、服役期间的具体任务等规定，详细制定了府兵丁壮在军府期间定期进行训练的具体内容。唐太宗还亲自在殿廷教习骑射，推而广之，使军队“数年之间，悉为精锐”。其次，根据军事斗争的需要，重点发展骑兵。中古时代，骑兵是军队的主力兵种，特别在与北方游牧武装集团的对抗中，起着决定性的作用。唐太宗一手抓府兵，一手又抓马政，在中央和各牧区都设官监管，大力发展养马业。自太宗贞观至高宗麟德，四十年间，国家养马至七十万六千匹，史称“秦汉以来，唐马最盛”。府兵制度的完善、马政建设的大发展，使唐朝形成了强大的军力，为唐太宗实行积极的安全战略，一举击破东突厥，并先后灭吐谷浑，败薛延陀，消除威胁，安定边疆，奠定了坚实的基础。

与唐太宗富国强兵战略形成鲜明对比的是，历史上的一些时期，如宋朝，虽然经济和文化一度繁荣发达，但军事上始终积弱不振，面对外敌入侵，只能消极防守、偏安苟延，最终免不了覆亡的命运。历史表明，只有在经济发展的基础上切实建立起强大的军事力量，实现富国和强兵的统一，才能有效地保障国家安全。

（四）文武结合是维护国家安全的通途

古人说：“能柔能刚，其国弥光；能弱能强，其国弥彰；纯柔纯弱，其国必削；纯刚纯强，其国必亡。”历代有作为的统治者，在应对内外威胁、维护国家安全的斗争中，都非常注重把军事手段与非军事手段相结合，文武并用，刚柔相济，收到了显著的效果。

一方面，面对威胁，敢于斗争，慎战而不惧战，能够蓄势而发，果断出手，以战止战，有效维护了王朝统治的稳定、领土主权的完整和周边地区的安宁。如清康熙帝，先后以果决手段平定三藩之乱，击退沙俄入侵，又曾三次亲征蒙古噶尔丹，粉碎了其勾结沙俄、分裂国家的阴谋。乾隆秉父祖之余烈，在抗击内外威胁上也从不胆怯手软。乾隆五十六年（1791），廓尔喀借西藏上层纷争，第二次入侵西藏，乾隆帝决定派兵征讨，针对一些大臣的犹疑反对，特颁谕说明：“若不痛加歼戮，贼匪无所忌惮，势必为得尺则尺之计，渐至侵及前藏，即察木多巴塘里塘一带，亦必受其煽惑，日久渐成边患。”体现了远见卓识。

另一方面，在使用军事手段消除威胁的同时，非常注意在政治上采取相应的措施，以安定大局。如康熙对噶尔丹进行军事打击时，充分利用蒙古其他各部对噶尔丹倒行逆施的义愤，对蒙古其他各部采取了示以尊重、晓以大义、结恩固信等一系列措施，有力争取了蒙古各部的支持，稳定了蒙古局势，并对清军作战提供了有力支援。又如，乾隆在击败廓尔喀侵藏后，对安定西藏采取了重大措施，于乾隆五十八年颁布了《钦定藏内善后章程》，规定：由朝廷委派的驻藏大臣总揽全藏政务，管理西藏地方驻军，全权处理西藏对外交涉事宜。这对加强中央政府对西藏的管理、消除西藏内部纷争、防止上层僧俗分子擅权分裂，稳定西藏社会、巩固西南边防，起了重大作用。历史表明，文武两手紧密结合，相辅相成，永远是维护国家安全的正确方法。

（五）治边固塞是维护国家安全的要务

秦汉以来，中国形成了漫长的边防线和辽阔的边疆地区，边情复杂，面临多种安全威胁。边疆的安全和稳定，历来是关系国家统一、政权稳定、民族安危的重大战略问题。古人始终认为，边巩固则国泰民安，边罅漏则国危民殃。

中国边疆地区聚居着众多的少数民族，能否妥善地加以治理，直接关系到边疆地区的安定。历代贤明的统治者一方面强调加强武备、戍守边陲的重要性，另一方面也特别注重树立华夷一家的理念，对各民族一视同仁（如汉代提出“汉匈一家”“胡汉一家”，唐太宗提出“中华夷狄，爱之如一”，乾隆提出“统驭中外，一视同仁”，等等），强调尊重各少数民族的风俗习惯、宗教信仰和民情政情，“因其俗以治之”，并通过文治教化促进边疆发展。

边疆地区通常人口稀少，经济落后，交通闭塞，与内地联系薄弱，这为巩固边防、维护统一带来了严重困难。为此，有识之士很早就提出了屯田戍边的主张，即募民或组织军队在边疆进行屯垦，同时戍守边防。进一步又发展形成了移民实边的战略思想，鼓励内地人民赴边疆垦荒，强调有组织地将内地人民徙居边疆，同时让边防戍卒携家眷长期屯戍边疆，落地生根，以充实边疆人口，促进边疆的开发和民族融合，加强边疆与内地的联系，从而安定巩固边疆，进而巩固国家的统一和安定局面。

中国历史上各个朝代对边疆地区的经略，通常都以边防安全为出发点，以军事活动为主要内容，以屯田戍边、移民实边为巩固边疆的重要手段。而历代移民实边和民族融合的程度，实从根本上决定着边防是否巩固。

以新疆地区为例，汉唐两朝对这一地区的经略规模都很大，但在军事上控制了新疆后，只进行了有限的军垦屯田，没有继之以强有力的移民、开发、促进民族融合的措施。其结果，对新疆的控制主要就靠武力震慑，当王朝衰落，军事防线收缩，孤军悬隔，便难以坚持，只能任其脱离于版图之外。与此不同，清朝在乾隆时期统一新疆后，开始在移民实边、开发新疆、促进新疆地区民族融合上迈出了切实的步伐，晚清左宗棠收复新疆后，又大力加强了这种做法。经过清朝一百五十多年的经营，使新疆有了巨大变化，进入民国，汉族已成为新疆人口的主要组成部分。这为中央政府对新疆的管治提供了坚实的社会基础。正是因为有了这个基础，民国时期在内地战乱不断，中央政府无力西顾的情况下，新疆省政府及其领导的军队仍能够坚持下来，从而保持住新疆与中央政府的法理关系，基本维持住清朝确定的新疆版图和行政格局。

历史表明，边疆的巩固从来都不是单纯依靠军事力量，而总是最终决定于移民实边、民族融合的进展程度。武力所能控制的界限通常都随国力军力的盛衰而伸缩，只有通过移民实边，对边疆地区在民族、社会和文化上实现有效融合，才能够形成稳固的疆域。

三、晚清国家安全思想的近代化

晚清世界格局、内外关系和中国社会的剧变，对中国自古以来的安全观念构成了严重冲击。在新的安全环境和新的安全形势下，传统安全思想发生了重大变化。

（一）朝贡体系崩溃，视野的放大和观念的更新

自古以来，中国历代王朝都自视为天下的中心，秉持着“溥天之下，莫非王土；率土之滨，莫非王臣”的观念，致力于通过文、武两手的综合运用，来构建周边部族邦国“万方来朝”的理想局面。即使在能力有所不及的时候，也一贯保持其“天朝上国”的优势意识。19世纪下半叶，在西方列强的大举入侵下，晚清政府失地丧权，传统朝贡体系土崩瓦解，“天朝上国”的心理优势被彻底摧毁。国人从闭关锁国的状态中走出，逐步认识到新的世界格局和潮流，逐步对国家的状况有了现实的体认，于是从追求理想化的朝贡体系逐步转向对国家地位的现实估量，开始谋求正常国家关系下的国家安全。与此同时，鸦片战争以来与列强打交道的辛酸史又使人们深刻认识到，没有强大的实力就没有正常的国家关系，就没有国家安全。因此，“变革图强”理所当然成为晚清以来国家安全思想的主轴。

（二）“师夷长技以制夷”，开始注重工业和科技对国家安全的作用

鸦片战争失败首先使国人看到，西方“船坚炮利”是其取胜的直接原因，因而魏源提出了“师夷长技以制夷”的主张，[①]其核心内容就是学习、引进西方的近代军事工业和军事技术，改善武器装备，从而加强军力和国防。这个主张经过19世纪中晚期的洋务运动而趋于普及，并逐渐由单纯发展军事工业扩展为发展近代工业和科技，增强国家的整体实力，包括国防实力。这标志着晚清国家安全思想逐渐走出了传统国家安全思想单纯重农的局面，开始把工业和科技视为国家安全的重要支柱。

（三）以“商战”富国强兵，开始注重经贸对国家安全的作用

晚清鸦片泛滥，白银外流，民气萎靡，使人们看到贸易也有动摇国本

---

① （清）魏源：《海国图志 · 叙》。

的作用。近代兴办军事工业对资金的巨额需求，增强了国人对“振兴商业”的重视。有识者进而认识到，近代中国国防的衰弱，深层原因还在于国家经济不发达；列强对中国的侵略，根本目的是对中国进行经济掠夺，这不断加剧了中国的贫穷和落后，因而主张与西方进行“商战”，发展和维护本国的经济。“欲制西人以自强，莫如振兴商务。”[①]这个主张逐渐形成思潮，促进了民族工商业的发展。

在中国古代，传统观念通常把商业和农业相对立，认为商业的发展必然会损害对农业的重视，动摇国家的根本，因而主张“重农抑商”，甚至把手工业及其技术与商业一并视为“末业”和“末技”，与作为“本”的农业相对立，主张“重本抑末”。晚清国家安全思想在“师夷长技以制夷”和“商战”等主张的推动下，逐渐走出了这个误区，看到了工业、科技和商业经贸对国家安全的重要作用。

（四）从重塞防轻海防趋向塞防、海防并重

历史上中原王朝所受到的外部威胁，主要来自北方的游牧民族武装集团，因此历代王朝都把军事防御的重心放在北方，致力于构建塞防。从秦汉至明清，在北部边疆实行多层次、大纵深防御的思想日趋完善。相对于北部塞防，东南海防一直不太受重视。但近代西方列强却从东南海上攻破了中国的门户。自鸦片战争开始，东南海防告急，威胁与日俱增。而与此同时，沙俄和日本又从西北和东北两个方向大肆入侵，对传统的塞防构成严重威胁。面对这个局势，晚清关于塞防和海防孰轻孰重发生了激烈争论，最终形成了塞防、海防并重的较为一致的认识。在此过程中，近代中国的军事安全视角和国防战略取向逐步发生了转变。

晚清在列强侵凌和西学东渐的刺激、影响下，国家安全思想总体上在变革中不断发展，出现了逐步近代化的趋向。但由于清廷的日益腐朽、没落，中枢权威逐渐瓦解，国家日益衰败，许多有益的思想最终都难以实现

① 《郑观应集》上册，上海人民出版社 1982 年版，第 614 页。

或收效甚微，特别是在国家总体上始终形不成方向明确，足以统揽全局并可持之以恒的安全方略，而只能头痛医头，脚痛医脚，被动消极应付。于是，在列强不断加剧的侵略攻逼下，屡战屡败，不断割地赔款，国家和民族的生存危机反而一步步加剧。这深刻证明了，没有强大的国家和强有力的国家政权，维护国家安全就是空谈。[①]处身于灾难深重的近代中国而苦苦求索的民族先行者们逐渐认识到，必须以革命的手段建立自主自强的新中国，才能真正实现国家的安全。1949年中华人民共和国的成立，开辟了中国历史的新纪元，中国国家安全思想的发展由此进入了一个新的时代。

四、借鉴中国古代国家安全思想需把握的几个问题

中国古代国家安全思想是中华民族战略思维的一份宝贵财富，它根源于历史上各个朝代维护国家安全的丰富实践，同时又对历朝历代维护国家安全的实践产生直接的作用和影响，因此，它又是中华民族维护国家安全的奋斗历史的一个缩影。

历史是一面镜子。中华民族有着五千多年不曾中断的文明，一个重要原因就是始终注重从自己的历史中汲取经验和教训，寻求启迪和借鉴。当前，在世界面临百年未有之大变局，传统安全问题和非传统安全问题错综交织的新的时代背景下，国家安全理论和国家安全战略研究日益受到重视。我们今天学习和研究中国古代国家安全思想，目的就是为思考当今时代的国家安全战略问题、构建具有中国特色的国家安全理论提供参考和借鉴。为此，需特别注意以下三个问题。

---

① 参见钟少异、高炜:《晚清军事变革及军事近代化为什么失败》,《学习时报》2010年5月24日；钟少异:《甲午之战败在国不能战军不能战》,《学习时报》2014年8月11日；李元鹏、钟少异、曲爱国:《晚清近代化军事改革的悲歌——甲午战争清军惨败的历史思考》,《军事历史》2014年第3期，又载《新华文摘》2014年第16期。

（一）着重把握其精神实质、战略思维方法和实践规律性，汲取精华

今天，世界正进入信息化、全球化的“地球村”时代，国家安全所面临的大环境已经远远超越了雄踞东亚的古代中国和深受西方冲击的近代中国所处之环境，国家安全的内容和意涵比历史上任何时候都更为广泛而复杂，国家安全诸因素的关联互动比历史上任何时候都更为紧密而迅疾，这决定了中国传统国家安全思想不可能简单地套用于现代。从今天来看，中国古代有关国家安全问题的思想和观念，其价值和意义主要在于其中所包含的那些带有普遍规律性的东西，首先是思想观念所体现出来的精神实质和战略思维的方法，其次是理论思想在实践运用中的得失经验和教训所反映出的规律。我们应当着重汲取这些方面的精华，从而达到启迪思维的效果。

（二）既看到智慧，也看到局限；既看到成功，也看到失败

中国古代国家安全思想，既蕴含了深邃的理性智慧，也有其不可避免的时代和环境局限；同时，中国古代国家安全思想，来之于实践又运用于实践，有其十分丰富的实践内容，其中既有成功，也有失败。但无论是智慧还是局限，无论是成功还是失败，都是先人和历史留下的一份宝贵遗产，我们都应当认真地加以分析和总结。既不夜郎自大，也不讳疾忌医，既从成功中看到经验，也从失败中看到教训，从而进一步深化对有关思想的认识和理解，为思考当前和未来的国家安全问题提供正反两个方面的借鉴和启示。

（三）紧密联系实际，古为今用，推陈出新

毛泽东在《中国革命战争的战略问题》中指出：“一切带原则性的军事规律，或军事理论，都是前人或今人做的关于过去战争经验的总结。这些过去的战争所留给我们的血的教训，应该着重地学习它。这是一件事。然

而还有一件事，即是从自己经验中考证这些结论，吸收那些用得着的东西，拒绝那些用不着的东西，增加那些自己所特有的东西。这后一件事是十分重要的，不这样做，我们就不能指导战争。”[①]这段话透辟地阐明了对待前人思想遗产的正确方法。学习和借鉴中国古代国家安全思想，在根本上也必须采取这样的方法。换言之，必须立足现实，紧密联系实际，对前人的思想有所“吸收”，有所“拒绝”，更有所“增加”，即根据新的时代特点进行创造性的发展，从而达到古为今用、推陈出新的目的，构建出具有中国特色、富于时代特点、切合中华民族长远利益的国家安全理论和国家安全战略。

① 《毛泽东选集》第1卷，人民出版社1991年版，第181页。

第三讲
先秦秦汉国防军事重大问题评析

从先秦至秦汉，中国实现了从早期分封制王朝、诸侯混战到中央集权大一统王朝的迈进，由此，国家统一既是国家安全的基础和前提，也是国家安全追求的目标，因而成为考虑和处理国防军事问题最重要的基点。随着秦汉统一王朝的建立，北方草原游牧民族匈奴也日益壮大，频繁南下攻侵，成为秦汉王朝最主要的安全威胁，应对这个威胁遂成为秦汉王朝国防军事措置的重心所在。

一、《禹贡》述九州五服

先秦国家安全思想的重要特点，就是很早就形成了追求国家“大一统”的思想倾向，强调“尊王”。这是中国古代中央集权政治早熟的一个标志。公元前2000多年建立的中国历史上第一个王朝——夏，国君集最高军权、神权、行政权于一身，是国家最高统治者，附属侯、伯都要服从夏王的调遣指挥。商、周时期，形成了“内服”“外服”的官僚体制，外服有“侯、甸、男、卫、邦伯”等，内服有“百僚、庶尹”等，[①]国君通过这套体系维护中央王朝的统治。到西周时期，已经建立起以周天子为首的各级贵族组成的金字塔式统治结构，“礼乐征伐自天子出”成为基本的政治制度。

《禹贡》是《尚书·虞夏书》中的一篇。《尚书》为夏、商、周三代的文献汇编，相传为孔子所编定，因而被后世儒家奉为经典。《禹贡》一篇著成于东周时期，该文所述大禹区分九州，划分五服，“任土作贡”，是中国

① 《尚书·酒诰》。

古代“大一统”观念的重要源头，对后世产生了深远影响。其原文如下：

禹别九州，随山浚川，任土作贡。

……中邦锡土、姓，祗台德先，不距朕行。

五百里甸服。百里赋纳总，二百里纳铚，三百里纳秸服，四百里粟，五百里米。

五百里侯服。百里采，二百里男邦，三百里诸侯。

五百里绥服。三百里揆文教，二百里奋武卫。

五百里要服。三百里夷，二百里蔡。

五百里荒服。三百里蛮，二百里流。

东渐于海，西被于流沙，朔南暨声教讫于四海。禹锡玄圭，告厥成功。

这段话的大意是：

禹区分九州，顺着山势砍削树木作为标志，疏通河道，根据土地的肥瘠情况制定贡赋的等级。

……将天子之邦的土地赏赐给诸侯，并赐以姓氏，以他们的品德作为赏赐的先后依据，这些人都是不违抗我政教措施的人。

国都以外五百里叫作甸服。离国都最近的一百里缴纳连秆的禾，二百里缴纳禾穗，三百里缴纳去掉芒的禾穗，四百里缴纳带谷壳的粗米，五百里缴纳去掉谷壳的精米。

甸服以外五百里是侯服。离甸服最近一百里的替天子服各种差役，二百里的替国家服各种差役，三百里的替天子警戒放哨。

侯服以外五百里是绥服。离侯服最近三百里的，考察天子的政教，在自己的封地里推行；较远二百里的奋扬武威，为天子做藩卫。

绥服以外五百里是要服。离绥服最近三百里的要彼此和平相处，较远二百里的要遵守王法。

要服以外五百里是荒服。离要服最近三百里的要尊重他们的风俗，维持和他们的隶属关系；再远二百里的可以随便流动迁徙，可以进贡也可以不进贡。

东方进入大海，西方到达沙漠，北方、南方连同声教都到达外族居住的地方。于是，禹被赐予玄色的美玉，表示大功告成了。

夏、商、周三代的集权程度虽然远远不能和秦汉以后相比，但是从思想观念来说，中央政权的唯一性和天下一统的观念已经得到牢固树立，“也许从夏朝国家形成时起，华夏族王朝（在当时夏朝是中国境内唯一的国家）的统治者就认为至少在理论上他们是人们所能了解的整个世界的君主。在整个先秦时期，中原王朝从未承认过在其统治范围之外还可能有与之对等的政治实体”[①]。但是，由于客观条件的种种制约，早期国家的中央权力对地方的控制还是比较弱的，天子可以直接控制王畿，离王畿越远，天子的控制力越弱。这正是按照距离政治中心远近区分“五服”思想得以产生的客观基础。

从当时的历史条件看，无论商、周，其疆域都没有“五服”叙述的那样广阔，也不可能出现那样整齐划一的格局。与其说“五服”是商周时期现实的行政区划，毋宁说它是一种带有浓厚理想色彩的国家观念。这一观念产生于殷周时期的政治实践，并随着时代的发展不断深化、完善。早在西周穆王时期，政治家祭公谋父已经对“五服”模式作了阐述。他说：“邦内甸服，邦外侯服，侯卫宾服，蛮夷要服，戎翟荒服。甸服者祭，侯服者祀，宾服者享，要服者贡，荒服者王。”[②]这一“五服”论以王畿为中心，按照远近亲疏关系，由内向外扩展，形成同心圆式的等级管理结构。“五服”之中，甸、侯、宾三服大体相当于王畿与诸侯的领地，对应的是“华夏”的地域，要服、荒服对应的则是“蛮夷”“戎狄”等周边部族的范围。

祭公谋父的“五服”思想在先秦文献中可以得到多处印证，[③]《尚书·禹贡》所论便与祭公谋父之说大体相同，只是以“宾服”为“绥服”而已。虽然《禹贡》是著成于东周时期的一部地理学著作，并非大禹“别九州”“任土作贡”的原始史料，但是，由于它作为儒家经典的重要地位，经

① 谢维扬：《中国早期国家》，浙江人民出版社 1995 年版，第 499 页。
② 《史记·周本纪》。
③ 参见李学勤：《李学勤集——追溯·考据·古文明》，黑龙江教育出版社 1989 年版，第 186—192 页。

它阐发之后，“五服”思想便成为更加系统、整齐的天下模式，其影响也更为深远。后来，由“五服”思想又推广而成“九服之制”，即《周礼·职方氏》所载侯服、甸服、男服、采服、卫服、蛮服、夷服、镇服、藩服。虽然区分的层次增加了，但基本的内涵是一致的。

以《禹贡》为代表的“五服”思想所构建起来的天下模式包括这样几层含义：天子是政权的核心，包括周边部族的整个天下都应当承认天子权威的唯一性，接受天子统治；天下是一个统一的、连续的整体，是天子德政教化的对象，即所谓“溥天之下，莫非王土；率土之滨，莫非王臣”；从天子直接控制的王畿到偏远的要荒之地，地域上有远近之别，文明发展程度上有高低之分，在所承担的职能、义务上由重而轻，中央政权对待不同的地区采取不同的统治措施。这种天下模式体现了以国家统一、中央集权为要素的天下情怀，成为后世中华民族“大一统”国家观念的思想基础。春秋战国正是周天子权力式微、诸侯争霸混战的时代，《禹贡》的出现反映了希望以天下统一来恢复天下安定的思潮。此外，它所阐释的对待要服、荒服等周边部族较为松散的羁縻统治方式，也成为后世中央王朝处理边疆民族关系的重要准则。

二、兵家诸子论文武关系

中国军事传统是以中国政治传统为根基的，古典兵学在其中起了重要的桥梁作用。正如《汉书·艺文志》所说，诸子百家皆源于王官之学，“兵家者，盖出古司马之职”。司马是上古国家执掌军事的卿相，中国最初的军事著作都是由司马主持编修的军事令典，有《军志》《军政》《司马法》等，春秋以后兵学兴盛，承继了这个渊源而不断加以发扬光大。如《孙子兵法》开篇就说“兵者，国之大事，死生之地，存亡之道，不可不察也”，要求从国家全局的高度思考战争和军事问题。而且，中国古代兵家与儒墨道法等诸家共生于同一片历史文化土壤，存在密切的联系和交互影响，相互渗透，中国古典兵学也可以说是诸子百家思想互相激荡的共生结晶，而儒墨道法等各家论兵，自然构成了古典兵学的重要内容，其思想更注重于以国家和天下的大视野经纬军事。兵学思维的这样一种倾向，使得国家政治传统极其深刻地影响了中国军事，塑造了中国军事传统的鲜明特色，其中对军事与政治即文武关系的独到把握，是最核心的要义。

（一）武为植文为种

中国古典兵学很早就触及了军事与政治之关系的命题，并给出了非常深刻的论述。战国兵书《尉缭子 · 兵令上》说："兵者，以武为植，以文为种。武为表，文为里。"文武是中国思想文化的独特范畴，武指军事；文指军事之外的诸多因素，包括政治、经济、文教、外交等，政治是其中最根本、最核心的要义。所以文武概念的基本内涵是政治和军事的关系。因此，《尉缭子》中的这句话可以理解为：战争问题，军事是树干，政治是根本；军事是表象，政治是本质。《尉缭子》用树木所作的比喻非常形象而深刻，因为树木的干和枝是从根生发成长而来，既然军事是树干，政治是树根，那不就等于说，军事是从政治生发而来，军事是政治的延续。而且，《尉缭子》进一步论断"武为表，文为里"，政治是本质，军事是表象，更清晰地揭示了，对于现实中军事问题的本质，需从国家政治去探寻。

（二）文者武之君

《尉缭子 · 兵令上》还指出："文所以视利害、辨安危；武所以犯强敌，力攻守也。"把对利害和安危的判断视为政治的职责，显然是要求从超乎军事因素的整体和全局进行认识，军事则是在政治上认清利害和安危之后的对敌攻守行动。由这可以自然得出结论：政治是目的，军事是手段。后来唐代王真在《道德经论兵要义述》中讲过一句话："夫文者，武之君也；武者，文之备也。"政治是军事的君主，军事是政治的备防。其含义更加明晰：政治是目的，军事是手段；政治决定军事，军事服务于政治。

（三）修道保法为胜败之正

中国古代很早就形成了深厚的“民本”思想传统，所谓“民可近，不可下，民惟邦本，本固邦宁”[①]。受此影响，古典兵学始终高度重视国家政治对于战争和军事的影响。孙子把“道”——“主孰有道”列为决定战争胜负的第一要素，并具体解释说，“道者，令民与上同意也”[②]。也就是说，政治清明成功，君主得到人民的广泛拥护，是战争制胜的第一要素。因此，《孙子兵法·形篇》指出：“善用兵者，修道而保法，故能为胜败之政。”意思是说，善于指导战争的人，修明政治，健全法制，就能成为胜利的主宰。孙子主张，善用兵者，要先使自己立于不败之地，而不失敌之败，即先使自己变得不可战胜，然后等待敌人的可胜之机。如何使自己立于不败之地或不可被战胜，孙子认为首先要“修道保法”，可见他对国家政治因素的重视。

（四）战法必本于政胜

在诸子百家中，法家与兵家关系密切，也是兵家之外最关心军事的，它从更加具体的角度强调了国家政治对于军事的重要作用。以商鞅为代表的战国法家，认为国家强盛要靠富国强兵，富国强兵之要，一是发展农业，二是发展军队，要做到这两点，关键靠国家采取正确的政策，这就是“重农战”“奖耕战”，即国家要采取重视农业和战争、鼓励人民发展农业和为国而战的明确政策；而国家要保障这一政策得到切实贯彻，必须消除春秋以来贵族专权、政治分裂的乱象，加强中央集权和以法治国，使全体民众统一思想和意志，做到令行禁止。商鞅在秦国进行变法，鉴六国之失而革秦国之弊，使秦国走上了中央集权、以法治国、“重农战”“奖耕战”的道路，从而迅速强大起来。而关东六国，始终深陷于贵族擅权、政治混乱之中，难以有效实行富国强兵之策，其结果就使得秦国在七雄争霸的乱局中

---

① 《尚书·五子之歌》。
② 《孙子兵法·计篇》

取得了优势，最终统一了中国。基于这样的思想和实践，《商君书 · 战法》作出了鲜明的论断："凡战法必本于政。"这是一个战略性的洞见。战争的结局是胜是败，实际上早就在国家的政策中决定了。

（五）文事武备和武事文备

关于军事和政治的关系，中国古典兵学不仅重视政治的重要作用，而且高度强调政治和军事的相辅相成。儒家论兵，在这方面提出了卓越的创见，产生了广泛影响。孔子说："有文事者必有武备，有武事者必有文备。"精辟阐明了政治和军事互为支撑的内在关系。历史一再证明，没有政治支撑的军事是不知方向的莽夫，是穷兵黩武；没有军事支撑的政治是空头政治，是海市蜃楼。只有当军事和政治相资为用、互相支撑，才能够收到切实的成效。这一思想启发人们，任何时候都要从军事和政治的相互联系入手思考这两个因素的相互支撑问题，最大限度地发挥其相辅相成的作用。

（六）文武并用，长久之术

在东周先贤思想的基础上，汉代陆贾进一步提出："文武并用，长久之术也。"从国家长治久安的总体层面，阐明了必须把政治手段和军事手段综合运用，相辅相成。这是陆贾对汉高祖刘邦说的。当时刘邦刚取得楚汉战争的胜利，消灭了项羽军队，建立了汉朝，陆贾建议他往后要重视对国家的治理，刘邦骂陆贾是"腐儒"，声称自己"马上得天下"，用不着这些迂腐的学问。陆贾就反问，"陛下居马上得之，宁能马上治之乎"，只有文武并用才是长治久安之策，假使秦朝统一六国后，也懂得这个道理，哪还有陛下你的机会？春秋末期，孙子提出："夫战胜攻取，而不修其功者凶。"[①]强调战争胜利后，不重视战后的治理，就会陷入灾祸的局面，已隐含相似的思想。儒家从孔子到陆贾，从政治和军事的关系上更全面也更深刻地提

① 《孙子兵法 · 火攻篇》。

出了政治和军事互为支撑、文武并用、相辅而成的思想。汉代以后，儒家思想成为中国的主导意识形态，从顶层指导思想上对兵学产生了越来越大的影响。其中，政治和军事互为支撑、文武并用、相辅而成的思想，就成为思考军事问题的一个基本指针。

中国古典兵学关于军事和政治关系的这些卓越之论，体现了中国政治传统对中国军事传统的深刻影响，这也是中国军事思想很早就具有宏大的战略内涵的一个重要原因。我们经常习惯说，古人的这些观点都是“朴素的认识”。但细细咀嚼，总觉得他们一点也不“朴素”，而是相当深邃，洞见本质，他们对于军事和政治关系的揭示，甚至比一两千年后的克劳塞维茨更精辟，内涵更丰富。中华先贤的智慧哲思，引领了民族的历史，也深深融入了民族的血脉，值得我们今天不断学习体悟。

三、秦始皇废分封制和汉初削藩

秦始皇关于废除分封制、确立郡县制的决策，实乃中国国家政体史上一次深刻的革命。

分封制形成于西周初期的大封同姓子弟以及开国功臣和方国部落等，其目的是层层设置诸侯以屏卫王室，其本质则是构建一个从中央到地方的联盟朝贡体系。周天子虽然是天下共主，但仅能治理王畿之内方圆千里之地，号令不达于千里之外；千里之外都是公、侯、伯、子、男等诸侯的领地，数量多至一千七百七十三国，号称一千八百诸侯。诸侯虽然名义上臣服、朝贡（比年一小聘，三年一大聘，五年一朝）于天子，但实际上拥有世袭不变的独立治国权（政权、财权、兵权）；至于是否听命于天子，则依形势的变化、有关各方实力的消长为转移。这一体系断断续续维持到西周末年而告崩溃，结果导致春秋战国长达五百多年的诸侯兼并与混战。正是鉴于这一教训，秦始皇才下定决心采纳李斯的建议，宁愿以自己的子弟为匹夫（无官无爵），断然废除了分封制，确立了中央集权的郡县制。[①]

郡县制与分封制的根本区别就在于全国的政权、财权和兵权皆归于中央（由皇帝总管），全国的政策法令皆由中央制定（由皇帝颁发），全国县丞、县尉以上官员皆为朝廷命官（由皇帝任免），朝廷以因名设官、循名责实之道调动地方政府和官员尽职尽责的积极性，从国家政体上消除了诸侯割据之患，从而开创了中国历史空前大统一的新纪元。虽然秦王朝因施行暴政而亡，但它所开创的中央集权的郡县制却被秦以后历代封建王朝所继承，其深远影响垂及两千余年。正如清末改革家谭嗣同所言，“二千年来之政，秦政也”[②]。两千年来的封建王朝虽然保留了王、公、侯、伯、子、男的爵号，但基本上剥夺了其治国权，所行仍是郡县制而非分封制。两千多年来也有过恢复分封制的尝试（分别在汉初、晋初和明初），但基本上都付出了历史的代价（分别为“七国之乱”“八王混战”“靖难之役”）。两千多年来的历史反复表明，唯有中央集权的基本原则和制度，才有利于国家的统一、安全、发展和富强。

西汉王朝诞生于秦末农民战争的烽火之中，汉高祖刘邦误以为秦朝灭亡的一个重要原因就在于废除了分封制，没有强大的同姓诸侯捍卫中央政权。因此，他“惩戒亡秦孤立之败”的教训，在战胜项羽之后，于平灭各异姓诸侯的同时开始分封刘氏诸侯，陆续“尊王子弟，大启九国”[③]。每一个诸侯王国的规模都很大，有的“夸州兼郡，连城数十”[④]，与战国七雄中的齐、魏、燕、赵、韩相近，以至九个诸侯国的封地占去当时全部西汉版图的2/3。从此造成了本小末大、干弱枝强的局面，埋下了诸侯王尾大不掉的祸根，忧患长达百年之久。

汉文帝（前179—前157年在位）时期，开创了历史上著名的文景之治，是社会经济趋于全面恢复的时期，同时也正是各诸侯王国不断发展壮

① 参见《史记·秦始皇本纪》。
② 谭嗣同:《仁学》卷上。
③ 《汉书·诸侯王表》。
④ 《汉书·诸侯王表》。

大、潜伏的割据叛乱危机日益加剧之时。贾谊是西汉政府中最先洞悉这一危机的政论家，他于汉文帝前元六年（前174）上疏《治安策》，详陈当时国家安危之势有“可为痛哭者一，可为流涕者二，可为长太息者六”[①]。其中第一个严重问题就是同姓诸侯王对中央政权的威胁。他形象而深刻地指出，小腿和腰一样粗，手指头和大腿一样大，这样强大的诸侯必然是国家的威胁；天子如同躺在积薪之上，而又把火种放在积薪之下，一旦燃起来，后果不堪设想。他进而提出化解危机的对策，即“众建诸侯而少其力”，“令海内之势如身之使臂，臂之使指，莫不制从”。这个对策的核心思想是“安上而全下”，体现了高超的政治智慧，其可贵之处有三：一是不强行削藩，不激化矛盾，不挑起战端，有利于国家的和平、稳定与发展；二是把每一个诸侯大国划分成若干小国之后，全部分封给原诸侯王的子子孙孙，“一寸之地，一人之众，天子亡（无）所利焉”，符合各诸侯王的利益，容易被其接受；三是众多的诸侯王国建立后，国小力微，自然会效忠于天子，“下无倍（背）畔（叛）之心，上无诛伐之志”，从而加强了中央集权，有利于长治久安。当然，这个建策不能与秦始皇废除分封制同日而语，秦始皇是在没有分封子弟的情况下预防危机的发生，所需要的是决心和远见。贾谊建策是在汉初分封子弟后矛盾的严重情况下思考如何化解危机，所需要的是智慧、谋略与手段。

《治安策》上书于汉高祖刘邦分封子弟之后20年，也正是汉景帝时爆发“七国之乱”的前20年。贾谊在此时提出改造分封制的建策恰当其时。可惜汉文帝只采纳了贾谊的部分建议，于文帝前元十六年（前164）将齐国一分为七，将淮南国一分为三；但没有采纳他的全部建议，对吴、楚等国未加触动。后来又纳贾谊之议充实了梁国，以备防吴楚。正由于汉文帝未全面采纳贾谊之策，导致后来终于爆发了“七国之乱”；正由于汉文帝采纳了贾谊的部分建议，才为后来汉景帝平灭“七国之乱”奠定了基础。历史完全验证了贾谊的先见之明及建策的正确。

---

① 《汉书·贾谊传》。

汉文帝未能彻底解决诸侯王问题，太子家令晁错又多次上书文帝建议削藩，未被采纳。景帝即位（前156），晁错任御史大夫，面对诸侯割据势力的日益膨胀，再次上书建议削藩，获准施行其议。[①]两年之间，汉景帝以不同罪名削了楚王刘戊的东海郡、赵王刘遂的常山郡和胶西王刘卬的6个县。至景帝前元三年（前154）初，汉廷方议削吴王刘濞的会稽、豫章二郡，刘濞于同年正月发起以诛晁错、清君侧为名的“七国之乱”。参加叛乱的七国分别为吴、楚、赵、胶西、胶东、菑川和济南，还有闽越与东越发兵相助，并联合南越和匈奴共同攻汉。这使西汉王朝经历了一场自开国以来最严重的生存危机。汉景帝一时惊慌失措，竟然误信谗言，杀了晁错以谢吴楚，并答应退还各诸侯王的削地。但刘濞不仅不肯罢兵，而且自称“东帝”，决心要夺取中央政权。景帝无奈，只得诉诸武力，按文帝临终时的遗嘱，任命周亚夫为将，三个月就平定了七国之乱，南越与匈奴尚未及出兵，战事即告结束。

历史完全验证了晁错的预言：“削之亦反，不削亦反。”“七国之乱”之所以爆发，根本不是什么清君侧、诛晁错、讨削地，而是割据势力长期坐大、久蓄逆谋的必然结果。正如吴王刘濞起兵时告各诸侯王书中所言：“寡人节衣食用，积金钱，修兵革，聚粮食，夜以继日，三十馀年矣。凡皆为此，愿诸王勉之。”[②]一语道破了他的政治野心。历史还验证了晁错的预言：“削之，其反亟，祸小；不削之，其反迟，祸大。”“七国之乱”虽然来势猛烈，但实际上不堪一击。其原因除了周亚夫的军事才能之外，最根本之点就在于叛乱有违于历史潮流。当时正处于文景之治的盛世，人民期望和平与统一，反对分裂与战乱，叛乱者一旦在军事上失败，政治上便顷刻瓦解，毫无社会基础可言。

晁错的建策与贾谊的《治安策》可谓殊途同归，异曲同工。《治安策》提出于文景之治的前期，有可能通过政治手段化解潜伏的危机，所以力主

① 参见《汉书·荆燕吴传》。
② 《汉书·荆燕吴传》。

“众建诸侯而少其力”；晁错对策提出于文景之治的后期，政治手段已不能奏效，军事手段则势不可免，所以力主削藩。而历史的演变恰恰是通过晁错的建策平灭了“七国之乱”，给了诸侯王割据势力以决定性的打击。战后，参加叛乱的诸侯王一一伏诛，其封地收归为郡县。未参加叛乱的诸侯王也被削去了支郡（与匈奴、南越接境的边郡），贬损了官制：改诸侯王太傅为傅，丞相为相；省去御史大夫、廷尉、少府、宗正、博士等官，减少了大夫、谒者的员额及其长、丞；夺去了诸侯王的治国权，行政统于由中央任命的相，军事统于由中央任命的中尉，从而加强、巩固了中央集权，为西汉王朝走向中期鼎盛阶段铺平了道路。

四、晁错论抗击匈奴

西汉王朝开国后，最大的边患莫过于匈奴。匈奴是我国古代北方的游牧民族，发祥于今内蒙古大青山一带，于秦末汉初空前强大起来，先后统一了大漠南北，控制了今新疆和中亚地区，渐渐南下，攻占今黄河河套地区，对西汉王朝构成严重威胁。汉初伊始，匈奴即勾结汉朝的异姓诸侯王连年入犯。汉高帝七年（前200），在平灭韩王信时，刘邦亲率三十二万大军，企图歼灭内犯的匈奴军，结果被匈奴四十万骑兵围困于平城白登山（今山西大同东南）七日。侥幸脱险后刘邦失去军事对抗的信心，转而与匈奴和亲，把汉室的公主嫁给匈奴单于，并年年纳贡大量金钱财物。从此，数十年内汉廷没有制定对匈奴防御作战的计划、方针与策略。但是，屈辱的和亲并未带来真正的和平，匈奴仍然勾结异姓诸侯王内犯，“终高祖世”盗边不止。惠帝、高后时期匈奴进一步骄慢，曾致书于高后肆意污辱，高后不得不以好言相慰，再次和亲。而匈奴却接连三次进犯陇西，大肆劫掠。文帝即位后，接连两次与匈奴和亲，匈奴居然发动更大规模的进攻，烽火直达汉都长安。在这种严峻的形势下，太子家令晁错以拳拳报国之心，于汉文帝前元十一年接连三次上书，纵论抗击匈奴的对策，其中首篇《言兵事疏》，提出了抗匈的军事方略[①]。

《言兵事疏》的核心思想有二，首先是强军之道，即建设一支将良、兵精、器利的强大军队以对抗匈奴，确保国家安全。晁错从陇西地区同匈奴作战三败一胜中得出一个结论："安边境，立功名，在于良将，不可不择也。"他深刻分析了当时历史条件下的作战方式，认为战场上的胜负决定于三个条件："一曰得地形，二曰卒服习，三曰器用利。""得地形"在于将领的正确指挥，必须在不同的地形条件下使用不同的武器和兵种，否则有时"二不当一"，有时"三不当一"，有时"十不当一"，直至"百不当一"。"卒服习"在于将领平时对部队要训练有素，否则"百不当十"。"器用利"在于将领平时要保证武器装备的精良，否则就等于赤手空拳，"五不当一"。根据战场上的胜负规律，他参照先秦《管子》一书的有关论述，得出一个强军之道的至理名言："器械不利，以其卒予敌也；卒不可用，以其将予敌也；将不知兵，以其主予敌也；君不择将，以其国予敌也。四者，〔兵〕之至要也。"

其次是在将良、兵精、器利的基础上，《言兵事疏》提出了对匈奴作战的克敌之术，即扬长避短、"以十击一"和"以蛮夷攻蛮夷"。晁错具体分析了匈奴军的三个长处和汉军的五个长处，认为只要善于扬长避短并坚持在数量上"以十击一"，就能够战胜匈奴的进攻，从而否定了当时人们普遍认为的匈奴"乘胜，不可击也"[②]的观点。同时他还指出，为了克制匈奴的三个长处，需要与周边其他少数民族联合作战。所谓"以蛮夷攻蛮夷"，并不是说要挑拨各少数民族互相残杀，其实质是指中原民族与周边民族团结、合作、凝聚起来，共同抵抗匈奴的掠夺。这一思想完全符合历史上的国情。我国自古以来就是一个多民族合作的大家庭，中原地区先进的经济、政治、文化产生着巨大的凝聚力，而周边民族的环境、条件离不开与中原的合作。所以团结合作永远是民族关系的主流，而且是中华民族不断发展壮大的力量源泉；而民族关系中的冲突与矛盾，包括汉匈之间的冲突与矛盾，都只不过是历史的支流

① 参见《汉书·晁错传》。
② 《汉书·匈奴传》。

而已。匈奴受游牧民族生产方式与生活方式的支配，强大起来之后首先征服的是周边其他民族（东胡、月氏、西域及中亚各族），而后才把主要矛头对准中原。因此，中原与周边联合抗击匈奴实乃历史的必然，这种联合能充分抵消匈奴的优势与特长，所以被晁错称为“万全之术”。

这篇对策深深打动了汉文帝。他以明君贤主的良知及充满了虚怀若谷的自责精神，下玺书宠答晁错说：“皇帝问太子家令：上书言兵体三章，闻之。书言‘狂夫之言，而明主择焉’。今则不然，言者不狂，而择者不明，国之大患，故在于此。使夫不明择于不狂，是以万听而万不当也。”[①]也就是说，文帝完全采纳了这篇对策，并把以往对匈奴斗争不利的责任归咎于天子自身。从此，西汉王朝逐渐走上了强兵抗击匈奴的道路，并对西汉中期的历史发展产生了巨大影响。汉文帝时刻把选拔良将放在心上，著名抗击匈奴英雄李广就是文帝从陇西部队中选拔出来的。李广历文、景、武三朝，历任北部边防八郡太守，使匈奴望而生畏，称之为“飞将军”。与李广同时齐名的程不识，以治军严整而著称，长期驻屯边防，匈奴不敢进犯。文帝晚年还从对匈斗争中选拔出细柳营中的“真将军”周亚夫，并在临终时特意将周亚夫嘱托给汉景帝，从而使景帝顺利平灭了“七国之乱”。到汉武帝时，选将、建军、联合周边部族抗匈的思想获得空前发展。通过大建骑兵，在汉匈战场上终于变被动为主动；通过精选卫青、霍去病等一代优秀的骑兵大将，终于取得反击匈奴的决定性胜利；通过联西域、联乌孙，终于断了匈奴的右臂，为汉宣帝时实现汉匈合作、“胡汉一家”奠定了基础，从而开创了中国历史上中原农业区与北方游牧区及西部半农半牧区的空前大统一。

五、晁错论屯田戍边

汉文帝前元十一年（前169），晁错继上奏《言兵事疏》之后，紧接着

① 《汉书·晁错传》。

又两次上书，专论募民守边备塞的对策，亦为文帝所采纳，从此开创了中国古代屯田戍边的历史。①

这个建策的核心思想，就是用募民屯田戍边取代来自内地郡县“一岁而更”的边防戍卒。这一思想是在深刻总结秦代历史教训和客观认识汉匈之间矛盾实质的基础上提出来的。对策中首先指出，秦代为了北防匈奴，大修万里长城，以戍卒守边，以重兵屯边，导致严重的社会危机，直接引发了陈胜、吴广大起义的爆发。对策进而指出，汉匈之间的矛盾实质上根源于我国古代中原地区与北方地区两种不同的生产方式与生活方式，在汉匈两大政权对立未能统一的条件下，游牧民族对农业民族的进犯是不可避免的历史必然。以“一岁而更”的内郡戍卒守边，不熟悉地形和敌情，作战不利。以重兵屯边，积年累月地疲耗，国力难支。所以晁错在对策中提出，选募身强体壮的常居者徙处边境地区，用以取代“一岁而更”的内郡戍卒。

募民的主要对象来源于内郡各地犯罪的刑徒、贫苦的百姓、人身获得解放的奴婢。对策中提出用“赎罪”和“拜爵”等两种手段，鼓励富人献出奴婢，以便政府将他们转化为平民，募选到边境，屯田备匈。为了充分发挥募民屯田戍边的效用，一是让他们徙处于匈奴经常出没的要害之地，建城立邑，完善各种防敌作战的设施。二是让他们安居下来，给他们提供住房、耕地、农具和粮食，直到生活能够完全自给为止；没有妻子或丈夫的人，由官府出钱帮助完婚。三是给他们以特殊的优厚待遇，政治上皆授予高爵，经济上免除全家的徭役，打了胜仗奖给他们战利品的一半。四是把他们严格组织起来，建立起军政合一的体制，选出坚强有力的领导，平时负责军事训练，战时负责指挥打仗。

孙子说：“国之贫于师者远输。”②上述对策的实施，最大限度地使内郡“屯戍之事益省，输将之费益寡”，而“塞下之民父子相保，亡系虏之患”，③解决了自秦代至汉初以来长期困扰政府而无法克服的一大难题。不仅如此，

① 参见《汉书·晁错传》。
② 《孙子兵法·作战篇》。
③ 《汉书·晁错传》。

还进一步解放了社会生产力，使原来处于社会最底层的刑徒、贫民和奴婢极大地提高了政治地位，改善了经济条件，走上了保卫边疆、开发边疆、建设边疆的屯田戍边之道，为历史做出了重大贡献。随着这一举措的落实，西汉王朝的北部边防得到明显的加强，匈奴较大规模的进犯在汉景帝时期仅有一次，小规模的进犯虽时有发生，但比从前大为减少。自汉武帝以后，随着反击匈奴作战的胜利，屯田戍边被广泛实施于河西走廊和西域，在此基础上设置河西四郡和西域都护府，有效地巩固了对匈奴作战的胜利成果，促进了国家的统一。从此，屯田戍边成为中国历代王朝最重大的边防措施之一，对开发边疆、巩固边防发挥了长远的作用。

六、王恢、韩安国对匈奴战和之争

王恢（？—前133），燕（今北京西南）人，早年数任边吏，熟悉匈奴事务，汉武帝时入朝任大行令，力主对匈奴开战，因策划马邑之谋未获成功，入狱后自杀。韩安国（？—前127），字长孺，成安（今河南民权县东南）人，初为梁王刘武的中大夫、将军、内史，武帝时入朝任大司农、御史大夫等职，力主对匈奴“和亲”。王、韩二人之争，始于建元六年（前135），终于元光二年（前133）。[①]武帝初从韩谏，后纳王谋，遂展开长期大规模反击匈奴的全面战争。

王恢与韩安国之间关于对匈奴战和的争论，发生在西汉王朝立国70年之后，汉匈双方的基本国情都已远非汉初之时所能比。西汉立国后曾面临经济残破、诸侯割据、匈奴犯边等三大忧患，无力同匈奴全面对抗，所以汉高祖刘邦不得不对匈奴实行屈辱的和亲政策，以利国内休养生息。后经文景之治和平灭吴楚七国之乱，到汉武帝即位后情况已完全不同，政治高度统一，经济空前繁荣，实力空前雄厚，三大忧患只剩下一个，于是解除

① 参见《资治通鉴》卷十八《汉纪十》武帝元光二年。

匈奴的威胁，成为不可推卸的历史使命。然而，此时的匈奴也恰值国力鼎盛的巅峰时期，不仅在汉初就已统一大漠南北，而且在汉文帝时又征服今天的新疆和中亚；不断地强迫汉廷和亲，时而进犯汉境大肆掳掠，是其行之已久的既定方针，决不肯轻易放弃。两强对峙，一个是中原农耕民族的强大政权，一个是北方游牧民族的强大政权，前者不愿再屈服，后者不放弃既得利益，这在古代弱肉强食的历史环境中，迟早必然要爆发大规模的全面战争，直至鱼死网破。正是在这种形势和背景下，在西汉王朝内部产生了战与和两种不同意见的论争。

两种不同意见的论争，虽然主题是战与和的问题，但分歧的实质则在于匈奴是否不可战胜以及如何战胜匈奴的问题。御史大夫韩安国，曾是一位亲身经历过平灭“七国之乱”的将军。他认为匈奴有骑兵强大的优势，汉军只能在塞内防御作战，一旦出塞发动进攻，就必然成为匈奴的俘虏。也就是说，匈奴是不可战胜的，所以才力主和亲，避免汉匈之间爆发全面的大规模战争。大行令王恢，因曾数任边吏，深悉边事，认为匈奴是可以战胜的，只要事先做好埋伏的准备，设法把匈奴单于诱骗到塞内，便可一战而胜，用不着出塞进攻，所以才力主开战，断绝与匈奴的屈辱和亲。这两种意见虽然相反，但都没有提出战胜匈奴的正确方针与手段。尤其是韩安国，在西汉国力已经空前雄厚之时，仍然坚持屈辱的和亲，不可能被雄才大略的汉武帝所采纳。他只看到匈奴有优势的骑兵，汉军以步兵为主，不能出塞作战，而没看到汉朝已经完全有条件组建比匈奴更为强大的骑兵，从而转守为攻，争得主动，以骑制骑，战胜匈奴。王恢虽然主战，符合汉武帝的意图，但他根本没有看到战争的长期性与残酷性，企图把匈奴单于诱骗到塞内，一战而胜就解决问题，这完全是一种幻想。即使真的擒获了单于，匈奴也不会就此罢休，疯狂的反扑必然立即到来。他所策划的马邑之谋被采纳后，汉武帝调发三十万大军埋伏在马邑周围，匈奴单于也果然被诱骗到塞内，但很快就产生了疑心，经捕获边吏侦得实情，立即出塞而去，使汉军的行动全部落空，以致汉武帝不得不问罪于王恢以谢天下。

马邑之谋虽然落空，但汉武帝由此而作出的开战决策却对西汉历史产生了极为巨大而深远的影响。因和亲的断绝、匈奴的连年入犯，汉廷被迫不得不倾尽国力建设起强大的骑兵，改行以骑制骑的作战方式，在卫青、霍去病等人的指挥下，连续苦战15年：经河南之战而收复了黄河河套地区；经四次漠南之战而击败了匈奴右贤王，重创了匈奴单于；经两次河西之战而迫降了河西匈奴，控制了河西走廊；经漠北之战而犁庭扫穴，大败匈奴单于和匈奴左贤王，取得反击匈奴的决定性胜利。然而匈奴仍未屈服，继续同西汉对抗七八十年，直到汉宣帝时匈奴极度衰弱，四分五裂，才开始陆续臣服于汉；到汉元帝时匈奴在中亚的势力被汉军消灭，才在新的平等条件下重新与汉廷和亲，实现"胡汉一家"，天下太平，实现了中原农业区、北方游牧区、西部半农半牧区的空前大统一。实践表明，中华民族大统一是历史的必然。虽然统一需付出巨大的代价，但归根结底是各族人民共同利益的根本所在。

七、侯应论罢边备

汉宣帝神爵四年（前58），因长期战争业已极度疲弱的匈奴开始陷入长期内乱。甘露元年（前53），匈奴呼韩邪单于被匈奴郅支单于击败，率残部从漠北逃往漠南。不久，叩塞而降，称臣于汉；在汉廷的军事援助和粮食供养下其部得以全活，休养生息于塞下。汉元帝永光元年（前43），呼韩邪实力转盛，足能自卫，返归漠北，继续与郅支单于对抗。建昭三年（前36），郅支单于被汉军诛灭，呼韩邪成为匈奴的唯一单于。竟宁元年（前33）正月，呼韩邪入朝元帝，娶了宫女王昭君，封为宁胡阏氏。从此"胡汉一家"，天下太平，汉匈关系步入历史上空前的蜜月时代。

正是在这一大好形势下，呼韩邪单于上书元帝，请求由匈奴负责世世代代保护东起上谷（今河北怀来一带）之北、西至敦煌（今甘肃敦煌一带）西北的西汉边塞，撤除守塞的官兵，以利中原人民的休养生息。这个建议的出发点完全是善意的，大大有利于中原的休养生息，因而得到汉廷群臣的赞同。唯有郎中（秩禄比三百石，皇帝侍从官中最低的一等）侯应奋起而疾呼，向元帝面陈十条对策，坚决反对撤除边防守备，[①]终为元帝所采纳。

侯应这篇对策的核心思想是，在中国古代多民族的环境中，必须由中央政府直接控制各民族利益相互交错的战略地区，才能确保民族团结与合作、国家安宁与统一。对策中的所谓“北边塞”，就是指汉武帝时沿阴山山脉所修筑的汉长城，亦称汉边塞。其东，与秦代的长城相接，通往辽东；其西，经贺兰山通过河西走廊而到达汉代的玉门关（今甘肃敦煌西北）。这是当时我国中原农业区、北方游牧区、西部半农半牧区的基本分界线，同时也是关系着民族团结、国家统一的一条生命线。在秦代，由于蒙恬北击匈奴，大修万里长城，控制了阴山山脉，所以匈奴对中原的威胁才无能为力，以至“胡人不敢南下而牧马”[②]。在汉初，由于匈奴冒顿单于控制了阴山山脉，据此而东征西讨，南攻北伐，烽火直达汉都长安，几乎威胁到西汉王朝的生存。直至汉武帝取得反击匈奴的决定性胜利之后，控制了阴山山脉和河西走廊，修筑了东西万余里的边塞长城及塞外列城，从而使西汉的边患得以解除，使西域各部族邦国得以纷纷内附中原，使具有重大历史意义的东西方交流的丝绸之路得以开辟和畅通，并为汉宣帝时建置西域都护府、汉元帝时实现“胡汉一家”奠定了基础。正是鉴于这一深刻的历史教训和经验，侯应才坚决反对撤除边防守备。

对策中还深刻指出，即使在国家统一、民族团结、“胡汉一家”的大好形势下也必须居安思危，防患于未然。因为，国内各个不同的民族所处的地理环境、生活习性、社会发展水平不同，在交流合作中产生这样或那样的矛盾是一个客观存在，只能在历史发展的长河中才能逐渐消融，而克服和解决这类矛盾，既需要有良好的民族团结政策，更需要有强有力的手段和措施，既能制止塞外民族中的破坏势力，也能制止塞内民族中的破坏势力，从而把民族间的交流活动控制在有序的规范之内，防止民族间的冲突

① 参见《汉书 · 匈奴传》。
② （西汉）贾谊：《过秦论上》。

与战乱的发生。因此，侯应坚决反对撤除边防守备，决不能“开夷狄之隙，亏中国之固”，而必须确保各民族交汇地带的安宁。

由于汉元帝采纳了侯应的对策，较好地处理了边疆民族团结和加强边防守备的关系问题，西汉王朝后期才真正步入了历史上空前的民族大团结的巅峰，在六十多年间“边城晏闭，牛马布野，三世无犬吠之警，黎庶亡干戈之役”[①]。西汉灭亡之后，王莽为了篡位立威的需要，无端地对周边各民族发动大规模战争，破坏了民族大团结的大好局面。

八、刘秀论出击匈奴

刘秀（前6—57），即汉光武帝，南阳蔡阳（今湖北枣阳西南）人，字文叔，汉高祖刘邦第九代孙。早年游学长安，习《尚书》。中年参加农民起义军，推翻新莽政权。后经营河北，独立发展，平定群雄，创建东汉王朝。统一天下后坚持“柔道”安邦的思想，内则销兵减政，退功臣而任文吏，与民休息；外则筑垒严边，加强守备，致力于“和戎”。直至匈奴连年荒旱、疾疫、内乱，疲困不堪，亦不肯兴师出塞以清边患。建武二十七年（51），开国功臣臧宫、马武联名上书请灭匈奴，被刘秀以诏书作答，严词拒绝。[②]光武帝刘秀的这篇诏书，深刻反映了刘秀坚持以德立国、柔道安邦的思想和决策。

东汉王朝是在农民大起义中推翻新莽政权，进而平定天下群雄建立起来的。臧宫、马武的上书提出于建武二十七年，当时统一战争已经结束14年，社会经济生活已基本恢复正常，人心已基本稳定，政权也完全巩固，开国以来时而骚扰东北边防的乌桓、鲜卑、高句丽等少数民族的武装皆已内附中原，一度严重威胁北部边防的匈奴已经分裂，南匈奴投诚归汉，只有北匈奴不肯屈服，但经连年灾害，人畜疫死，虚疲孤弱，常常被南匈奴

① 《汉书·匈奴传》。
② 《后汉书·臧宫传》。

和鲜卑击败。正是在这种形势下，臧宫、马武才提出联合各少数民族武装共灭北匈奴。由于这个建议同刘秀的以德立国、柔道安邦的方针相抵触，结果被全盘否定。

刘秀是中国历史上第一位出身于知识分子的开国皇帝，他在军事上身经百战，深谙兵法，善于运筹帷幄，决胜千里，在政治上笃信孔子与老子的学说，坚持以德立国、柔道安邦的理念，是一位知兵而不好战的军事统帅。早在称帝之前管理河北之时，刘秀就和他的同学邓禹（位列云台二十八将之首的开国元勋）商定了以德立国的大计——“延揽英雄，务悦民心，立高祖之业，救万民之命”[①]。称帝之后，正当统一战争激烈进行时，于建武六年（30）开始大规模销兵减政，首先恢复西汉三十税一的惠民政策，然后在其已直接控制的区域内（今华北、淮南、淮北、江汉、关中地区及东北部分地区），“并省四百余县，吏职减损，十置其一”，即精减90%的政府官员，极大地减轻了人民的经济负担。建武七年又下达诏令：“今国有众军，并多精勇，宜且罢轻车、骑士、材官、楼船士及军假吏，令还复民伍。”[②]即撤销了内郡常备的地方部队，改为有事临时征兵，从而极大地减轻了人民的兵役负担，同时罢除了内郡（国）主管军事的都尉官，并职于太守（国相）。平灭群雄时则力求用政治手段解决问题，先后以和平方式统一了河西走廊以及江南和岭南的大片国土。当不得不使用武力时，“每一发兵，头须为白”[③]。

建武十三年（37），统一战争一结束，刘秀就立即退功臣而任文吏，大封开国功臣，让他们高高兴兴地交出兵权，退出政界，以列侯就国，时“奉朝请”而入京议事，从而预防西汉初期那种功臣拥兵、诸侯割据之患的发生。上自三公九卿下至郡守（国相）县令，全部由文吏担任，并以严明的法制约束他们，以利大兴文治，强化中央集权。不久，刘秀即正式宣布：“吾理天下，亦欲以柔道行之。”[④]不论内政或国防，皆一以贯之。自建

---

① 《后汉书·邓禹传》。
② 《后汉书·光武帝纪下》。
③ 《后汉书·岑彭传》。
④ 《后汉书·光武帝纪下》。

武十四年至建武二十一年，西域各国先后三次遣使来朝，自愿归汉，请求汉廷派出西域都护，率领汉军，对抗匈奴，保护西域。刘秀以“天下初定，未遑外事”[①]，皆婉言谢绝，赐以厚赏，退归西域各国送来的侍子（以国王之子为人质），史称“闭玉门以谢西域之质”[②]。这时恰逢匈奴（以及鲜卑、乌桓、高句丽）连年犯境，“北边无复宁岁”，[③]汉军屡战不利。刘秀一方面下令筑垒防御，用自己设计的战车“可驾数牛，上作楼橹，置于塞上以拒匈奴”；同时又利用政治、经济手段加紧与北方各少数民族的交往，友好往来，积极地致力于“和戎”，史称“卑词币以礼匈奴之使”[④]。成效异常显著，自建武二十二年至建武二十五年，乌桓、高句丽、南匈奴、鲜卑接连内附于汉，造成一个各民族联合对抗北匈奴的局面，北匈奴为形势所迫，亦时臣时叛，东汉的北部边患基本解除。于是刘秀下诏书“罢诸边郡亭候吏卒”[⑤]，进一步与民休息。从此他更加厌武喜文，绝口不言兵事，经常与群臣讲论儒家的六经到半夜。太子刘庄（即汉明帝）劝他多注意休息，他说：“我自乐此，不为疲也。”太子刘庄向他请教军事问题，他说：“昔卫灵公问陈（阵），孔子不对，此非尔所及。”[⑥]也就是说，他只向自己的接班人传授政治而不传授军事。总之，内则销兵减政，退功臣而任文吏，致力于与民休息，外则怀柔天下，不尚武功，致力于和戎。这就是光武帝刘秀以德立国、柔道安邦的基本内涵。

这一思想对东汉王朝的影响至为深远而重大，既有积极的一面，又有消极的一面。其积极的意义就在于适应了东汉初期历史发展的需要。自王莽后期，天下大乱二十年，人民需要休养生息，社会生产需要恢复，社会秩序需要重建，阶级矛盾、民族矛盾、统治阶级内部矛盾都需要调整与缓和，否则，国家就无法走向繁荣、昌盛和统一。刘秀以德立国、柔道安邦的思想恰恰是

① 《后汉书·西域传》。
② 《后汉书·臧宫传》。
③ 《后汉书·南匈奴列传》。
④ 《后汉书·臧宫传》。
⑤ 《后汉书·光武帝纪下》。
⑥ 《后汉书·光武帝纪下》。

解决所有这些问题的一服良药，很快就缓和了内外各种矛盾，不仅从根本上巩固了东汉政权，而且顺利地由天下大乱实现了天下大治，再也没有像西汉初期那样经历一个长期内外交困的阶段。建武中元元年（56），刘秀终于登临泰山举行封禅大典，祭告天地，宣示自己生平之志如愿以偿。次年正月，即去世前一个月，接受了倭奴国使者漂洋渡海来朝，赐予“汉委（倭）奴国王”金印一枚，这是中日两国政府之间首次友好往来。

但是，以德立国、柔道安邦的思想亦有其致命的弱点，即崇文抑武的倾向严重制约着东汉王朝的进一步发展壮大。因为阶级矛盾、民族矛盾、统治集团内部矛盾都是客观存在的事实，不论单纯依靠“文”的手段或单纯依靠“武”的手段，都不能长治久安，唯有把两种手段结合起来才能有效地消除矛盾，不断前进。刘秀大搞销兵减政、退武用文，最直接的后果就是内无重臣、外无良将，极大地削弱了东汉中期以后的内政与国防，逐渐失去解决各种危机与矛盾的能力。内无重臣则必然导致朝纲不振、政治腐败。自汉和帝开始，接连十一个皇帝即位时都是年仅几岁、十几岁的儿童少年，有的甚至是出生不久的婴儿，不得不由母后临朝，外戚专权。小皇帝长大后，又不得不依靠身边的宦官打倒外戚，改由宦官专权。这一斗争长达百年，成为无法根除的政治毒瘤，直至东汉的灭亡。外无良将则必然边患不止，天下不安。汉和帝时虽然依靠各民族的联合力量彻底战胜了北匈奴，重新控制了西域，但好景不长，转瞬即逝。紧接着鲜卑与乌桓强大起来，时臣时叛，汉军无力有效地控制边塞。南匈奴与高句丽亦偶尔叛汉。通往西域的道路很快即被大规模的羌变切断，几经反复，不得不从西域撤出。大规模的羌变发生在汉安帝即位之初，先后三次，历经安、顺、冲、质、桓、灵六帝，长达六十三年，祸及今青海、甘肃、陕西、宁夏的广大地区及河北、河南、四川的部分地区。羌变虽然最后被镇压下去，但东汉政府已耗尽国力，阶级矛盾激化，黄巾大起义爆发。东汉王朝名存实亡，历史由大一统时代进入了大分裂时代。

因此，刘秀以德立国、柔道安邦的思想虽然在东汉初期取得了辉煌的成就，其积极的意义永远值得借鉴，但其消极的影响更值得人们深思和戒免。

刘秀之后的东汉统治者只知因循守旧，不知与时俱进，这才是教训的真正所在。正如后人所言："治天下之大具有二，文与武也；用武则先威，用文则先德，威德足以相济，而后王道备矣。"①

九、屯屠何求破北成南

东汉前期的主要边患来自北匈奴。北匈奴直接控制着漠北，间接控制着西域，在汉明帝时期多次进犯东汉的河西地区和北部边境，"朝廷以为忧"。明帝晚年曾决心要以武力解决，但刚刚取得初战的胜利，明帝即病死，汉军即撤归，未竟其功。章帝时没有出兵北击，但内附中原的鲜卑却在章帝末年给了北匈奴以沉重打击，以至北匈奴大乱，分裂为两单于互相争立，上下离心。正是在这样的背景下，已降汉的南匈奴单于屯屠何于章和二年（88）七月上书朝廷，提出发兵消灭北匈奴的对策。②这时章帝已死五个月，新即位的和帝年仅十岁，窦太后临朝听政。窦太后一方面考虑到北匈奴有可灭之势，另一方面考虑到其兄窦宪犯有杀害刘氏皇室之人的大罪，为了让窦宪立功赎罪，就批准了屯屠何的请求，以窦宪为车骑将军，统一指挥北伐。

屯屠何（？—93）是西汉时降汉的匈奴呼韩邪单于之曾孙，他这篇上书的核心思想是"破北成南，并为一国，令汉家长无北念"。也就是消灭北匈奴，由南匈奴取而代之，走西汉呼韩邪单于的道路，永为汉臣，胡汉一家，天下一统。这一思想深刻反映了中国古代各民族关系的大趋势，即团结、合作与统一。上书中指出，不仅南匈奴诚心归汉，北匈奴各部的大多数人也乐于内附中原。因此，这一建策被朝廷采纳后，战争的进展非常顺利。南匈奴全力以赴，出动三万骑兵，东汉中央部队与边防部队亦全力以赴，出动一万六千骑兵。历时不过三年，主要战役不过三次，北匈奴即被彻底打垮，北单于负伤远遁，莫知所终，其人民则纷纷投诚归汉。汉军创

① 《三国志·魏书·武帝纪》裴注引《九州春秋》。
② 参见《后汉书·南匈奴列传》。

造了出塞五千里的历史纪录，堪称东汉军事史上辉煌的一页。

但是，这一胜利并未使东汉王朝进一步发展强大起来，反而逐渐步入多事之秋。战后，在窦宪的阻挠下，南匈奴并未返归漠北，仍然留驻在塞内。塞外漠南之地分别为乌桓、鲜卑、高句丽控制，漠北之地全部被鲜卑占领。新的矛盾随之而来，东汉政府没有足够的军队安边，只得继续以柔道羁縻之。内政方面则每况愈下。窦宪以平灭北匈奴之功升任大将军，首开东汉外戚专政的历史，欲图谋不轨加害于和帝。和帝与宦官密谋，虽然除掉了窦宪，但又开了东汉宦官干政、封侯的先例。和帝活到二十七岁即早亡，留下一个刚出生百余日的殇帝即位，从此东汉再也不能一振军威和国威。

导致上述后果的根本教训，就在于东汉前期没有像西汉前期那样厉行富国强兵的改革。开国之初销兵减政、与民休息是可以理解的，但不能永远无所作为。明、章、和三帝在位共四十三年，“齐民岁增，辟土世广”①，经济上空前繁荣，恰是军政改革的良机。但是，“明帝察察”②，只强化一点法制；“章帝长者”③，只增施一点仁政；和帝“率由前则”④，一点改革都没有，所行仍然是开国初期销兵减政之策，内无重臣外无良将的局面毫无改变，所以东汉王朝的历史命运自中期开始便江河日下。

十、班超请兵平定西域

班超（32—102），东汉名将，字仲升，扶风平陵（今陕西咸阳西北）人，著名史学家班固之弟。初为书生，后于汉明帝永平十六年（73）投笔从戎，参加汉军反击北匈奴的战争。在汉军攻占西域北道、将要重新设置西域都护时，班超以假司马之职奉命率三十六人出使西域南道。到鄯善，他以“不入虎穴，不得虎子”的胆略，攻杀了匈奴使团一百三十余人，慑

① 《后汉书·和帝纪》。
② 《后汉书·章帝纪》。
③ 《后汉书·章帝纪》。
④ 《后汉书·殇帝纪》。

服了鄯善王。继而用各种惊人的手段除掉了于阗、疏勒等国的匈奴势力，并广布汉德，招抚南道诸邦全部归汉。

不料风云突变，永平十八年北匈奴重新攻占西域北道，龟兹、焉耆叛汉，都护陈睦被害。章帝建初元年（76）汉军奉命撤出北道，并命班超奉旨回京，西域形势全面恶化。然而，班超却已无法东归。南道人民认为，汉使一走，匈奴必来，所以大家抱住班超的马脚不肯放行，号泣而言："依汉使如父母，诚不可去。"[①]为挽留班超，疏勒的都尉甚至"以刀自刭"。班超遂下定决心，抗旨不归，与南道人民共拒匈奴，孤守疏勒五年，多次击败匈奴势力的进攻和叛乱。

在五年的逆境中，班超看到的不仅仅是黑暗，还看到了无限的光明与希望，即西域各邦国的人民，无不诚心附汉，南道如此，北道如此，葱岭及其以西也是如此，只要获得汉军的相应支持，就能击败匈奴势力，保证丝绸之路的畅通。正是在这样的背景下，班超于章帝建初五年（80）上书请兵平定西域，获章帝的同情派兵千人相助，经营西域的事业才得以继续下去。[②]

班超这篇上书及其在西域的艰辛奋斗，深刻反映了东汉前期经营西域的历史经验与教训。

其一，光武帝主动放弃西域，给子孙留下了后患。西域自汉武帝时内附中原，至新莽末年天下大乱时被匈奴控制。因"匈奴敛税重刻，诸国不堪命"，于东汉初年纷纷要求内附。建武二十一年（45），一次竟有十八国遣子入侍，请求汉朝派出都护管理西域。然而光武帝刘秀"以天下初定，未遑外事，竟不许之"[③]，"闭玉门以谢西域之质"，主动放弃了西域。结果西域不久被北匈奴控制，到明帝时成为重要边患。北匈奴胁迫西域诸国共同内犯，以至"河西郡县，城门昼闭"[④]。这一教训表明，经营西域的根本目的在于制胜匈奴，即班超在上书中所说的"断匈奴右臂"，主动放弃西域，客

① 《后汉书·班超传》。
② 参见《后汉书·班超传》。
③ 《后汉书·西域传》。
④ 《后汉书·西域传》。

观上必然资敌为患。

其二，明帝用兵的力度不够，死后前功尽弃。为了解除边患，明帝于永平十六年作出决策，四路出击，发起反击北匈奴的战争。攻占了西域北道，先后设置了宜禾都尉、西域都护、戊己校尉。正是借助这一胜利，班超才敢于率领三十六人出使西域南道，深入虎穴，除掉匈奴势力，仅用一年时间就抚定了南道诸邦。但是，这次反击作战取得的胜利非常有限，仅仅歼敌千余人。四路大军中有三路一无所得，根本没有从战略上打败北匈奴。结果两年之后，明帝一死，匈奴复至，都护被杀，汉军撤出，前功尽弃，以失败而告终。

其三，章帝不战而退，导致形势逆转。明帝死后之所以前功尽弃，关键在于"章帝不欲疲敝中国以事夷狄"，[①]又一次主动放弃西域：不再派出都护，迎还戊己校尉，罢撤屯田部队，并命班超回朝。这导致西域形势全面恶化，班超陷入绝境，欲退不得，欲进不能，困守在疏勒五年。见到班超的请兵报告后，章帝虽然有所同情，但"不欲疲敝中国以事夷狄"的消极思想没有改变，仅仅遣兵千人相助，只不过是杯水车薪。因此，直到和帝时窦宪大破北匈奴，班超并没有走出西域南道一步。

其四，和帝大举兴师，班超始收全功。西域问题的全部症结在于北匈奴，尽管绝大多数邦国都一心附汉，但单靠班超和西域自身的力量解决不了北匈奴的问题。和帝即位后，由于朝廷采纳了南匈奴单于屯屠何的建议，以窦宪为统帅，大举兴师讨伐北匈奴，自永元元年（89）至永元三年，连续大破北匈奴，彻底摧毁了北匈奴的实力，班超才真正迎来了曙光。永元三年，班超出任西域都护，长期叛汉的北道龟兹、姑墨、温宿三国皆降。六年，班超调动西域诸国兵七万，一举攻克焉耆，西域五十余国全部归汉。于是，"至于海濒四万里外，皆重译贡献"。九年，班超派部下甘英出使大秦（罗马帝国），"临西海（今波斯湾）而还。皆前世所不至"[②]。在丝绸之路历史上谱写下光辉的一页。

---

① 《后汉书·西域传》。
② 《后汉书·西域传》。

第四讲

魏晋南北朝国防军事重大问题评析

东汉王朝解体后，中国进入了魏晋南北朝长达三百七十多年的分裂战乱时期。先是出现了群雄逐鹿，魏、蜀、吴三国鼎立争雄的局面，其后有西晋的短暂统一，接着出现了更大的动乱，导致了东晋十六国和南北朝的长期割据混战、分裂对峙。在这三四百年中，天下纷纭，打江山和安社稷、求生存和谋天下、安内与攘外、合纵与连横、攻与守、战与和……错综交织，各个阶段的各个政权在安全上都面临严峻的挑战。政治家和军事家们或结合当时实际，或借鉴前代经验，提出了因应的对策和处置的办法，既有成功，也有失败，但无论成功和失败，都以新的思考和实践深化和丰富了国家安全和国防军事战略上的认识。

一、诸葛亮隆中对策

诸葛亮（181—234），三国时期著名政治家、军事家，字孔明，琅琊阳都（今山东沂南）人。东汉末天下大乱，诸葛亮隐居隆中（今地有湖北襄阳和河南南阳二说），人称“卧龙”。建安十二年（207），刘备三顾茅庐，恳请诸葛亮出山相助，诸葛亮为其诚意所感，纵论天下大势，为刘备指划了在汉末乱世中图生存求发展谋霸业的方略[①]，史称《隆中对》或《草庐对》。

首先，他向刘备提出了“跨有荆益”的现实目标。诸葛亮从政治、经济、军事、地缘等方面分析，指出：北方的曹操拥兵百万，政治上挟天子

① 参见《三国志·蜀志·诸葛亮传》。

以令诸侯，不可以武力与之争胜；南方的孙权据有江东，已有三世，地势险要而且政治巩固，只能结为盟国而不应树为敌手；荆州刘表居于要冲之地，但自己不能据守，益州刘璋虽占据险要关塞，但昏庸无能，不懂安抚百姓，这两个地方都是有机可乘的战略要地，占领了两地，便可建立稳固的根据地，形成与曹魏、孙吴三足鼎立之势。

其次，他为刘备制定了经营荆州和益州、建立稳固的根据地的方略。诸葛亮指出，在“跨有荆益”之后，应该致力于拓展自己的实力，一方面要“西和诸戎”“南抚夷越”“结好孙权”，稳固后方，争取盟友，创造良好的生存和发展环境，另一方面要“内修政理”，也就是整顿吏治，发展经济，使自己的综合实力得到提升，从而为进取中原奠定坚实的基础。一旦天下有变机遇到来之时，便由荆州、益州两路出兵，一举成就霸业。

《隆中对》对战略形势的透彻分析及其卓越的战略筹划对蜀汉政权的建立和发展起到了至关重要的作用。刘备依此战略而行，先是据有荆州，进而开拓西川，攻取汉中，迅速扭转了局势，由一支进退无据的弱小武装发展成为可与魏、吴相抗衡的重要势力。其后虽然出现了孙权夺荆州杀关羽、蜀吴发生夷陵大战、刘备惨败饮恨而亡的重大挫折，但后主刘禅继位后，诸葛亮辅政，依然坚决贯彻了《隆中对》所提的方针，整顿吏治，发展生产，力排众议坚持与东吴结盟，采取攻心之法平定南中（大渡河以南的少数民族地区），从而使蜀汉政权在空前的危机中得到安定，实力逐渐得到恢复和发展，保持住了与曹魏和东吴鼎足而立的局面。可以说，《隆中对》不仅对刘备夺取荆州、在益州开创基业，而且对后来蜀汉政权的安定和发展，起到了重大的指导作用。特别是在后一方面，更表现出了高度的前瞻性。因为：蜀汉偏处西南，紧邻少数民族地区，只有处理好与土著少数民族的关系，才可能有稳固的后方；蜀汉国小势弱，与东吴结盟，联合抗曹，是以弱敌强的必然选择；而修明政治，发展自身，增强实力，则是生存和进取的基本前提。因此，“西和诸戎，南抚夷越，外结好孙权，内修政理”实际上就是日后蜀汉政权求生存、保安全、谋安定的基本方针。

《隆中对》战略思想的重要价值，得到了后人的充分肯定。唐人王叡说:“孔明创蜀，决沉机三二策，遽成鼎峙，英雄之大略，将帅之宏规也。”[①]这一评价实非过誉。

不过,《隆中对》“两路出兵”的战略构想却以种种原因未能实现。这首先是由于诸葛亮所预期的战略时机一直没有出现。蜀汉虽经多年经营，在政治经济上具备了一定的实力，但始终未能形成高于曹魏、东吴的突出优势，魏、吴也并未出现大的战略失误或是政治变故，尤其是在孙权袭取荆州，擒杀关羽，刘备“怒而兴师”，导致夷陵之战大败的情况下，诸葛亮以荆、益二州为支点的“两路出兵”之策已经失去了现实基础。其次“两路出兵”思想本身也存在一定缺陷。荆州、益州为大巴山、巫山所阻隔，很难形成相互策应之势，加之蜀汉的兵力较为单弱，不宜分兵。正如毛泽东所指出的，蜀汉的失败，“其始误于隆中对，千里之遥而二分兵力。其终则关羽、刘备、诸葛三分兵力，安得不败”[②]。是很有道理的。

尽管《隆中对》存在一定的局限性，但其超凡的战略思维、卓越的实践功效，特别是其战略擘画的终极指向——“兴复汉室”，就是要重新实现国家的大统一，深刻反映了中华民族的精英即便在分裂动荡的最艰难时刻，也矢志不移于统一的理想，所有这些使它成为中国古代不可多得的战略名篇。

二、刘颂陈封国之制

继三国之后的西晋王朝，是由河内士族大家司马氏为首的政治集团建立的。曹魏后期，大权旁落，司马氏把持了国柄，司马昭派邓艾、钟会率军伐灭蜀汉，司马炎夺取帝位后又灭掉东吴，“三国总归司马氏”，分裂局面复趋于统一。但仅二十来年后，天下又出现大乱，并很快导致了西晋政

① （宋）李昉等:《文苑英华》卷七百四十三《将略论》。
② 中共中央文献研究室编:《毛泽东读文史古籍批语集》，中央文献出版社 1993 年版，第 106 页。

权的覆亡，中国也由此进入了一个更加分崩离析、动荡不安的时期。西晋王朝的短命，有政治、军事、民族、经济等多方面的原因，而最高统治集团在国家安全战略上的举措失误，直接导致了这些方面复杂矛盾的大爆发。

西晋的开国君臣，大都出自汉魏以来的名门望族，惯于逸乐，多为门第之计，普遍缺乏雄才大略、深谋远虑。晋武帝司马炎本人就是个代表。太傅何曾有次私底下对儿孙说：“主上开创大业，吾每宴见，未尝闻经国远图，惟说平生常事，非贻厥孙谋之道也；及身而已，后嗣其殆乎！”[①]因此，晋初的各项举措多弊，在国家安全上埋下了重大的隐患，分封诸王就是其中要命之一端。

由于司马氏的天下是从曹氏手中所夺取，为戒防异姓特别是曹氏势力，晋武帝受禅登基后即大封宗室，“以郡为国。邑二万户为大国，置上中下三军，兵五千人；邑万户为次国，置上军下军，兵三千人；五千户为小国，置一军，兵千五百人”[②]。而且授予宗室诸王重权，出则持节都督一方军事，入则掌握中央朝政。晋武帝死后，继位的惠帝才智低弱，贾后弄权，朝政混乱，很快酿成了诸王争位的“八王之乱”。宗室诸王互相厮杀，兵连祸结，对政权和社会造成严重破坏，各地频频爆发流民起义，汉魏以来入居中原的匈奴、鲜卑、羯、氐、羌等少数民族乘乱起兵，一举颠覆了西晋王朝，中原地区随之陷入了“五胡十六国”的混战之中。

正如时人所言，西晋之亡，实由“藩王争权，自相诛灭，遂使戎狄乘隙”[③]。其祸根不能不追溯到晋武帝的分封宗室。对于晋武帝搞分封，当时的臣僚大多表示赞成和支持。吏部尚书刘颂看到了一些隐忧，他在武帝晚年专门上疏，提醒晋武帝要有长远眼光，要为后世考虑，精心处理国政，建立起完善的封国制度，来保障国家的长久安定。[④]

对关乎国家安全的重大问题，只有形成合理、完善的制度，才能有持

---

① 《资治通鉴》卷八十七《晋纪九》怀帝永嘉三年。贻厥孙谋：语出《诗经·大雅·文王有声》，即为子孙后代考虑。
② 《晋书·地理志上》。
③ 《晋书·祖逖传》。
④ 参见《晋书·刘颂传》。

久、根本的保障。刘颂能够看到这个层面，难能可贵；但在具体措施上，刘颂认为晋初分封不合古制，建议完全仿照西周的典章，却不免迂阔。对战略性问题拿不出切实可行的办法，可以说是西晋君臣的通病。迟暮之年的晋武帝，对刘颂的建言也仅表示知道了而已。没过几年，刘颂的担忧就变成了现实。

在这篇奏疏中，刘颂借鉴前人成语，把国家比作天下巨大的器物，进而指出“天下大器，一安难倾，一倾难正”，还是富有哲理性的。这句话的着重点和落脚点在于“一倾难正”四个字，魏晋南北朝三四百年分裂动荡的历史，充分印证了这一点。

三、郭钦论徙戎

中国的民族史经过长期的演进，到秦始皇筑长城，在北方地区出现了一个民族分布界域比较分明的局面：长城之外，为游牧民族的活动区域；长城之内，为农耕汉族的生活区域。长城成为一道严密的关防。但这种界域分明的状态只维持了短暂的时期，在汉武帝以后就逐渐被打破。首先，汉武帝击破匈奴后，把许多匈奴降部安置于长城沿边，以后直到西晋，朝廷屡屡这样安置降附或归顺的北方部族，他们在与沿边郡县人民的日常往来中便逐渐向内渗透。其次，在两汉之际和东汉末年，天下大乱，人口丧亡，边防废弛，北方部族人民（匈奴、羯、氐、羌、乌桓、鲜卑等）大量地进入长城以内，并不断向内地深入，这种情况在汉末和三国时期尤为严重。所以到西晋立国的时候，中国北方地区的民族分布就形成了新的局面：大量的北方游牧民族部众进入长城以内，不仅在西北各郡，而且在中央王朝的腹心之地——关中和中原（特别是今陕西、山西、河北、河南等省），或聚族，或分散，与汉人杂居在一起，人口日渐繁殖。由于民族隔阂，内附的北方部族，常受士庶轻侮；而这个阶段又正是中国历史上土地兼并、人身依附最为严重的时期，进入内地的北方部族大量沦为奴隶、婢仆、佃客，受到比汉族农民更为非人的待遇，因而“怨恨之气，毒于骨髓”[①]。北方地区的民族矛盾空前尖锐，这对晋朝的国家安全构成了严重的威胁。这种威胁与秦汉时期由于匈奴的统一而在北方草原出现强大的游牧武装集团从外部对中央王朝构成严重威胁不同，而是表现为大量北方游牧部族进入内地，他们与塞外的本部族有千丝万缕的联系，互为呼应，而与中原汉族积怨深重，极为仇视中央王朝，从王朝内部对国家的安全和稳定构成了巨大威胁。

魏末晋初，西北各州县就常有内附的北方部族造反。魏末司马师当政时，邓艾曾建议从这些地方逐渐迁出与汉人杂居的氐羌等族，并迁匈奴于雁门。因当时内有司马氏、曹氏两党争权，外有魏、蜀、吴三国角力，未能顾及。晋武帝灭吴完成统一后，侍御史郭钦上疏建议着手解决北方的民族问题。他提醒晋武帝，这个问题不解决好，日后一旦有“风尘之警”，北方地区很可能会大乱。他提出的具体办法是：乘平吴之威，发兵塞外，加强北部边防，从内地迁移人民充实边地郡县，把进入关中和中原的游牧部族逐渐迁移出去，加强对北方部族进出内地的控制，防止塞外游牧部族向关中和中原渗透。[②]晋武帝没有采纳郭钦的建策，也没有采取其他有效办法解决北方民族问题。其中原因，一是晋武帝的昏聩，没有意识到这个问题的严重性。晋初朝中有一种看法，认为只要平定了东吴，北方各部族自然就会安定，所谓“吴平则胡自定”[③]，这对晋武帝影响很大。西晋开国后，把灭吴完成统一放在第一位是对的，但不能因此而忽视北方民族问题的严重性，更不应在平吴实现统一后，仍不去注意解决这个问题。晋武帝平吴后，反而罢撤州郡兵，削弱了州郡对地方的控制力，在北方民族矛盾如此尖锐

① 《晋书·江统传》。
② 《晋书·四夷传》。参见《西晋文纪》卷十九《上武帝徙戎疏》。
③ 《晋书·羊祜传》。

的情况下，实在是一个严重的错误。[①]其二，郭钦建议的核心，实际上是动用武力，把进入关中和中原并已在那里繁衍生息的众多北方部族强制性地迁回塞外故地，这谈何容易！势必造成内外骚动，弄不好反而会引发大乱。邓艾、郭钦等人看到了问题的严重性，但所提出的对策却过于简单、草率。对于民族问题的这种简单化思维，也是时代局限使然。

北方民族问题没有解决，隐患越积越重。没有几年，晋武帝死，惠帝继位，朝政混乱，酿成了诸王争位的“八王之乱”。宗室诸王互相厮杀，兵连祸结，对政权和社会造成严重破坏，散布于关中和中原的匈奴、鲜卑、羯、氐、羌等少数民族乘乱起兵，塞外的游牧部族闻风而动，呼应驰援，一举颠覆了西晋王朝。郭钦的预言不幸变成事实，中原地区随之陷入了“五胡十六国”的混战之中。

“八王之乱”初起时，关中氐、羌反，眼看要出大乱子，名士江统再次倡言武力徙戎，把进入关中和中原的北方少数民族强制迁回塞外故地，写出了洋洋洒洒数千言的《徙戎论》。[②]但其时朝廷上下忙于内斗，已没有能力处理这个问题，江统之论也只能成为一纸空文。

四、袁翻等议伐柔然

316年，西晋覆亡后，残余力量退守江南，建立了东晋政权。广大的北方地区，包括历来被视为中国政治、经济、文化中心的关中和中原，被匈奴、鲜卑、羯、氐、羌等少数民族所占据，一百多年中产生了大大小小众多的政权，互相混战，此亡彼兴，史称十六国。进入南北朝，南方承东晋

① 晋代军队主要由中军、外军两部分组成。中军指驻扎于京师地区的中央直属军队。外军系与中军相对而言，泛指驻于京师之外的各地方军队，包括都督统率的驻屯军，刺史、太守统率的州郡兵及宗室诸王的王国兵等。太康元年（280）晋灭吴后不久，晋武帝就下诏罢州郡兵。这一直为后世所诟病，明太祖朱元璋的一段话，是很有代表性的批评：“人孰不曰：‘天下平定之时，可以息兵偃武。’殊不知治兵然后可言息兵，讲武而后可言偃武。若晋撤州郡之备，卒召五胡之扰；唐撤中国之备，终致安史之乱，此无备之验也。夫当天下无虞之时，正须常守不虞之戒，然则武备其可一日而忘哉！”（《明太祖宝训》卷六《武备》）

② 参见《晋书·江统传》。

余绪，宋、齐、梁、陈各政权先后禅代，一直难有起色。北方地区，鲜卑拓跋部在十六国晚期的混战中把握时机，举措得宜，迅速崛起，建立了北魏政权，逐渐统一了中国北方。在与南朝的对峙中，北魏在大力进行武功开拓的同时，不断汲取中原历代王朝治国安邦的成功经验，大刀阔斧地推进各方面建设，振衰起弊，为国家的巩固和富强打下了较扎实的根基，逐渐呈现出宏大的王朝气象，在国家安全和国防军事运筹上，也留下了较多有价值的遗产。作为北魏的继承者，后来北周的壮大和隋唐的重新统一中国，就在很大程度上得益于此。

鲜卑本是匈奴衰后北方草原的霸主，十六国时鲜卑各部纷纷南下逐鹿中原，而原先依附于拓跋鲜卑的柔然人逐渐在蒙古草原上壮大崛起，成为新的草原霸主。于是，当北魏逐渐统一了中国北方地区，建立起新的王朝体系时，柔然便成为其北面最大的安全威胁。424年，柔然六万骑南犯，魏太武帝亲率军抵御，被柔然骑兵重重包围。这时北魏与柔然的关系，犹如当年的汉朝与匈奴，不同的是，当年汉朝是以统一的国家与匈奴对抗，而北魏是在与南朝对峙的情况下面临柔然的威胁。

太武帝时（424—452），北魏的武功开拓达到极盛。太武帝的方略基本上是稳住南线，肃靖北方，首先解除国家的北顾之忧，于是在429年夏决定大规模出击柔然。但这遭到了朝臣的激烈反对，太武帝就让赞同其决策的崔浩与大臣们当廷辩论。[①]在辩论中，崔浩对太史令张渊、徐辩等人“蠕蠕（柔然），荒外之物，得其地不可耕而食，得其民不可臣而使”的保守观点进行了尖锐批评。这种“荒远无用”论发端于汉代[②]，影响很大，是中国传统战略思想的重要主张。它根源于中国战略传统中一贯的内敛倾向——总是把关注的重点放在王朝中心区域的防御和内部的治理、安定上，并把这种内向性推向极端，不顾具体情况，机械地一概排斥对外的开拓、经略。

① 参见《魏书·崔浩传》，《资治通鉴》卷一百二十一《宋纪三》文帝元嘉六年。

② 在汉昭帝始元六年（前81）的盐铁会议上，主张进取西域的桑弘羊和主张弃守西域的儒生发生了激烈争论（见桓宽《盐铁论》）。儒生们认为西域（今新疆地区）是荒绝无用之地，长期屯守耗费太巨，是“散有用事无用”，结果“不能弱匈奴，而反衰中国”。这是“荒远无用”论的典型代表。

崔浩一针见血地批评这种陈旧观点不合时宜，体现了积极的战略取向；他明确指出柔然本是国家的臣属，征伐柔然就是收服叛臣，体现了可贵的国家主权意识和宏大的战略视野。

然而，崔浩的积极态度并非简单地出于某种观念，而是以其对客观形势的洞察为依据的。当时朝中大臣普遍担心南朝宋政权可能会趁北魏对柔然用兵之机进取中原，如果远涉大漠出击柔然没有什么收获，师老军疲，宋乘机北伐，局面就被动了。对此，崔浩从两个方面进行了分析：首先，从北魏和南朝宋的实力对比上说明，北魏出击柔然，宋必不敢轻举妄动。因为，宋武帝刘裕在代晋称帝之前，曾于417年率大军北伐，消灭后秦，夺取关中，留爱子刘义真督重兵镇守，不料次年留守诸将发生内讧，大败于夏，全军覆没，重又丢失关中。直到这时，宋还没有完全从这次惨败中恢复过来，而一代雄主刘裕业已过世，当时的宋文帝刘义隆远没有乃父的才略。与此相反，北魏太武帝拓跋焘的武功开拓正使国家进一步走向强盛，427年刚刚攻取了夏都统万城，消灭了夏军主力，基本上并吞了夏的版图，这对南方的宋造成了极大震慑。崔浩认为，在这种情况下出击柔然，宋必定不会有大的动作，即使有些动作，也不足惧。其次，通过对柔然情况和用兵时机的分析，说明此次出击柔然必能成功。柔然的活动习性是，夏季分散部众畜牧，秋季马畜肥壮，就背寒向暖，南下进入北魏境内，夺取粮食和物资。自424年包围、挫败太武帝的亲征后，柔然更加轻视北魏，夏季散众放牧，牲畜满野，毫不戒备。北魏以刚刚破夏、兵强马壮的威势，抓住夏季的大好时机，迅疾出击，可以打柔然一个猝不及防，从而大获全胜。崔浩知彼知己的分析，也正是太武帝稳住南线、肃靖北方方略的依据所在。

经崔浩力排众议，太武帝毅然实施了对柔然的大规模出击，取得了巨大成功，柔然大檀可汗大败西遁，三十余万落（户）投降，北魏俘获戎马百余万匹。但归根结底，太武帝和崔浩的战略思想并没有脱离中国一贯的内敛传统，因为北魏的出击柔然，犹如汉朝的出击匈奴，都是以主动出击来解除北方游牧部族对中原的威胁，如同汉朝一样，北魏在主动出击柔然的同时，也大力加强了长城防线，一击奏效后，便又退守于长城以内，关注的重心始终在长城沿线的防御和长城以内的安定。因此，太武帝、崔浩与张渊、徐辩等人的争论，只不过是内敛战略传统下积极防御和消极防御的分歧。这种分歧和争论在以后的朝代还一再地重现。

五、韩秀谏罢敦煌戍

中国战略传统中一贯的内敛倾向，即总是把关注的重点放在王朝中心区域的防御和内部的治理、安定上，在历史上往往产生负面影响，一个突出的现象是在对外开拓和边疆经略上经常过于消极保守，裹足不前，稍遇困难，便动摇退缩。如汉代的时候，朝廷对于经略西域（今新疆维吾尔自治区），经常在积极进取和消极弃守之间摇摆，稍有困难，弃守论就占据上风。东汉建初元年，正当班超等人在西域艰苦努力的时候，朝廷中经过激烈争论，却下诏撤回西域的屯戍官兵，命班超回朝，放弃西域；永初元年（107），因西域出现反乱，朝廷又诏令撤回西域都护和屯戍士卒，“后西域绝无汉吏十余年”。这种战略上的动摇退缩，导致国家版图缩小，军事防线收缩，匈奴等游牧武装集团势力卷土重来，边疆和国防安全形势趋于恶化。

北魏时期，受国力军力局限和南北朝对峙的牵制，对西北边疆的开拓和经营，局面远没有汉代盛大，孝文帝时西部防线只限于河西走廊西端，敦煌是最远的据点。即便如此，朝廷对于西北防务也经常产生退缩之意，孝文帝延兴四年（474）尚书上奏拟放弃敦煌镇，把镇所和敦煌军民内迁到凉州治所姑臧（今甘肃武威），是一个很典型的事例。当时，柔然进犯敦煌，被魏军击破，在此情况下，朝廷不考虑加强敦煌镇的防御，反而想撤守，将西部防线进一步向内收缩。[①]敦煌所处的河西走廊西端是北上蒙古草原的居延古道[②]和西出新疆的丝绸之路的交汇处，战略位置十分重要，在这里敦煌、酒泉、张掖三城互为表里，形成掎角之势，北控居延古道，西扼

① 参见《资治通鉴》卷一百三十三《宋纪十五》苍梧王元徽二年。
② 由弱水（额济纳河）而至居延海（位于今内蒙古额济纳旗北部）。

丝绸之路，一旦放弃敦煌，那么新疆各游牧部族将由丝绸之路东进，蒙古草原上的游牧民族则顺居延古道南下，形成汇聚之势，直接冲击酒泉、张掖，威胁河西走廊，对西北边防构成更大的压力。给事中韩秀清楚地看到了这一点，而且敏锐地意识到，放弃敦煌将会动摇西北军心民心，产生连锁反应，危及整个西北边疆安全，于是他在朝议中严厉地指斥这是“蹙国之事”，并以他对西北边防全局的洞察，透辟揭示了放弃敦煌的严重后果，尖锐批评了国家安全战略上的消极倾向，震动孝文帝。韩秀官职虽然不高，但有担当，有见识，敢直言，孝文帝最终采纳了他的意见。①

六、孙绍论国之防守

孙绍，北魏大臣，官至中书侍郎、太府少卿、右光禄大夫。宣武帝延昌年间（512—515），孙绍上表议论国是，对加强国防提出了自己的见解。②居安思危是中国的传统安全思想。孙绍以这一思想为指导，就平时如何加强国防，确保国家的军事安全，提出了宏观的设想，主张要特别从九个主要方面进行计划、制订方案、加以设置和完善：一是军队的组织编制（四军五校之轨）；二是军队的指挥体制（领护分事之式）；三是兵员征集（征兵）；四是粮食储备（储粟）；五是交通保障（舟车水陆之资）；六是战略要地控制（山河要害之权）；七是形势平稳和危急时各种行动的开支费用（缓急去来之用）；八是平时和应急的行动方法（持平赴救之方）；九是节约费用和顺应天时的办法（节用应时之法）。这实际上构成了国家军事安全的一个战略框架，提纲挈领，思路明晰，言简意赅。其可贵之处在于：

一是整体性。孙绍没有把军事安全简单地等同于军事力量强弱，而是视其为由多种因素综合作用形成的一个体系，他所提出的九个主要方面，代表了历史上对国家军事安全体系的一种认识，有其自身的特点。

---

① 参见《魏书·韩秀传》。
② 参见《魏书·孙绍传》。

二是计划性。基于“建国有计，虽危必安”的思想，孙绍主张对国家军事安全的主要方面，也就是他所提出的九项内容进行周密计划，乃至制订具体的方案，加以设置和完善，从而使得对国家军事安全的谋划实实在在地落到实处，而不是仅仅停留于空泛的议论。

三是对制度建设的重视。孙绍突出强调了完善军事制度问题，他提出的需要加以完善、设置的九项内容中，头三项都属于制度层面，即军队的组织编制和指挥体制以及征兵问题，体现了通过制度建设建立一支可靠而强大的军事力量的思想。

四是应急预置意识。“备防不虞”（对预料不到的危险加以防备）是中国古代一个重要的安全思想，孙绍进一步提出要对保持安定和解救危难的方法加以完善，说明他已经具有一定的危机处理和应急预置意识。

五是经济观点。国防和军事上的各种举措都与国计民生息息相关，必须不对国家造成疲耗，才可能有效地保障国家安全。有鉴于此，孙绍专门提出要完善“节用顺时之法”。节用就是节约开支；顺时，即顺应天时，不对农业生产造成干扰和冲击，也就是古人所说的“不夺农时”，这在古代农耕社会，具有重大的意义。

七、太武帝论国之宝

《魏书·古弼传》记述了一个故事：北魏太武帝大阅兵，将在河西围猎，古弼留守。太武帝命令把强壮的马匹供给骑手，古弼却命令给弱马。太武帝大怒说：“尖头奴才，居然敢打朕的折扣！等我还朝，先杀了这个奴才。”古弼头尖，太武帝经常称他“笔头”，所以当时人叫他“笔公”。古弼的下属官吏担心被杀，很害怕，古弼告诉他们说：“我认为侍奉君主打猎，不能满足他游乐的愿望，这是小罪；而不防备意料不到的事情，使敌寇放纵为害，这是大罪。如今北方的柔然气焰十分嚣张，南方的宋尚未灭亡，这两个对手狡诈险恶，一直在边境上窥探、等待时机，这是我所忧虑的事情。

因此挑选强壮的马匹充实军备，这是针对意外事情做长远的考虑。如果能对国家有利，我为什么躲避死呢？英明的君主可以用道理来冒犯。这自然是我的罪，不是你们的过失。”太武帝听到后感叹：“有这样的臣子，实在是国家之宝！”

古弼对罪大罪小的看法，并没有太深奥的道理，但在这件事上，他表现出了难能可贵的品质：一是对国家安全强烈的危机意识；二是对国家安全高度的责任感和责任心；三是一切从国家安全的根本利益出发，不计个人名利祸福、不惧生死的精神和胆魄，这也就是后来林则徐所概括的“苟利国家生死以，岂因祸福避趋之”。

国家安全，归根结底要靠担负国家安全责任的人来落实。如果肩负国防军事重任者没有强烈的危机意识，不能够居安思危、深谋远虑，没有高度的使命感和责任心，处事不能认真负责、一丝不苟，没有一股子精神，不能一切从国家安全的根本利益出发，而是事事考虑个人的进退得失，甚至为了个人名利阿谀逢迎，置国家安全于不顾，那么，即使有再高明的战略构想，有再周详的计划和方案，国家安全也不可能有可靠的保障。

第五讲

隋唐五代国防军事重大问题评析

隋唐五代时期，自581年至960年，历时380年。隋唐两朝是中国历史上继秦汉之后又一个统一强盛的时代。在经历了魏晋南北朝三四百年的分裂混乱局面之后，隋唐两朝恢复了全国统一，唐朝更创造出无比辉煌的成就。然而，唐后期藩镇割据，致使国家动荡不安，随之而来的五代时期更陷入纷争混战、分崩大乱之中。如何在国家一统的时期维护统一成果，确保国家长治久安，是隋唐两代统治者所共同需要解决的课题；在干戈纷扰的动乱时代谋生存、求发展进而图取天下，则成为五代各个政权孜孜追求的目标。围绕国家安全和国防军事战略问题的运筹和谋划，其认识的得与失、实践的成与败，既丰富了中国古代战略思想的内容，也为后世提供了可资借鉴的经验。

一、隋文帝改革府兵制

兵制是国家的重要制度之一，关乎军队的强弱、战争的胜败和国防的安危。《孙子兵法》把兵制作为决定战争胜负的主要因素之一（孙子所说决定战争胜负的“五事”——“道、天、地、将、法”——其中“法”，即指军事制度）。中国历代政治家、军事家也都把兵制作为国家政治制度的重要内容，将兵制视为治国安邦之大计。

府兵制始于西魏，由西魏大丞相宇文泰创立。西魏时，府兵是职业军人，编入军籍，不隶州县；府兵家属随营居住，编为军户，不属民户。北周武帝天和元年（566），“筑武功、郿、斜谷、武都、留谷、津坑诸城，以置军人”[①]。府兵及其家属在渭水上游有了定居的地区，但不从事耕作，兵民分治的情况还没有改变。

隋初沿用西魏以来的府兵制。府兵及其家属、土地单立户籍，不属州县，自成系统，由军府统领。当时，隋朝的府兵数量相当庞大。为了平定江南的陈政权，仅在前线执行军事任务的府兵便有近五十二万人。开皇九年（589），平陈大功告成，国家由分裂复归统一。隋文帝向全国发布诏书，指出在灭陈战争胜利结束、南北已经统一的新形势下，国家应由以往“干戈方用”的战争状态，转向当今“率土大同”的和平时期，为此，他要求全国上下都要“归于治理”，大力开展和平建设。在和平建设时期，军队一方面是维护国家统一与安全的不可缺少的重要保障，另一方面维持庞大军队所需的巨大开支又是国家的沉重负担。如此众多的府兵，不仅成为国家沉重的经济负担，也不利于利用闲置力量去发展生产。于是，开皇十年，隋文帝对府兵制作出重大改革：府兵及其家属都在州县落籍，种田课税一律和百姓一样；同时保留军籍，在军府接受训练，并按规定到京城守卫或执行军事任务。[②]于是西魏以来的“兵民分治”变为“兵农合一”。

隋文帝推行的这种兼具军籍和民籍的府兵制度，只在设置军府的地区实行，而军府的设置又与内卫和边防的需要紧密相连。在对府兵管理上实行双重管理，即府兵平时直属于地方州县，应征服役期间则归军府统辖。军人除了有自己的军籍外，还可同家属都列入固定的州县户籍，按均田令受田，免除课役，平时有一定的时间轮番宿卫，实行在户为民、番上为兵、兵民结合、寓兵于民的兵役制度。隋开皇十年以后，军民虽不分籍，可是从后来隋炀帝“增置军府，扫地为兵。自是租赋之入益减”[③]来看，仍旧和西魏、北周时一样，军人是可以免除租调的。

隋文帝府兵制改革带来的好处是明显的：第一，有利于朝廷对军队的掌握。第二，府兵的家属可与民户一样安居，他们平时在军坊内从事生产，

---

① 《周书·武帝纪上》。
② 参见《隋书·高祖纪》。
③ 《隋书·食货志》。

士兵的生活条件有所改善；同时，解决服役期内必须自备的物资，也减轻了国家的经济负担。第三，府兵制和均田制结合起来，均田制的扩大也即意味着府兵基础的扩大和兵源的增多。第四，军户的户籍取消后，兵役负担改由所有民户承担，减轻了军户的负担。这就把兵民分治改变为兵民合治，将府兵制和均田制相结合，兵农合一，寓兵于农。这是在国家统一后的和平环境里，百废待兴，既要保持一定数量的军队，又要利用劳动力从事生产，而在军事方面进行的改革。也是中国古代起源甚早、深具传统的寓兵于农思想的又一次实践。它适应了隋建国之初恢复和发展经济的形势需要，同时又稳定了国家军事力量的基础，有利于国家的长治久安。

隋代的府兵制后来被唐代统治者继承，并得到进一步完善。贞观年间，通过完善均田制，巩固了府兵制度的基础。与此同时，完善了府兵的兵役和训练制度，进一步明确了府兵的征集、简点、任务等规定。唐太宗不但详细制定了府兵在军府期间定期进行冬季训练的具体内容，而且还亲自在殿廷教习骑射，不断提高府兵的作战能力，使之成为唐前期维护国家安全的支柱力量。

二、唐太宗便桥之盟

中国历代王朝在建国之初，在国家安全上往往都面临着内忧外患交加的严峻形势。应当采取怎样的战略策略与步骤，逐次解决这些安全威胁，是关系王朝命运的重大战略问题。古人通常的做法是，避免与强敌发生大规模武装冲突，努力营造相对和平的战略环境；同时，抓紧时机发展自身实力，待自身实力强大、时机成熟后，再适时运用武力解除安全威胁，并为王朝的兴盛铺平道路。唐初君臣对突厥采取的策略就是一个典型的例子。

南北朝后期，蒙古草原上柔然衰亡，突厥兴起。隋统一后，突厥分裂为东西两部，又遭隋文帝强力打击，势力大衰。隋朝末年，中原地区陷于动荡不安，大量人口逃往漠北，北方的东突厥再度强盛起来。大业十三年（617），李渊在晋阳（今山西太原西南）起兵，采取“北和突厥，南结李密”的策略，打着尊隋旗号，进军关中，攻占长安。次年五月称帝建唐，是为唐高祖。他采取巩固关中，“据险养威”，然后东出决战中原、南下平定江南的战略，展开长达七年的统一战争。至武德七年（624），除割据朔方（今陕西靖边东北）的梁师都未灭外，基本统一了全国。

在唐高祖致力于国内统一的同时，突厥不断南下侵掠，有时竟深入腹地，严重威胁着唐王朝的统治。唐高祖鉴于中原未定，无力北顾，常赏赐突厥钱币绢帛，以求安宁。但是，突厥颉利可汗恃其兵马强盛，言词傲慢，求请无度，对唐朝的侵掠愈发变本加厉。武德五年四月，大举内犯，攻陷了关中的西部门户大震关（今陕西陇县境内）。武德六年十月，又攻占马邑（今山西朔州东北）。武德七年八月，兵锋直指豳州（治今陕西彬州），大有南下进犯关中和长安之势。当时，唐高祖君臣甚至产生迁都逃避的打算。

武德九年六月，李世民发动玄武门之变，杀太子李建成、齐王李元吉。八月，李渊自称太上皇，传位于李世民，是为唐太宗。同月，突厥乘机大兵压境，直逼长安。面对这一严重危机，唐太宗采取了“将欲取之，必固与之”的隐忍之策，表现了高度的智慧和才略。他一方面派泾州道行军总管尉迟敬德率部在泾阳（今属陕西）设防，阻击突厥；另一方面又把长安城中数万居民武装起来，大张旗鼓，准备与突厥决战。部署完毕之后，唐太宗亲临前敌，充分显示了唐朝君臣不畏强敌和陈兵必战的决心。正是这种气势，最终迫使颉利请和。于是，双方盟于便桥之上，颉利在得到唐太宗赠予的大量财物后，引兵退去。[①]

事后，唐太宗将这次与颉利订立的便桥之盟称为“渭水之耻”，但这个耻辱是唐太宗不得不饮下的一杯苦酒。当时，唐朝发生“玄武门之变”不久，对新即位的李世民来说，首要的问题是安定内部，稳住局势，此时与突厥开战，内忧外困交至，势必影响统治的稳固与国家的安定。战争获胜，必然促使突厥重整军备，以唐为敌，变本加厉地南下入侵；战争失败，可

① 参见《新唐书·突厥传》。

能王朝覆亡，江山不保。

《孙子兵法·谋攻》云：“小敌之坚，大敌之擒也。”在自己力量弱小的情况下，如果一味与敌人死打硬拼，必然遭到败亡的命运。唐初高祖与太宗对突厥屈辱求和的策略，是符合当时的战略形势的明智选择。他们采取和亲、互市、贿赂钱物等方式，避免与突厥发生大规模战争，以争取相对有利的战略环境，完成统一，稳定内部，发展实力。同时，他们深知，单靠纳贿求和换不来真正的和平与安定，只有富国强兵，自身实力强大了，才能从根本上解决国家面临的安全威胁。“渭水之耻”后，唐太宗君臣常以此自励，励精图治，并最终于贞观四年（630）大败突厥，生擒颉利可汗。

历史表明，通过以屈求伸的策略避免战争，为发展实力创造条件；最终通过发展实力的战略，为战胜敌人创造条件，这是处于弱势的一方实现强弱转换、战胜强敌的必由之路。

三、唐太宗论治安中国而四夷自服

唐代是继秦汉之后我国历史上又一个大一统时期，其强盛时的统治区域不仅恢复到秦汉时期的水平，而且有所扩展。由于经历了长期的民族冲突和民族融合，传统的民族观念受到一定程度的冲击，促使唐王朝采取较开明的民族政策。唐高祖李渊在建立唐朝的次年即颁布诏书，申明其治边政策和主导思想是“就申好睦，静乱息民”[①]“怀柔远人，义在羁縻”[②]。唐太宗即位后更是把“治安中国，而四夷自服”作为治国安邦的总方略和追求的最高目标。

“治安中国，而四夷自服”的提出，是与当时的历史背景分不开的。唐太宗即位之初，唐朝面临着严峻的安全形势，外部有来自突厥的侵扰和威胁，内部统治尚不稳固，军事力量不够强大，经济重建任务艰巨。当时，

① 《全唐文》卷一。
② 《册府元龟》卷一七〇《帝王部·来远》。

大臣们纷纷上书，建议唐太宗应“震耀威武，征讨四夷”。唯独魏徵力排众议，提出“偃武修文，中国既安，四夷自服”[①]的方针，建议唐太宗先集中力量把内部事务处理好，只要内部政治稳定、经济发展、军事强大了，周边民族自然会服顺。这一方针被太宗采纳，并明确地将之表述为“治安中国，而四夷自服”，成为其施行军国大政、处理内外关系上的主导思想。

具体地讲，唐太宗“治安中国，而四夷自服”的思想主要包括有以下几层含义。第一，明确了历代王朝面临的两大安全战略问题，即“治安中国”与“外服四夷”；第二，指出了解决这两大问题的战略次序，即要遵循先内后外的原则；第三，分析了这两个安全战略问题的关系，“治安中国”是抚定四夷的基础与条件，“四夷自服”是“治安中国”的自然结果，内外兼修，共同服务于国家的安全与稳定；第四，阐明了“抚定四夷”的战略手段，主要不是用武力来征服，而是通过加强中国的吸引力与影响力，使之主动向化，进而有效地维护国家安全和周边稳定。

按照这一思想，唐太宗把主要精力放在国内政治、经济、军事建设上，励精图治，自强不息，推行轻徭薄赋政策，恢复并发展生产，很快扭转了因隋末战乱而造成的国家经济凋敝的局面。他高度重视国家武装力量建设，认为“中国虽安，忘战则民殆”，要求“农隙讲武”“知弧矢之威，以利天下”。同时，他又反对穷兵黩武，指出，“兵者凶器，不得已而用之”“自古以来穷兵极武，未有不亡者也”。[②]对待周边国家和少数民族，他主张以文德服人，尽量不诉诸战争。贞观四年，林邑（即占婆，在今越南中南部）献火珠，有大臣因其表辞不顺，请出兵讨伐，唐太宗认为这只是言语之间无须介意的小事而已，加以拒绝。但是在当时的历史条件下，要完全不用武力是不可能做到“四夷服顺”的，因此实际上唐太宗又采取了两手的策略，即“降则抚之，叛则讨之”，在怀柔招抚的同时，对危害国家安全的周边部族使用武力征讨的手段。

① 《资治通鉴》卷一百九十三《唐纪九》太宗贞观四年。
② 《贞观政要·征伐第三十五》。

唐太宗统治时期，在“治安中国，而四夷自服”的思想指导下，对内修明政治、发展经济、加强军队建设，国力强盛，形成了唐初贞观之治的局面。并通过安内而服外，使唐王朝声威远播，无数求封赏、谈商贸、讲经求学的外族首领、使者和商人云集都城长安，出现了“万国衣冠拜冕旒”的恢宏盛况。唐太宗也被尊为“天可汗”，受到周边少数民族的拥戴。“治安中国，而四夷自服”的思想，取得了巨大的成功。

“治安中国，而四夷自服”，强调的是首先要把国家内部治理好，如果内部出了问题，动乱不安，外敌就会乘虚而入，给国家安全带来严重危害，甚至会使政权倾覆瓦解。纵观中国历史，几乎任何一次周边少数民族侵入中原而导致的大规模动乱和战争，都是始自中原王朝内部的腐败和纷乱。西晋之末，“八王之乱”使晋朝崩溃，其后北方各部族纷入中原，互相混战，天下大乱；唐末，藩镇割据使唐朝解体，之后契丹南下加剧五代时期的纷争动荡。“治安中国，而四夷自服”的思想，突出体现了中国传统治国安邦思想中注重内部治理的取向，不仅在当时成效卓著，而且对后世产生了深远的影响。

四、唐太宗论不筑长城

中国古代传统治边思想中一个重要的特征，就是强调实行防御，通过“修墙”“固塞”来抵御外敌的入侵。修筑长城，在边疆地区建立防御体系，是中国大多数封建王朝巩固边防、维护国家安全的一项重要战略。因此，从秦汉以来的历代王朝，几乎都有在边患最为严重的北方修筑长城的举动，秦、汉、金、明四代更是多次大规模加修和增筑长城。

没有修筑长城的王朝，唯有唐、清两代。唐太宗李世民和清康熙帝玄烨，则分别是这两个王朝不修长城思想的集中代表。《旧唐书·李勣传》记：“太宗谓侍臣曰：隋炀帝不能精选贤良，安抚边境，惟解筑长城以备突厥，情识之惑，一至于此！朕今委任李世勣[①]于并州[②]，遂使突厥畏威遁走，塞垣安静，岂不胜远筑长城耶？”[③]唐太宗的这番话，表明了他不赞成修筑长城的态度，也阐述了他的国防战略思想。对于外来侵扰，他主张实行积极防御，反对筑塞自固、消极防守，对隋炀帝“不能精选良将镇抚边境，只知筑长城以备突厥”的做法提出了批评，认为以良将守边，加强军力建设和边疆治理，其作用远胜于修筑长城。

唐太宗之所以不赞成修筑长城，是有其深远考虑的。首先，修筑长城，劳民伤财，加重人民负担，消耗国家财力。长城的修筑往往与政治上的不行仁政相联系，不体恤百姓，大兴土木，势必引发一系列社会矛盾，给国家政权造成危害。其次，从唐以前的历史来看，秦、汉、北魏、隋均曾不同程度地修建了长城，然而耗费了大量人力、物力和财力建起的这一防御工程，其防御作用却是有限的，秦汉以来匈奴、鲜卑、柔然、突厥等北方各民族轮流不断进犯中原，西晋末年更是倾覆了司马氏政权，并导致之后天下大乱的局面。可见，单纯依靠长城，并不能阻止外敌的侵扰。此外，基于他一贯提倡的夷夏一体、“胡越一家”的观念和主张，唐太宗反对用修筑长城将中原民族与周边少数民族分隔开来的做法，主张在治理好内部的情况下，对周边少数民族怀之以德，畏之以威，采用怀柔羁縻政策，使中原地区与周边各族人民形成大一统的局面，共享安定太平。

作为一代英主，唐太宗在修筑长城问题上的思想认识无疑是十分清醒的，也是十分可贵的。任用良将镇守边防，来代替修筑长城的思想背后，实际上隐含着这样一个深刻的道理：如果国家政治清明，国力充裕，选将得人，军事强大，是不必依赖长城来拱卫的；而如果政治腐败，民生凋敝，任将非人，武备不振，仅靠一道边墙进行消极防御，是根本起不到作用的。换句话说，没有强大的国力和军力作后盾，单纯凭仗军事防御设

① 李世勣：即李勣（594—669），唐代名将。本姓徐，名世勣，字懋功，后赐姓李，因避唐太宗名讳，单名勣。历任并州都督、兵部尚书，同中书门下三品，封英国公。
② 并州：治今山西太原西南。
③ 参见《贞观政要·任贤第三》。

施，是不可能抵御外患，确保国家安全的。唐太宗的这一思想与他提出的“治安中国，而四夷自服”的思想主张，有着异曲同工之妙，互为补充，交相辉映，共同构成了其国家安全战略思想的内核，也成为其治国安邦实践中的指导方针。在对内致力于修明政治、发展经济和加强军队建设的同时，唐太宗审时度势，适时出击，先后进行了征东突厥之战、灭吐谷浑之战、败薛延陀之战等重大战役，解除了威胁唐王朝安全的边患问题。高宗时期的讨西突厥之战，武后时的用兵突厥和吐蕃等，也基本上继承了唐太宗时期的积极防御战略并取得了明显成效，有力地推动了唐代兴盛局面的形成。

唐太宗不修长城的思想，为后来清朝的康熙帝所继承，并在此基础上进一步发展，形成了“修德安民”和“以蒙古部落为屏藩”的治边思想。康熙帝不仅认为不能凭恃长城来抵御外患，而且更强调安抚团结少数民族的重要性，以蒙古诸部的人心归附来筑起一道无形的更为坚固的长城。唐太宗、康熙帝的这种治边安邦思想，极大地拓展、丰富了中国传统战略思想的宝库，对后世具有重大的启示和借鉴意义，其中蕴含的深邃道理值得我们认真探究思索。

五、李泌论平“安史之乱”

从中国历史上看，汉、唐、清三个王朝的前期都发生过叛乱，汉代有“七国之乱”，唐代有“安史之乱”，清代有“三藩之乱”。“七国之乱”和“三藩之乱”都很快平定，并未阻挡王朝走向兴盛的进程；而“安史之乱”爆发后，却拖延8年之久，直接导致了唐朝由兴盛走向衰亡。究其原因，唐王朝在平叛方略上的失误，是个很重要的因素。

至德元年（756），唐肃宗向亲信李泌咨问平定安史之乱的方略，李泌就此上疏，明确指出："夫王者之师，当务万全，图久安，使无后害"[①]，告诫肃宗不要追求马上就能解决问题。他从敌我双方的态势出发，提出了唐军平定"安史之乱"的战略方针，规划了具体的战略步骤。其战略方针，总的来说就是化被动为主动，逐渐收拾残局，翦灭安史叛军，再造国家统一。其基本思路是，从战略全局出发，不计较一城一地的暂时得失，不以迅速收复两京（长安、洛阳）为主要目的，而是等待从根本上削弱叛军势力后，再水到渠成地光复两京，重新建立唐王朝对全国的统治。

应该说，李泌的战略谋划是合乎当时的战略形势的，也是唐王朝彻底平息叛乱，再造统一的唯一正确途径。因为，安禄山在边陲经营长达十余年之久，已经巩固和扩大了自己的势力和地位。他的军队规模庞大，兵员多是从少数民族地区招募的，这些人缺乏府兵制下农民出身的士兵的忠君思想，多是为了私利才纠集于安禄山叛乱的旗帜之下，而且久经战阵，战斗力极强。安禄山叛乱前深得唐玄宗的信任，早以防边为借口直接控制了西北的一些主要军马基地，能获得骑兵马匹的充足供应。另外，安禄山因长期兼任河北道采访使这一重要职务，左右了当地官员的任命。这样，当其反叛朝廷时，已建立了一支庞大的训练有素的忠于他个人的军队和文官系统，而且还拥有一个相对稳定而富裕的战略后方。安禄山的战略是对唐朝进行决定性的打击，核心是立刻占领唐朝的政治中心地区洛阳和长安，使朝廷威信扫地，并尽快建立自己的统治。在这种情况下开展平叛斗争，的确不能与敌人作正面的争夺战，而只有采取"以迂为直"、逐次推进的策略，以疲惫和歼灭敌人的有生力量为战略重点，循序渐进，以空间换取时间，积小胜为大胜，通过较长时间的反复争夺，努力改变敌我双方的战略态势，而后再进行战略决战，彻底平定叛乱，恢复统一。

根据这一战略方针，李泌规划了具体的战略步骤。平叛战争要分三步走：其一，针对安史叛军骤然取胜，占据中原广大地区后战线过长、兵力

① 参见《新唐书·李泌传》。李泌，唐玄宗时为太子侍奉官，历仕肃宗、代宗、德宗三朝，后官至宰相，封邺侯。

分散的情况，将计就计，在唐朝广大的腹心地带与敌周旋，逐渐消耗叛军实力；同时把军事行动的重点放在对敌后方基地的破袭上，从根本上削弱叛军。其中，首要的措施应是以郭子仪、李光弼两支唐军战略机动部队作灵活出击，将叛军四员骁将所率领的叛军主力牢牢牵制住，调动其长途奔波，使其无暇休整，既消耗其战斗力和兵力，又摧毁其战斗意志。这样就使叛军拖泥带水，首尾不能兼顾，陷入长达几千里的战场上不能自拔，完全丧失主动。其二，命建宁王统率部队越经塞外，从北面进攻安史叛军的巢穴——范阳；命李光弼自太原出井陉，从南面进攻范阳。两军互为犄角，夹击叛军，覆其巢穴。这样一来，既能从心理上严重打击叛军的意志，又能在军事上从侧后和两翼形成对叛军的包围，切断叛军的归路。一旦这一目标达成，势必造成叛军内部的混乱，唐军则可乘隙蹈虚，将叛军的指挥系统一举摧毁，为最终平定叛乱创造十分有利的条件。其三，在以上两个战略步骤取得完全成功的前提下，再以大军四面攻击，合围并收复两京，彻底平定叛乱，实现国家的重新统一。

令人遗憾的是，李泌的建策并未为最高决策者唐肃宗所认同和采纳。唐肃宗急于收复两京，不顾敌我双方的实际情况，坚持让唐军主动地在腹心地区发动正面进攻，战局曲折反复，致使朔方、河西、陇右三大战区的精锐部队损兵折将，元气大伤，严重影响了平叛的进程和唐朝的中兴大业。这恰恰从反面证明了李泌提出的“夫王者之师，当务万全，图久安，使无后害”思想的正确。

六、陆贽论居重驭轻

国家军事布局从根本上说是从保障国家安全出发，对军队进行的配置和部署，是国家安全战略的核心内容。中国历代王朝统治者都十分重视军事部署，并把居重驭轻作为重要原则。通常地，在地方和边防都部署一定兵力的前提下，把主力精锐部队部署在京师附近，造成中央对地方的居重驭轻之势，从而保障京师的安全和政权的巩固，并借以消除地方变乱和应付边防危机。

唐朝的衰落始于“安史之乱”，而“安史之乱”的根源就在于居重驭轻原则的破坏。建中四年（783），翰林学士陆贽总结“安史之乱”的教训，向唐德宗阐述了居重驭轻、加强皇权的思想主张。[①]陆贽在总结前人实践经验的基础上，结合唐玄宗时期“外重内轻”导致“安史之乱”的沉痛教训，说明了居重驭轻关系国家治乱安危的极端重要性。

唐初沿袭隋朝将全国划分为若干军事区的方法。太宗贞观元年（627），将天下划分为十道，朝廷分道置兵，各道既有道管辖的地方军和戍边部队，又有中央直属的折冲府。部署兵力的基本原则是，以京畿和敌情严重地区为重点，分区置兵，形成“内重外轻”、中央军与地方军交叉配置、中央与地方协同防卫的国防体系。这是太宗时期统治稳固的重要原因之一。

唐玄宗时，均田法逐渐瓦解，府兵制也名存实亡，募兵制逐渐兴起，节度使权力越来越重，藩镇势力不断坐大。与此同时，中央武备却日益空虚。天宝元年（742），边镇节度使增至十个，拥兵四十九万人，仅安禄山掌握的兵力就达十八万人之多，而朝廷直接统辖的部队总共才有十二万人。军事部署由原来的内重外轻变而为内轻外重，居重驭轻的原则被破坏。另外，各道节度使都身兼数职，集军政财权于一身，久任一方，得以大力培植私党亲兵，不可避免地加剧了藩镇拥兵自重的态势。而藩镇割据成势，又进一步刺激了他们攫取更大权力的欲望和野心，以安禄山、史思明为首的武装叛乱——“安史之乱”，就是在这样的背景下发生的。

杜佑也在《通典·兵典》序言中，反思了“安史之乱”的深刻教训。他称赞了汉代的做法，“重兵悉在京师，四边但设亭障；又移天下豪族，辏居三辅陵邑，以为强干弱枝之势也。或有四夷侵轶，则从中命将，发五营骑士，六郡良家”，将军都“因事立称，毕事则省”。又说，唐初时，有事命将“率兵御戎，戎平师还，并无久镇。其在边境，唯明烽燧，审斥候，

① 参见（唐）陆贽：《陆宣公翰苑集》卷十一《论关中事宜状》。

立障塞，备不虞而已”，始终坚持居重驭轻的原则，“实安边之良算，为国家之永图”。随着唐中期外重内轻局面的形成，“王纲解纽，主权外分”，唐玄宗后期发生变乱，实在是“地逼则势疑，力侔则乱起，事理不得不然也”。他和陆贽一样，都深刻意识到了居重驭轻原则对于维护中央集权和国家安全的重要性。

但经“安史之乱”的沉重打击，唐朝已无力回天。由于无力根除安史余部，因此在招降安史余部后，不得不承认其原有势力范围，就地委以节度使之职。为了平定叛乱和抗击吐蕃、回纥，唐廷又在河洛、关陇等内地设置节度使，控制一方。以后唐廷试图“以藩镇制藩镇”，在南方也推行节度使之制。到唐宪宗时，全国十道中，共设节度使四十八个，形成了天下“皆分裂于方镇”的藩镇割据局面。唐王朝无可挽回地逐渐滑入衰落的深渊。

七、刘晏论漕运利病

漕运是中国古代北方政治重心区与江南经济重心区在空间上相分离的格局下，从社会生产中分化出来的粮食运输系统。漕运问题虽然是一个经济问题，但关系着首都的粮食供给和国防军事的保障，关系着政治的稳固、国家的安危，因此成为一个备受统治者关注的重大战略问题。

所谓江淮漕运，即从江苏扬州运粮至唐都长安的水上通道。具体路线是长江中下游各地粮食由长江运至扬州，再由扬州经运河至江苏淮安入淮河，由淮河转入汴水到河阴再转入黄河，入黄河后西上经三门（北入门、中神门、南鬼门）砥柱之险到达渭口，入渭水再输达最终目的地——长安。绵延数千里，水情复杂，水道时有淤塞，尤其是经过三门峡常常水激船翻，运输极为困难。

隋朝末年，天下大乱，关中、河东（今山西地区）以及山东、河南广大地区饱受战争之害，人口减少2/3，农业生产受到严重影响。唐王朝在长安建立之初，所需粮食就有一部分征自江、淮地区。唐高祖、太宗期间，朝政节俭，冗员不多，中央政府机构及人员都比较精干。据《通典》记载，唐太宗统治时期，内外文武高级官吏仅六百多人，每年漕运的粮食不过二十万石。高宗、武则天时期，多次发动战争，中央政权机构日趋庞大，官吏人数激增，帝室生活亦越来越奢侈，所需粮食远非关中地区的农业生产所能供应，江、淮漕运粮食增到一百万斛，仍感入不敷出。中宗、睿宗时期，中央机构继续扩充庞大，冗员增多，造成国家巨额开支。唐玄宗即位时，常年漕运江、淮粮食已达一百万石以上。

“安史之乱”后，中国北部的社会经济遭到极大的破坏，黄河流域数年凋敝不堪，满目苍凉。藩镇趁战乱之机、王朝衰落之时，独霸一方，拒向朝廷缴纳贡赋；而朝廷长期仰赖的东南之地，虽未经战火摧残，却因通往洛阳、长安的运河年久失修、战争破坏而难以通运。国家财政因此陷入严重的危机。在这种情况下，刘晏于唐代宗广德二年（764）临危受命，负责整顿恢复漕运事宜。

刘晏长期担任转运使，对漕运的重要性深有体会。他在给宰相元载的信中说：“漕引潇、湘、洞庭，万里几日，沦波挂席，西指长安。三秦之人，待此而饱；六军之众，待此而强。”[①]深刻揭示了漕运对于国家安全和国防军事的重要意义和作用。他提出，从江、淮恢复漕运是“社稷之奇策”，他以事实为依据，着重分析了恢复漕运之利。这首先在于减轻京师三辅百姓的徭役和税赋。没有江淮米粮供给，只有强令增加关中地区老百姓的徭赋，才能维持朝廷宫苑禁军、文武百官的需求。开通漕运，徭赋顿减，直接关系到老百姓的切身利益，关系到人心归附的问题，而由此也可以使残破凋零的农村得到恢复。此外，其着眼点还在于军事上巩固边疆，让夷邦蕃属看到漕运开通，贡输长安，而不敢轻举妄动，显示朝廷的威慑作用。在更大的方面，通过漕运，舟车相通，必然带来商贾往来，百货交流，促进经济的发展，恢复唐太宗、高宗时期的盛世局面。

① 《旧唐书·刘晏传》。

同时，刘晏也冷静地看到并客观分析了恢复漕运的困难。基于漕运对国家安危的极端重要性，他不辞辛劳，积极奔走，恳切陈词。史载，在刘晏的努力下，当时疏通了汴河，加固了黄河大堤，并调集一部分官军为漕卒，进行武装护送，紧急从湖南、湖北、广西调粮，由江船运至扬州，浮淮河，入汴水，过三门，进渭水，当年就从江、淮漕运了四十万斛粮食输入关中。

八、王朴论攻取之道

晚唐五代，干戈纷扰，战乱不休，至后周建国后，方才出现了一些新的气象。周太祖郭威出身贫家，了解民间疾苦，他即位后，留心搜罗人才，政尚宽和，倡导节俭，革除弊政。雄才大略的周世宗柴荣继位后，拟以“十年开拓天下，十年养百姓，十年致太平”[①]。在太祖改革的基础上，一方面继续修明政治，一方面训练军队，开始进行统一战争，试图结束长期分裂的局面。当时后周面临的战略情势是：北面有辽和北汉，西南是后蜀，东南是南唐和吴越，南有南汉。要进行统一战争，该从何处入手，成为亟待解决的首要问题。身处群雄逐鹿的乱世，欲平定天下而不能有一个正确的方略，到头来非但消灭不了别人，反而自取其亡。所以统一战略也是最大的安全战略。

后周显德二年（955）四月，周世宗命朝官二十多人各撰写《为君难为臣不易论》和《平边策》各一篇，以试其才能，并期待从中发现良策以供参考。其中，王朴所写的《平边策》，提出了政治上厉行改革、军事上先易后难的战略方针。[②]具体地说，政治上，厉行改革，刷新朝政，选能汰劣，以法治国，恢复生产，发展经济，安定国本，增强实力，从而在各方面作好战争的准备。军事上，在战略上先易后难，先南后北；战术上避实击虚，

① （宋）陶岳：《五代史补》。
② 参见《旧五代史·周书·王朴传》。

避强攻弱；在策略上分别对待，先诱以恩信，后制以强兵，逐一消灭各割据势力，实现天下统一。

王朴的主张基本符合当时的政治军事形势。当时，天下四分五裂，后周、辽、北汉、后蜀、荆南、南唐、吴越、南汉等多个政权并立。以中原正统自居的后周，实际上处于辽、北汉、后蜀、南唐等政权的包围之中，这些政权实力有强弱，距离有远近，对后周的威胁程度也不一样。后周绝不可能四面出击，多线作战，而必须有轻重缓急、先后次序。王朴认为，在各割据势力中，北方的北汉依附于实力强劲的契丹辽国，先进攻北汉，可能导致与辽直接对抗，而南方的南唐和后蜀相对实力较弱。他提出先易后难、先南后北，就是先从南唐和后蜀下手。而在这两个割据政权中，王朴认为应以南唐为首先用兵的对象。因为后蜀远离中原，关山阻隔，交通不便，远征困难重重。历史上，后唐两征后蜀，一次得而复失，一次半途而废，前车之鉴，教训深刻。南唐是南方诸国中最强大的，又与后周为邻，经济富庶。先灭南唐，得其人力物力资源，可以增强后周的国力。同时，夺取南唐，对南北方其他各政权都可以起到敲山震虎的作用，“得江南则岭南、巴蜀可传檄而定。南方既定，则燕地必望风内附。若其不至，移兵攻之，席卷可平矣”[①]。周世宗对王朴的建言十分重视。后来他发动统一战争及至北宋最终平定各割据势力，基本上就是采取了先南后北、先易后难的战略方针。

在王朴之先，南唐李谷就提出过“先南后北”的统一方针。李谷认为，攻取天下应首先自江淮地区开始。在王朴之后，北宋宰相赵普与宋太祖赵匡胤“雪夜问对”中，再次提出“先南后北”的统一方略，后来宋太祖以此为指导，基本实现了国家统一。可见，王朴关于“攻取之道，从易者始”的论述，代表了当时有识之士对统一战略的一种共识，它不仅成功地指导了后周至北宋的统一战争，而且揭示了一条重要的战略指导原则，具有普遍的意义和价值。

---

① 《资治通鉴》卷二百九十二《后周纪三》，世宗显德二年。

第六讲
宋元国防军事重大问题评析

承五代纷乱之后，宋朝重新统一了黄河中下游和南方农业区。而北方草原地区诸族雄起，辽、西夏、金、蒙古等政权迭兴。最后，由蒙古实现了大一统，建立了元朝。宋朝虽然文化发达，但军事积弱，在与辽、西夏、金、蒙古的长期对抗中，屡战屡败，最终灭亡，留下深刻教训。元朝的统一结束了唐末以来长期的分裂局面，在客观上增进了各民族各地区之间的经济、文化交流，促进了统一多民族国家的形成和发展，其疆域为我国今天辽阔的版图奠定了基础。但其立国安邦大政上的缺失，也埋下了严重的隐患。

一、赵普论削藩镇

后周显德七年（960），禁军高级将领赵匡胤乘周世宗去世、幼子甫立之机，在陈桥驿（今河南开封东北）发动兵变，夺得帝位，建立宋朝，是为宋太祖。

宋太祖刚刚即位，昭义节度使李筠、淮南节度使李重进就先后举兵反叛。虽然这两起叛乱都被迅速讨平，却在客观上加剧了宋太祖的危机感。自唐末以降，藩镇势力恶性膨胀，节度使总领地方军、政、财权，割据一方，互争雄长，最终导致了五代十国的混战局面。而他本人也正是倚仗了手中的兵权，从后周孤儿寡母手中夺取了皇位。李筠、李重进的反叛只是一个危险的信号，说不定什么时候就会有一个像他一样有兵权、有野心的将领起而颠覆他的政权，因此，如何使赵氏王朝国祚长久，避免五代诸朝短寿的命运，便成了使宋太祖寝食难安的问题。正是在此背景下，赵匡胤与名臣赵普进行了一次决定宋朝命运的历史性对话：

初，上既诛李筠及重进，一日，召赵普问曰："天下自唐季以来，数十年间，帝王凡易八姓，战斗不息，生民涂地，其故何也？吾欲息天下之兵，为国家长久计，其道何如？"普曰："陛下之言及此，天地人神之福也。此非他故，方镇[1]太重，君弱臣强而已。今所以治之，亦无他奇巧，惟稍夺其权，制其钱谷，收其精兵，则天下自安矣。"语未毕，上曰："卿勿复言，吾已喻矣。"[2]

作为一位精通治道的封建官僚，赵普的分析可谓切中要害。他认识到五代十国乱况的根源在于"方镇太重、君弱臣强"，而解决这一问题的根本途径就是铲除藩镇势力。他的建议深得宋太祖的赞同，并很快成为宋初施政的纲领。建隆二年（961），赵匡胤先是以"杯酒释兵权"的方式和平解除了石守信、高怀德等一批禁军高级将领的兵权。对于地方藩镇，则渐次采取以文官知州、设置通判、转运使等方法将其政权、财权剥离出来，并选拔藩镇军中的精锐补充中央禁军，也就是赵普所说的"稍夺其权，制其钱谷，收其精兵"。最后，在开宝二年（969），赵匡胤又通过"后苑之宴"削夺了王彦超、郭从义等一批藩镇将领的兵权，使节度使最终成为武官的虚衔，结束了唐末五代藩镇坐大的历史。

为了彻底根除藩镇割据的弊害，宋廷还在削弱藩镇势力的同时，创制了一套以分权、制衡为原则的军事制度：在中央建立庞大的禁军，禁军的统兵之权分隶三衙，即殿前都指挥使司、侍卫亲军马军都指挥使司和侍卫亲军步军都指挥使司，发兵权却掌握在由皇帝直接控制的枢密院手中。三衙与枢密院的相互制衡被认为是矫正藩镇之弊的成功举措，北宋名臣范祖禹即指出："天下之兵本于枢密，有发兵之权，而无握兵之重；京师之兵总于三帅，有握兵之重，而无发兵之权。上下相维，不得专制，此所以

① 方镇：又称藩镇，初指掌管一方兵权的军事长官，历史上往往发展为总揽一方军政大权的实力派，进而演变为地方割据势力，典型者如唐五代时的节度使。
② 《续资治通鉴长编》卷二。参见《宋名臣言行录·前集》卷一。

百三十余年无兵变也。”[①]此外，为了防止武将与士兵、地方相交结，宋廷还实行“更戍法”，定期更换驻地，并在禁军出戍之时打破原有编制，由部署、钤辖、都监等“率臣”统兵，使得“兵无常帅，帅无常师”[②]。通过这些制度的创设，宋初基本形成了“枢密掌兵籍、虎符，三衙管诸军，率臣主兵柄，各有分守”的军事制度，被时人尊为“万世不易之法”[③]。

虽然宋代军制的创设不在赵普的建策之内，却是其“削藩”思想的必然发展，其出发点都是加强对兵权的控制，强干弱枝，巩固皇权。这一原则对于维护宋王朝的统治确实起到了重要作用，以至于被当作“祖宗家法”为宋历代帝王所恪守。但是，在这一过程中，无论是朝廷政策的导向，还是占主流地位的政治思想，都将武将作为防闲、压制的对象，不但形成了“兵不知将，将不知兵”的不正常现象，最终发展为“以文制武”的军事制度，而且在社会上形成了强烈的“重文轻武”之风，武人、武事备受贬抑。这种文武的失衡无疑对宋代军事造成了巨大的负面影响，成为宋代在边防战争中屡战屡败的一个重要原因。因此，明人陈邦瞻评价宋初“收兵权”之举时说：“当时务强主势，矫枉过直，兵材尽聚京师，藩篱日削，故主势强而国势反弱矣；亦不可谓非其遗孽也。”[④]

二、赵普论统一方略

宋太祖建立宋朝以后，迅速平定了国内反叛势力，采取了一系列加强中央集权、发展农业生产的措施。但是，从军事斗争形势来看，宋王朝之外尚有7个割据政权，南有南平、武平、后蜀、南汉、南唐、吴越，北有建都太原的北汉。这就是宋太祖所说的“一榻之外，皆他人家也”。然而，“卧

① 《范太史集》卷二六《论曹诵札子》。
② 《文献通考》卷一五二《兵考四》。
③ 《宋史·职官二》。关于宋代军制的具体情况及其利弊，参见王曾瑜：《宋朝兵制初探》，中华书局1983年版。
④ 《宋史纪事本末》卷二。

榻之侧，岂容他人鼾睡乎”①，如何消灭这些割据势力，完成统一大业，成为宋太祖苦心思虑的重点。

宋太祖即位后，多次微服出行，有时会到访功臣之家，时间谁也说不定。因此，赵普每次退朝以后都不敢脱下衣帽，以便随时迎驾。一天晚上，天降大雪，赵普认为皇帝不会再出来了。过了很久，听见敲门声，他很奇怪，急忙出来看，原来宋太祖正站在雪地里。赵普惶恐地上前迎拜。太祖说：“我已经约了我弟弟到你这里来。”过了一会儿，开封尹赵光义也到了。他们在赵普家的厅堂里铺设了几层床垫，席地而坐，烧炭烤肉。赵普的妻子出来斟酒，太祖亲切地叫她“嫂子”。赵普问太祖：“现在长夜严寒，陛下来我这儿有什么事吗？”太祖说：“我睡不着啊，我的一张床铺之外，全是别人的地盘，所以才来见你呀。”于是君臣之间展开了一番著名的雪夜问对。他们所讨论的就是统一战争战略方向的选择问题，即先取北汉，还是先攻南方诸国，也就是“先南后北”还是“先北后南”的问题。②对此，在周世宗柴荣时即有讨论，当时王朴上《平边策》，指出“攻取之道，从易者始”，主张先消灭南方诸国，最后对北汉“以强兵攻之”③。赵普的意见也秉承了同样的思路，在指导思想上先易后难，在战略方向上先南后北（参见本书第五讲中《王朴论攻取之道》）。

赵普的谈话虽然简短，却透露了两层主要意思，一是“太原当西北二边，使一举而下，则边患我独当之”。所谓的“边患”，指的就是契丹。契丹在916年建国以后，迅速发展成为一个地域广阔、实力强大的游牧政权，其势力范围东起大兴安岭，西至河西地区，不但控制了室韦、党项、吐谷浑、回鹘等北方民族，而且多次进犯中原，对五代政权的更替施加了重要影响。后晋皇帝石敬瑭就是凭借契丹的支持登上帝位的。作为交换条件，石敬瑭割燕云十六州之地予契丹，并在名义上臣服契丹，成为屈辱的“儿皇帝”。沙陀贵族刘崇建立的北汉政权也向辽（契丹于947年建国号大辽）

① 《续资治通鉴长编》卷十六，开宝八年十一月己巳。
② 参见《续资治通鉴长编》卷九。
③ 《旧五代史·周书·王朴传》。

称臣，争得了辽的大力支持。在这种形势下，宋如果先进攻北汉，势必陷入与北汉及辽旷日持久的战争，战争的艰巨性将大大增加，且胜负未可预料。即便能够一举消灭北汉，也要直接面对辽的军事威胁，牵制其统一南方的行动。二是先平南方诸国较易，且有利于最终消灭北汉。一方面，与北汉相比，南方诸国的实力较弱，加之后周世宗以来的不断攻讨，宋对这些政权具有明显的战略优势，“先南”显然是易于成功的。另一方面，唐中期以后，南方经济的发展逐渐超过黄河流域，成为全国的经济中心，平定南方可以增强宋的经济实力，为灭北汉奠定坚实的物质基础，届时北上，北汉“弹圆黑子之地，将何所逃”？

宋太祖即位以后，曾多次就攻北汉之事与大臣讨论，赵普的意见最终促使他下定了决心。宋初统一战争的实践表明，赵普先南后北的战略谋划是十分正确的。建隆三年（962），宋太祖以“假途灭虢”之计袭占南平、武平，进而相继消灭了后蜀、南汉、南唐，太平兴国三年（978），吴越王钱俶纳土称臣，宋最终平定了南方诸国。在这一过程中，宋太祖在灭后蜀之后，两次对北汉发动进攻，但均遭失败，这也从一个侧面验证了赵普先南后北方略的正确性。太平兴国四年，宋太宗大举北伐，最终消灭了北汉政权。至此，中原以外的7个割据政权全部平定，“先南后北”的统一方略也最终完成。

赵普的“先南后北”就是在战略筹划上统观全局，权衡利害，先易后难，化难为易，以最小的代价争取最大的胜利。这样一种战略思维是务实稳妥的，也是卓有成效的。

三、王禹偁论边防

宋灭掉北汉以后，契丹成为最重要的安全威胁，如何处理与契丹的战略关系也便成为北宋边防政策的一个重要议题。在统一天下的宏愿之下，宋初君臣很自然地选择了战争的方式。这是因为，后晋时割给契丹的燕云十六州原本是中原王朝的领土，如果不收复这一地区，就不能算作真正完成了国家的统一，而要解决这一问题，除了诉诸战争，别无他途。进一步讲，借机削弱五代以来契丹对中原政权的相对优势，构建长期稳定的边防格局则是宋初统治者更高一层的战略目标。

在这一思路的驱动下，宋太宗时期发动了两次对契丹的大规模战争。第一次是在太平兴国四年（979），宋灭北汉后，宋太宗亲自率军进攻契丹，试图一鼓作气收复幽燕地区，结果大败于高梁河（今北京城西北）。第二次是在雍熙三年（986），宋乘契丹国主耶律隆绪年幼，其母萧太后摄政之机，兵分三路，大举北伐。曹彬所率东路军大败于岐沟关（今河北涿州西南），中路、西路也相继溃败。

两次北伐战争的失败使宋太宗的思想开始转变，朝臣之中的反战之声也日益高涨。如何调整对契丹的战略方针，成为关系国家政治、军事全局的首要问题。端拱二年（989）初，宋太宗下诏，令文武群臣各陈备边御戎之策，掀起了一场对契丹政策的大讨论。文武群臣纷纷进言，提出各自的边防主张，在此背景下，王禹偁写了《上太宗答诏论边事》，具有重要的代表性。[①]

北宋的边防问题与当时的边防形势、宋代的军事状况、经济实力等密切相关。王禹偁的这篇奏疏从总结历史上中原与北方部族的关系入手，提出了主观的“德”与客观的“时”交互作用的观点。也就是说，在北方部族势力强大之时，如果中原的君主“外任其人，内修其德”，也能够避免严重的边患，这是“德”的主导作用；如果在北方部族衰落之际，即便中原政治昏乱，也同样不会有大的边患，这是“时”的客观效应。参照这两种情形，当时的契丹族显然处于强盛时期，宋太宗的应对之策也应以西汉文帝、景帝为榜样，“外任其人，内修其德”。在这篇长文中，王禹偁对“外任其人”和“内修其德”各论述了五个方面，实质上是希望宋太宗对辽采取守势，把注意力放在内政上。

---

① 《宋朝诸臣奏议》卷一百二十九。参见《续资治通鉴长编》卷三十。

两次北伐之后，宋太宗的战略思想逐渐转为守内虚外，以国内政治为关注的重点，在边防上由主动进攻转为消极防御，对契丹的入侵，采取“来则备御，去则勿追”的应对之策。应该说，宋太宗战略思想的这一转变与王禹偁等人的建策有很大关系。王禹偁“讨蛮夷则重困生灵，得土地则空标史册”的思想与现实军事斗争的失败相呼应，促成了宋太宗时“兴文教、抑武事”[①]国策的最终形成。历史是复杂的，就宋初宋和辽的力量对比来看，宋太宗的对辽进攻是勉强的，转为防守有其必然性；但宋太宗转攻为守后，宋朝在军事上越来越消极，不能采取强有力的措施振兴武备，是一个严重的失误。汉初文、景两帝，君臣形成共识，一方面对匈奴采取守势，一方面大力恢复和发展经济，增强武备，振兴实力，终使国运趋于昌盛，最终有效解决了安全问题。两相比较，其进取精神、战略思维和战略把握能力，有着截然的差别。

四、蔡襄论强兵富国

北宋建国以后，军队数量逐渐增加。按照《宋史·兵志》的记载，宋太祖开宝年间的军队兵额总数为三十七万八千人，太宗至道年间为六十六万七千人，真宗天禧年间为九十一万二千人，庆历年间则达到了一百二十五万九千人，英宗治平年间则为一百一十六万二千人。从开宝到治平近百年的时间里，宋代的军队数量增加了三倍。

军队数量的增加有多方面的原因，其中最主要的是仁宗时期宋夏战争的影响。从宝元元年（1038）开始大量扩军，共增加兵额“约四十二万馀人”[②]。其二是朝廷完善中央和地方防备体系的需要。真宗时期的增兵主要出于这一原因。其三是招募饥民充军政策的影响。为了防止饥民叛乱，宋廷往往招募饥民充军，如皇祐年间，河北安抚使富弼就从流入东京的三十万

① 《续资治通鉴长编》卷十八，太平兴国二年正月丙寅。
② 《乐全集》卷十八《对手诏一道》。

灾民中招募了九个指挥的兵力。虽然在澶渊之盟以及宋夏战争结束后，朝廷曾经削减兵力，但是困难重重，收效甚微。

军队数量虽然大幅增长，却并未带来军事实力的提升，反而给国家财政造成难以负载的沉重负担，这就是宋代所谓“冗兵”问题的由来。这一问题很早就引起了有识之士的关注，庆历年间担任三司使的张方平已指出，“民力大困起于兵多”[①]，嘉祐七年（1062），宰相韩琦也指出，守边的军队“竭天下之力而不能给”[②]。嘉祐、治平年间，蔡襄任三司使之职，他从掌管财政的亲身经历，对这一问题有着十分深切的认识，于治平元年（1064）上书提出解决之策。[③]他指出，“天下六分之物，五分养兵”[④]，巨额军费已经成为国家财政匮乏的主要原因，因此，如何精简军队，压缩军费开支，成为关系国计民生的首要问题，即所谓“兵不强则国不富，国不富则民不安”。

蔡襄的“强兵富国”之说，与中国传统的“富国强兵”思想是有所区别的。应该说，二者追求的目标都是国富兵强，在这一点上是共同的。但传统富国强兵思想主张以富国为强兵的基础，以强兵为富国的保障。蔡襄对此并非不了解，他针对宋代“冗兵”现象严重导致国家“积弱”的实际情况，提出通过精兵强兵以富国，是在宋代的具体情况下解决富国强兵问题的一个具体对策。虽然以“强兵”为“富国”的前提，并非从发展生产的“开源”角度出发，而只是消极的“节流”之策，具有一定的局限性，但在当时的社会条件下，这一观点突出强调了“冗兵”的严重性，把解决这个问题视为富国强兵的当务之急，无疑是密切贴近现实的。

在这篇奏疏中，蔡襄提出了强兵的五个方面：一是消冗，控制军队数量。二是选择，保证士兵素质。三是省兵，合理配置兵力。四是训练，提高军队战斗力。五是立法，严明军纪。这五个方面紧紧围绕如何消冗、强

---

① 《宋朝诸臣奏议》卷一百一《上仁宗论民力大困起于兵多》。
② 《宋史·兵志一》。
③ 参见《宋朝诸臣奏议》卷一百二十一《上仁宗论兵九事》；参见《端明集》卷二十二《论兵十事》。
④ 《端明集》卷二十二《国论要目》。

兵问题，切中要害。如果这些建议能够得到推行，宋军有望达到少而精的状态，国家的财政负担也会大大减轻，“积弱”“积贫”恶性循环、国家安全危机不断加深的局面也会有所扭转。

遗憾的是，由于政治、军事制度本身的缺陷，加之统治者对解决冗兵问题缺乏决心，各种改革的尝试均以失败告终，冗兵一直是北宋的一个顽疾，蔡襄等人强兵的理想也一直没能实现。

五、李纲论战和

靖康二年（1127）二月，金军攻克开封，将宋徽宗、钦宗掳掠北去，北宋灭亡。同年五月，康王赵构在南京应天府（今河南商丘）即位，年号建炎，是为宋高宗，史称“南宋”。

南宋建立之初，虽然黄河以北部分地区经战火蹂躏，遭到很大破坏，但是金军在洗劫开封城后北归，河东、河北的大部分州郡还掌握在宋朝军民手中。金军实际占领的地区仅有十余郡，而且这些地区的人民纷纷揭竿而起，反抗金人的统治，给金军造成沉重打击。在这种形势下，如果新建的南宋政权能够采取有力措施，充分利用各种有利条件，恢复故土、重整山河并非没有可能。

宋高宗即位以后，起用抗战派李纲为尚书右仆射兼中书侍郎，也就是右相。李纲虽为文人出身，在国难当头的关键时刻却能勇担重任，在靖康元年金军围攻开封之时，成功领导了开封保卫战，在民众中享有崇高的威望。宋高宗以他为相，也正是希望借以“使敌国畏服、四方安宁”[①]。李纲赴任后，马上奏上“十事”，全面阐述了他对时局的看法及施政方案。这“十事”分别为：议国是、议巡幸、议赦令、议僭逆、议伪命、议战、议守、议本政、议责成、议修德。“议国是”是其中第一事，也是一个带有纲领性

① 《宋史·李纲传》。

的问题。所谓国是，就是国家的大政方针。李纲认为，当时的“国是”就是确定和、战、守的根本大计，“夫国是定，然后设施注措，以次推行。上有素定之谋，下无趋向之惑，天下之事不难举也”[1]。

李纲对和、战、守三者的关系作了辩证的论述，认为守是战的前提，不能守则无以战，战又是和的基础，不能战则没有和的资本，并结合对北宋以来宋辽、宋金关系的分析，对当时朝臣中流行的畏战、和议之说予以痛切的批驳。他指出，靖康年间一味主和是导致北宋灭亡的重要原因，如果继续“不务战守之计，惟信讲和之说”，就会使国势更加卑弱，无异于将国家拱手送人。因此，他认为，在当时“欲战则不足，欲和则不可”的情况下，应该以“守”作为基本国策：“为今之计，莫若一切罢和议，专务自守之策，而战议姑俟于可为之时。”进而他又阐述了自守的具体方略，即在河北、河东地区建立藩镇，重新构建边防体系，在沿江沿河的要冲地区设置帅府，修治城池，加强训练，提高军事实力。经过几年的休养生息，可以考虑对金人大举讨伐。在他出任宰相以后，便开始按照这一思路进行了一系列战略部署。他推荐声震河北的张所为河北招抚使，傅亮为河东经制副使，又以积极主战的宗泽为开封府尹，主持开封防务，希望他们能够收复失地，整顿残局。为了防止金军的再次进犯，又在战略要地设置帅府，加强战备，并下令在陕西、河北、京东西路招兵买马，补充禁军。

李纲对时局的分析是十分尖锐而深刻的，他所采取的一系列战备措施如果能够切实实行，南宋恢复既有统治区，与金人对抗是完全可能的。张所在河北地区的作为，以及宗泽对开封的经营都很好地说明了这一点。然而，令人遗憾的是，以李纲为首的抗战派在与主和势力的斗争中很快败下阵来。李纲任相之初便遭到主和派的百般阻挠，御史中丞颜岐五次上书，称李纲“为金人所恶，不当为相”[2]，右谏议大夫范宗尹也三次上书，说他“名浮于实，而有震主之威，不可以相”[3]。中书侍郎黄潜善、同知枢密院事

① 《梁溪集》卷五十八《议国是》。参见《历代名臣奏议》卷八十四。
② 《建炎以来系年要录》卷六。
③ 《宋史全文》卷十六上。

汪伯彦等高宗的亲信大臣更是主和派的代表，他们被金人的威势吓破了胆，一心希望通过讲和以求苟安一时。对于李纲的抗战主张及其军事部署，他们极力反对。傅亮刚刚出发十几天就被罢职，理由是兵少不可渡河。张所的河北招抚使司也受到黄潜善党羽的弹劾。建炎元年（1127）八月，李纲被以“杜绝言路，独擅朝政”为名罢相，前后在相位仅七十五天。

李纲罢相后，他所主持的抗战措施也全部被废。宋高宗一面派人向金求和，一面逃往扬州。建炎元年十二月，金人南侵，两河郡县相继沦陷。建炎三年，金军大举南下，高宗流窜于杭州、越州（今浙江绍兴）、明州（今宁波）等地，一度乘船逃入海中。建炎四年，金军退至长江以北，江淮地区暂时稳定下来，但是，由于中原地区彻底沦陷，最终形成南宋只能偏安于东南一隅的局面。

六、郝经论东师

蒙古灭金以后，就开始与南宋直接对峙。从元太宗窝阔台七年（1235）开始，蒙古军不断发动侵宋战争，四川、荆襄、两淮地区惨遭蹂躏。但是，由于蒙古军以掳掠财物为主，而非对占领区进行长期治理管辖，加之南宋军民的奋起抗争，蒙古军难以在占领区建立稳固统治，所得地区往往得而复失。1251年，蒙哥汗即位，命忽必烈统领蒙古军、汉军镇守中原，并负责征服南宋。忽必烈采取汉族士大夫的建议，开始重视对占领区的政治统治及经济管理，做与南宋长久对峙的打算，中原地区也由此成为忽必烈政治势力的重要根基。

1257年，蒙哥亲征南宋，兵分两路，左翼军由塔察儿统率，进攻荆襄、两淮地区；右翼军由他本人亲自率领，分三道入蜀。在这一部署中，忽必烈受到排挤，没有掌握兵权。战争之初，蒙哥所率西路军攻城略地，进展十分顺利，但在1259年春进攻合州（今重庆合川）之时，却遇到守将王坚的顽强抵抗，连攻五个多月仍不能攻克。与此同时，塔察儿所率东路军进围樊城，惟知掳掠财物，在一年多的时间内没能攻下一座城池。蒙哥不得不任命忽必烈为东路军统帅。次年春，忽必烈从开平（今内蒙古正蓝旗东北）南下，准备渡过淮河，进逼长江。在此背景下，其帐下汉臣郝经上《东师议》，针对忽必烈的东路军作战指导方略提出建策。[①]

郝经出生在金人统治的北方地区，幼年遭逢蒙古灭金之战，饱受战乱之苦，因此对战争给百姓带来的灾难深恶痛绝。他自幼聪明好学，博览群书，年轻时已经成为一位小有名气的儒家学者，对于儒家仁政、以民为本、注重民心向背等思想有着深刻的理解。蒙哥汗即位后，忽必烈以皇弟身份建立幕府，广泛招纳汉族知识分子，郝经也被罗致帐下，成为忽必烈的一名心腹谋臣。他多次针对重大问题提出建策，对忽必烈的决策产生了重要影响。

针对蒙哥率领的“西师”顿兵合州城下，数月而不能克的困境，郝经提出了攻取天下是以“力”还是以“术”的问题。蒙古军凭借剽悍的骑兵征服天下，不断开疆拓土，缔造了一个地域空前广大的帝国，这在整个世界历史上也是十分罕见的。在郝经看来，这是典型的以“力”并天下。但是，“并之以力则不可久，久则顿弊而不可振”，按照这一规律，蒙古军与南宋的战争持续了二十余年，难免会“顿弊而不可振”，这正是蒙古不能顺利灭掉南宋的主要原因。相反，如果不是以“力”并天下，而是以“术”图天下，就不可操之过急，要按照一定的方略和步骤逐步实行。郝经还讲到了“图之以术”的另一层原因，那就是，蒙古骑兵的优势在于迅速机动、出奇制胜，这一优势在江淮以北的平原地区可以充分发挥，在南方地区则不然。南宋不但保有长江天堑之险，而且四川等地区高山深谷、险阻重重，不利于蒙古骑兵展开攻势，这就在一定程度上决定了蒙宋战争不可能在短期内完成。郝经所设想的攻宋之术是在平定诸国之后暂时停止征战，巩固内部统治，待到国力强盛，再一举灭之。

鉴于蒙哥的西路军已经与南宋军处于胶着之势，一时难以改变战局，

① 《陵川集》卷三十二。参见《历代名臣奏议》卷一百一、《元史·郝经传》。

郝经希望忽必烈能够吸取西路军的教训，对东路军的作战行动做细致周密的考虑，也就是他所说的“救已然之失，防未然之变”。他提出，首先应该与南宋议和，偃兵息民，保全实力，以图再战。如果南宋拒绝议和，不得不战，也要改变以往“躁轻飘忽”的特点，按照既定的方针稳步推进，同时也要体现“仁而不杀”的特点，不损害百姓的生命财产，争取民心的支持。他还对东路军的具体作战方略进行了谋划，提出了“先荆后淮，先淮后江”的作战方案。这一方案与后来南宋降将刘整提出的平宋方略基本相同，成为元灭宋战争的正确选择。

郝经对蒙古军作战特点以及战争进程的分析是很有见地的。蒙古军虽然在短期内取得了对南宋作战的优势，但是，如果不改变以往那种烧杀掳掠的作风，不改变进攻的方法和策略，不但会给社会生产和人民生活造成严重的破坏，也不利于蒙古军在汉族地区建立长期稳定的统治。虽然忽必烈没有采纳郝经的建议马上与南宋议和，但他在统率“东师”以后，并未急于攻取，而是先派杨惟中、郝经等宣抚江淮荆湖地区，严格整顿军纪。进入南宋境内，又告诫诸将不要妄杀无辜，不要焚毁民房，对掳获的人民也全部放还。这些都体现了郝经等汉族士大夫思想的影响，对于减少战争造成的破坏，建立元朝全国性政权产生了积极的意义。

七、郝经论立政

蒙古族崛起于北方广袤草原，以游牧为生，13世纪初，其社会发展形态还处于奴隶制阶段。与其凶猛剽悍的作战风格相适应，蒙古军对于所征服的地区往往采取野蛮的烧杀抢掠政策。在进军中原的初期，这一特点表现得十分突出。大量汉族人民惨遭屠杀，或者被蒙古贵族掳为私奴性质的“驱口”，土地大面积荒芜，或是被强占为牧场。这种做法虽然能在短期内掠夺到大量财富，但是，由于社会生产遭到破坏，反而无法进行长期稳定的统治。忽必烈主管汉地以后，更多地听取汉族士大夫的意见，采取了一些安抚流民、发展生产的措施，社会秩序初步稳定下来。但是，由于纲纪不立，法制未备，蒙古贵族随便杀人抢掠的事情仍然时有发生。同时，汉法的推行也遭到了一些蒙古贵族的强烈反对，其过程一波三折。

1259年，蒙哥汗在攻蜀过程中猝死，次年，忽必烈在开平（今内蒙古正蓝旗东北）宣布即大汗之位。虽然此时南宋未灭，国家尚未统一，但是，作为一个以汉族地区为主要统治区域的政权，以什么样的指导思想建立统治制度无疑是一个立国的关键问题。在此情况下，郝经上《立政议》，试图在这一问题上使忽必烈明确思路。[①]

郝经明确主张实行“汉法”，所谓“汉法”就是历代中国封建王朝不断发展和完善起来的一系列统治制度与方法，以及作为其根基的儒家思想和文化。具体而言，它包括了这样几个层面：一是建立起高度君主集权的健全的国家机构和职官制度；二是在经济上以农业为基础，实行重农政策；三是在文化观念上提倡以儒学为主体的汉族传统文化。郝经又提出，忽必烈政权的立国之法应该是“以国朝之成法，援唐宋之故典，参辽金之遗制，设官分职，立政安民，成一王法”。也就是说，要在综合蒙古族、汉族统治方法以及辽金遗制的基础上建立起一套统治制度，使混乱的政治经济秩序走上正轨，安定社会和百姓。郝经对这一问题的论述也是从总结历史经验出发的。在他看来，鲜卑族建立的北魏和女真族建立的金朝是历史上少数民族入主中原后，吸纳中原王朝的制度文化以巩固统治而取得成功的两个例子，他希望忽必烈能够向这两个政权学习，成就一番功业。

应该说，行汉法是忽必烈身边一些汉族士大夫的共识。刘秉忠很早就向忽必烈提出建立朝省、树立法度、制定官制、整饬财赋等主张，忽必烈即位之初，他又“采祖宗旧典，参以古制之宜于今者，条列以闻”[②]，对于元朝开国制度的建立起到了重要作用。在郝经之后，至元三年（1266），名儒许衡上《时务五事》，其中第一事即为“立国规模”，主要阐述“必如今日

① 参见《陵川集》卷三十二，参见《历代名臣奏议》卷六十五、《元文类》卷十四。
② 《元史·刘秉忠传》。

形势，非用汉法不宜也”[①]。不过，元初最早对汉法问题有深入、集中论述的，郝经实为第一人。他的主张对元初政治产生了重要影响，汉法作为元代政治制度的基本元素最终被确立下来，从而为忽必烈统一全国奠定了政治和经济基础，也对元代的社会发展及多民族的融合产生了积极的影响。

郝经建议忽必烈行汉法的长远目的是通过“立政安民”来巩固元朝将来对全国的统治。但后来元朝恰恰对于“立政安民”问题解决得不好，一直采取民族歧视和高压政策，结果在没有严重外部安全威胁的情况下，亡于内部安全危机——因民族矛盾和阶级矛盾激化而爆发的农民大起义，这不能不使人感佩元朝开国的时候郝经等人的卓识。

元朝统一全国后，在外部始终没有严重的安全威胁，但内部一直潜伏着巨大的隐患。尽管部分采纳了汉法，民族矛盾仍然是元代社会的主要矛盾。为了蒙古统治集团的特殊利益，元统治者推行民族分化政策，将全国人民分为蒙古、色目（西域和西北各族）、汉人和南人（南宋遗民）四个等级，在任用官吏、法律地位、科举等方面执行种种不平等的规定。处于最底层的广大汉族人民遭受着严酷的压迫，甚至连基本的人身安全也得不到保证。这就必然地激起人民的强烈不满，为元朝统治的不稳定埋下了祸根。

元代的阶级矛盾也很尖锐。蒙古统治集团从落后的游牧经济形态一跃成为汉族农业地区的统治者，其治国理念和实践都有很大的局限。他们往往利用手中的权力，贪婪地掠夺财富，挥霍无度。从皇帝到各级官吏再到军队，整个国家机器迅速走向腐败，这构成了元代政治的一个突出特点，同时也加剧了人民负担，导致了阶级矛盾的迅速激化。

民族矛盾和阶级矛盾的异常尖锐使元代社会充满了危机。在整个元朝一百余年的历史上，人民起义此起彼伏，几乎从未间断过。元顺帝时期，征发大量民工新开黄河河道的“开河”之役，以及元政府为了摆脱财政危机变更钞法导致的金融混乱，成为元末农民大起义的导火索，元朝最终在农民起义的风暴中覆亡。

---

① 《元文类》卷十三。

第七讲

明代国防军事重大问题评析

明朝是中国封建社会后期由汉族重新建立的一个统一王朝。综观明朝二百七十余年国家安全所面临的形势，以“北虏南倭”为代表的外部威胁一直不断。初期由于政治相对清明，国力强盛，最高统治集团的战略应对措施较为得宜，故而没有酿成大祸，并在多方面有所开拓。但后期随着朝政的日趋败坏，统治集团在战略举措上的屡屡失当，内忧外患交织加剧，最终还是走上了衰亡之路。

一、明太祖御边和禁海

元朝覆亡后，退回到漠北草原的蒙古贵族仍然拥有较为强大的军事实力，“引弓之士，不下百万众也，归附之部落，不下数千里也”[①]，并且不甘心失败，时刻图谋卷土重来。为消除蒙古的威胁，明太祖朱元璋从洪武三年（1370）开始，先后数次派军大举北征讨伐，虽然取得了很大胜利，给北元政权以沉重打击，但明军自身也蒙受不少损失。经此之后，明太祖开始转变战略，对蒙古残余势力采取总体防御性的战略方针。洪武六年正月初十，明太祖命魏国公徐达、曹国公李文忠等前往山西、北平训练兵士、防守边疆。谕之曰：“处太平之世，不可忘战；略荒裔之地，不如守边。”

① 《明史纪事本末》卷十《故元遗兵》。

又告诫他们："御边之道，固当示以威武，尤必守以持重。来则御之，去则勿追，斯为上策。若专务穷兵，朕所不取，卿等慎之。"[①]

从当时的历史形势来看，明太祖这么做是十分正确的，也是唯一可行的选择。因为，一方面漠北之地广袤荒远，蒙古贵族在此统治基础极深，回旋余地很大，缺乏战马的明军并不具备深入其境与对手进行大规模骑兵作战的能力；另一方面对初立的明王朝政权而言，尚面临着迅速稳定统治秩序、恢复因战乱而残破不堪的经济和发展生产的迫切任务。如果一味诉诸武力，单纯靠军事进攻手段来解决北部边防问题，不仅短时期内难以奏效，势必还会加重民众负担，延滞影响社会经济重建的步伐。正是意识到了这一点，明太祖才对边防政策进行了重大调整，确立了战略防御的方针，这也成为后来明代历朝皇帝在北部边防政策上一直遵循的基本指针。

明太祖的战略防御方针，其前提和基础是"严为备守"，即首先大力加强防务，确保边防的巩固，维护北方边境的安全。根本和核心原则就是"来则御之，去则勿追"，即扬长避短，以逸待劳，凭借稳固的防守击退来犯之敌，而不劳师动众，穷追不舍。具体防御措施则是在边地沿辽东、大宁（今内蒙古宁城西）、开平（今内蒙古正蓝旗东北）、东胜（今内蒙古托克托）到嘉峪关一线遍置都司卫所，修筑城池，屯驻重兵；同时分封秦、晋、燕、代、肃、辽、宁等诸王镇守边塞要害之地，使北部防线连为一体，形成抵御蒙古的坚实屏障。在诸王没有全部就藩之前，代之以派遣功臣武将每年春、秋定期巡边的制度。每次巡边之前，明太祖都要对接受任务的将领谆谆告诫，再三强调防御政策的重要性，要求务必常存戒心，严加守备。洪武九年（1376）正月，他在给奉命赴延安防边的中山侯汤和、颍川侯傅友德等人的敕谕中说："自古重于边防，边境安则中国无事，四夷可以坐制"，"至边上常存戒心，虽不见敌，常若临敌，则不致有失矣。"[②]这种高度重视边防的思想在中国历代帝王君主中也是不多见的，充分反映了朱元

① 《明太祖实录》卷七十八，洪武六年正月。
② 《明太祖实录》卷一〇三，洪武九年正月。

璋的雄才大略和深谋远虑。

明太祖在边防政策上虽然强调以守为主，但却不是死守，更不是只守不攻。他的防御战略，根本目的还在于积蓄力量，伺机进攻，最终消灭北元蒙古势力，彻底解决这个威胁明朝国家安全的心腹大患。因此，他在整体防御性的态势下，也不放弃抓住有利战机，主动出击歼敌。洪武二十一年（1388），派蓝玉率军十五万大举进攻北元就是这一思想的体现。这次军事打击给蒙古势力以重创，从此北元政权急剧衰落，很快便分崩离析。洪武晚期，蒙古的纷争内耗，使得明朝北部边防的军事压力大大减轻。从实际效果来看，明太祖积极防御的战略方针，为恢复发展经济争取到了相对和平的环境，对稳定边疆、巩固明朝统治，起到了十分重要的作用。

相较于边防战略的持重而不乏积极的作为，明太祖的海防战略明显保守。

明朝一建国就史无前例地面临着外敌从海上袭扰的形势。由日本武士、浪人和商人组成的海盗集团——倭寇在元末割据势力张士诚、方国珍等部余党的勾引下，屡次侵扰中国沿海一带，杀伤居民，劫夺财物。明太祖本着对外实行防御自卫和睦邻友好政策的思想，多次派遣使者前往日本，谋求与对方建立友好关系，试图以外交手段解决倭寇问题，但始终没能达到目的。于是转而决定实行海禁，在加强沿海设防的同时，禁止沿海居民出海，禁止私通外国。[①]到洪武十四年（1381）之后，海禁政策越来越严。凡民间从事海上买卖贸易，甚至使用外国货物，一律在严禁之列。

应当说，明太祖实行海禁政策，初时有利也有弊。断绝倭寇的接济之源，切断海外未靖势力同沿海居民的联系，对于防止倭寇入侵、保障沿海人民生命和财产安全，具有一定的作用。但为了断绝倭寇内应接援，实施海禁，却连带禁止渔民出海捕鱼，禁止正常的民间海上贸易，这就断绝了沿海普通百姓的生活来源和出路，使得宋元以来发达的民间海外贸易遭受打击，阻滞了沿海经济的发展，以致沿海地区长期难以安定。

① 参见《明太祖实录》卷七十，洪武四年十二月。

随着时间的推移，海禁政策的弊端越来越凸显，反而成为沿海地区社会变乱不安的诱因。在此情况下，又由于明中期海防的逐渐废弛，倭患愈演愈烈。海禁不仅没有达到当初防倭的目的，更为严重的是，海禁政策被明太祖加以规定成为制度后，一直被以后的明朝历代皇帝尊为圭臬，将之视为一成不变的“祖宗之法”，虽然在明成祖时期有所松弛缓和，但总体上还是执行海禁的政策。这种情况直到中后期的明穆宗隆庆年间，才有了较大的松动和改变。但是海禁的思想和意识已经根深蒂固，这对后来的清朝也产生了消极不利的影响。清代的闭关锁国政策，追根溯源，是与明代的海禁政策一脉相承的。

二、明成祖北征

占据漠北的蒙古残余势力，从明朝建国以来就一直是明朝的心腹大患。明太祖朱元璋曾动用数十万的兵力，发动了多次打击，仍没能彻底将其消灭，最后不得不采取防御为主的战略方针，对蒙古采取守势。不久，北元蒙古政权爆发内讧，分裂形成鞑靼、瓦剌和兀良哈三部势力。北元皇帝事实上已沦为虚空的名号，且屡屡为部帅所弑杀。建文三年（1401），鬼立赤杀北元皇帝坤帖木儿自立为可汗，废北元国号，称鞑靼，自此三部完全分裂，各自为政。

永乐元年（1403），即明成祖朱棣即帝位的当年，太师阿鲁台杀鬼立赤，立可汗本雅失里，企图一统蒙古与明朝抗衡。明成祖起初试图使用怀柔手段进行招抚，但派去通好的使节被杀害。招抚失败后，于是明成祖决定诉诸武力，于永乐七年（1409）秋派遣淇国公丘福等率精骑十万北征鞑靼。但鲁莽无谋的丘福孤军冒进，在胪朐河（今克鲁伦河）陷入重围，全军覆没。明成祖闻讯极为震怒，于是决定御驾亲征。从永乐八年到二十二年的十五年内，明成祖先后五次亲自统率大军出塞，对蒙古各部进行打击。其中四次以鞑靼和兀良哈为对象，一次以瓦剌为对象。

明成祖一改明太祖和建文帝时期的战略防御态势，持续对蒙古发动战略进攻，一方面是当时客观的历史形势使然，另一方面也与其性格大有关系。永乐初年，蒙古鞑靼、瓦剌等部军力强盛，其首领阿鲁台、马哈木等野心甚大，图谋恢复元朝的统治，屡屡袭扰边境，对明朝北部边防构成较大威胁。在怀柔政策无效的情况下，非武力已经不能解决问题，不用军事手段已经难以确保边疆的安定和明朝统治的稳固。另外，蒙古诸部的分裂也为军事上的各个击破提供了可能。明成祖敏锐洞察这一情势，及时转换战略，主动出击，长驱直入漠北歼敌，通过多次亲征，取得了不同程度的胜利。

在明太祖朱元璋二十多个儿子中，第四子朱棣最似其父风范。他自幼习练武事，勇略兼备，早年为塞王之首分封镇守北平，即多次率军出塞打击蒙古势力。后起兵夺取帝位，即位后的诸般文治武功措施都堪称具有开拓进取性。近人孟森曾就明成祖北征称赞说："五征漠北，皆亲历行阵，假使建文承袭祖业，必不能有此。"[①]评价是很有道理的。明成祖的五次亲征，虽然未能完全解除北部边防的威胁，但给敌以极大震慑，削弱了蒙古各部的势力，遏制了其入侵骚扰，维护了国家安全，这是应当充分肯定的。

不过也应当看到，明成祖以皇帝身份亲自统兵作战，前后五次调遣动用数十万军队大规模出塞远征，除前三次取得的战功尚可外，后两次出击均因为鞑靼避而不战而无功而返，白白耗费了大量人力、物力和财力，既劳民伤财又有点得不偿失。明成祖本人也在最后一次出击漠北的回师途中病死。当时的大臣夏原吉就痛心地指出："比年师出无功，军马储蓄十丧八九，灾眚迭作，内外俱疲。"[②]后来的明宣宗朱瞻基也曾批评乃祖这种好大喜功、只靠个人英武，过分使用武力的行为。

频繁大规模的用兵，给刚刚经历靖难之役尚处在恢复之中的国家经济平添了压力，增加了百姓的负担。永乐末年，山东爆发了唐赛儿起义，山

---

① 《明清史讲义》第二编第二章《靖难》。
② 《明史·夏原吉传》。

西、河北甚至一向号称富庶的江南等地都出现了大批流民和盗贼，可以说就是这种负面影响直接导致的后果之一。这也给后人以重要的警示：在运用军事手段打击危害国家安全的敌对势力时，必须合理适当，要控制在一定的限度和范围之内。制定和实施国家安全战略，既要善于抓住有利时机，全力以赴达成目的，又要充分考虑到由此可能带来的不利影响，理智有节，不能随意放任，否则事情就会走向反面，背离正确的轨道，对国家的整体安全造成损害。

三、明成祖迁都

明成祖迁都北京，是明初乃至明代历史上的一件大事。从某种意义上来说，迁都北京奠定了后来整个明代历史的基石，书写了全新的篇章，意义十分深远。

北迁都城，早在明太祖朱元璋建国后就有此意。当时虽然以应天（今南京）为京师，但明太祖认为以南京为都城的历朝都是气数不久，地理位置上又偏处江左，作为国都不甚理想，因此一直有北迁都城的想法。后来他曾派太子朱标巡视河洛和关中，考察两地地形。只是不久因为朱标病死，加之他自己也已年老，迁都之事遂被搁置。明成祖一取得帝位，就将自己当年就封的燕王藩都北平改为北京，之后更是采取一系列措施提升北京的政治地位，开始为迁都做准备。为此多次召集文武群臣商议，先后设立北京行在六部、北京留守行后军都督府、北京国子监，罢北平布政使司，改顺天知府为府尹。永乐四年（1406），又命营建北京宫殿。永乐七年后，明成祖多次北巡，坐镇北京，而以太子监国南京，天下奏章都要送往北京行在所，使整个国家的决策、军事和行政系统逐渐北移。这时的北京已经成为实际的政治中心。永乐十四年，明成祖再次下诏营建北京宫殿，并集合文武群臣商议迁都之事。诸臣大都赞同迁都，于是在永乐十八年北京宫殿落成之后，明成祖下令以北京为京师，正式迁都北京。

明成祖在国家建立没多久就进行国都的大迁移，这在中国历史上是罕见的。但他有自己的考虑：（一）北京是他的“龙兴之地”。北京既是其发迹的福地，也是其控制全国政局的基地，政治实力所在是他决定迁都的首要因素。（二）北京“山川形胜，足以控四夷、制天下”。从地理位置来看，北京北靠居庸关，西峙太行山，东接山海关，南瞰中原，既有高山河海之阻，又有连通中原之便，土壤肥沃，物产丰饶，完全符合作为都城的条件。更重要的是，当时对明朝国家安全构成威胁的主要是仍然图谋兴复的北方蒙古势力，而北京紧邻着漠北蒙古各部，塞外就是其势力活动范围。迁都北京，在临近威胁策源地建立全国政治中心，有利于指挥调度，灵活反应，及时制止祸乱，巩固明朝基业。

另外，北京作为金、元两朝的国都也已历经二百余年，尤其是元朝定都于此（当时称大都），作为全国的政治中心，将漠北与中原地区统一联系在一起，对中国统一多民族国家的形成发展具有重要的促进作用。明成祖迁都北京，正是继续推进这一进程，肯定了北京作为全国统治中心的地位。这样不仅可以统治中原和南方地区，而且还便于对辽阔的北方边疆开拓，将包括黑龙江、阿尔泰山一线的广大地区纳入控制范围。从这个意义上说，明成祖迁都北京，的确是具有长远政治眼光的战略举措，不愧为一代雄主。

四、刘球谏伐麓川

正统二年（1437），云南麓川（冶今云南瑞丽）土司思任发反叛明朝，侵掠邻近地方。受宠于明英宗、把持朝政的宦官王振为了示威于蛮荒，决定用武力镇压。兵部尚书王骥为讨好王振，更是力主用兵。于是王振召还甘肃总兵蒋贵等人，并调发四川、贵州等地军兵，准备大举征讨麓川。

对于这种做法，朝中大臣多数是不赞成的，其中尤以侍讲刘球反对最为激烈，上书力谏，陈述利害得失。[①]刘球不仅举周、汉两代的史例为鉴，而且着重分析了当时的边防形势，指出当务之急是防备北方的蒙古瓦剌部，而不是大动干戈压服南方小土司的反叛。在他看来，统治者在处理事关国家安全的边疆民族问题时，要“适缓急之宜”，即把握好区分轻重主次的原则与尺度，具体来说就是要“必宽宥于其小，而谨防于其大”。对国家安全不构成主要威胁的敌对力量，争取宽大对待，用政治手段加以解决。而把战略重心和注意力放在对付主要的安全威胁上面，只有这样才能使国家获得长久的安定。

刘球的观点，既是对历史上国家安全战略制定与实施成功经验的总结，又切合明朝国家安全形势的实际。中国历史上的许多统治者，都十分懂得“适缓急之宜”的道理。在面对外部多方向的安全威胁时，都把防范对象和防御重点放在对国家安全危害最直接、最突出的方向，从而集中力量予以消除；而不是不分主次轻重，随意树敌，使自己陷入多线作战的困境。像刘球所列举的西汉时期应对国家安全问题的做法，就是一个非常成功的例证。正是汉武帝始终把抵御匈奴作为战略考虑的重心，而对当时并不构成西汉王朝最重大、最直接威胁的西南夷及南越，主要采取政治招抚的策略，从而得以全力专注于反击匈奴的战争，并最终取得了胜利，使国家安全形势得到了根本改观。

就明初的周边态势而言，西南、东北边疆地区的民族，力量相对较为弱小。虽然不断有西南地区少数民族土司反抗明朝的统治，但同北方的蒙古相比，其威胁显然微不足道。由于蒙古骑兵的强大战斗力，更因蒙古贵族“屡谋兴复”的野心不死，被明朝一直视为腹心之害，从明太祖建国时起就认为“西北胡戎世为中国患，不可不谨备之耳”[②]。明太祖之后的成祖等皇帝也都始终将蒙古视为头号大敌，从而倾力加以防范戒备，不敢有丝毫大意。

① 参见《皇明经世文编》卷三十一《刘忠愍公奏疏》。参见《明史·刘球传》。
② 《明太祖实录》卷六十八，洪武四年九月辛未条。

但是以幼冲之年登基的明英宗，不仅政治经验全无，对涉及国家安全的重大战略问题更是懵懂无知，一切唯王振之意是从。而王振一心要借平服麓川来巩固权势，提高个人声望，因此刘球等人的劝谏根本没有起到任何作用。正统六年（1441）正月，王振命蒋贵为征蛮将军，王骥提督军务，抽调甘肃边兵及其他各地兵共十五万人，征讨麓川，而全然不顾此时的蒙古瓦剌部已经迅速崛起，其首领也先称雄漠北，野心勃勃，正日夜虎视眈眈随时准备伺机南侵。

麓川之役起后一年，“转饷半天下”[①]，却毫无结果。次年，王振再次派兵征讨。正统十一年（1446），思任发兵败被杀，其子思机发多次遣使入朝谢罪，王振仍不肯罢兵。连年用兵，耗费了明朝巨大的人力、物力和财力，给百姓增添了沉重的经济负担，也带来不少灾祸。王骥等征调民夫抬运彩绸，卖给沿途土司，借机大发战争财；又多捕渔民充俘虏，以掩败报功。正如时人所议论抨击的那样，麓川用兵“老师费财，以一隅骚动天下”[②]，完全是一种本末倒置、主次不分的蛮干行为。

由于倾全力征剿麓川，而对北方势力正盛的瓦剌疏于防范，明朝在北边大同、宣府（今河北宣化）沿线几乎没有采取任何战备措施。正统十四年（1449）秋，瓦剌大举南侵，轻易即破关而入。明英宗在王振的怂恿下亲率五十万大军仓促北征，在土木堡（今河北怀来东）遭到惨败，并被俘虏。“土木之变”使明太祖、成祖辛苦创立的基业几乎毁于一旦，近百年积聚起来的国力受到极大损耗，明朝也从此由盛转衰，教训可谓极其惨痛沉重。

五、唐顺之论海防

明初对于倭寇的侵扰，实行水陆并防的方略，加强水军建设，造战船，置水寨，建卫所，并在沿海构建了初步完整的、具有一定纵深和层次的防

① 《明史纪事本末》卷三十《麓川之役》。
② 《明史 · 王骥传》。

御体系：水军平时巡逻于海上，遇有倭寇进犯即予以歼灭；倭寇靠近海岸，则以卫所军迅速赶赴迎击，水军同时进行配合共同歼敌。这种抗倭方略有效保持了东南海疆的安全，倭寇、海盗尽管时有活动，但没有构成大祸。

到了嘉靖年间（1522—1566），倭患因为明朝沿海兵备的废弛而愈演愈烈，不少有见识的文臣武将及一些军事幕僚在极力主张匡正各项弊政、奋发振举收拾人心的同时，也就如何抗击倭寇提出了更系统更完整的战略策略。其中，以唐顺之、郑若曾等为代表，主张实施海陆策应、攻守兼施的沿海防御方略，建立御海洋、固海岸、严城守的多层次有纵深的防御体系。唐顺之曾督师东南抗倭，他的《条陈海防经略事疏》，集中反映了这个思想。[①]

唐顺之等人认为海防"必宜防之于海"，在海上抵御倭寇是一种上策。倭寇进犯，必由海上而来，故而"海舟防之于海，其首务也"[②]。敌远道而来疲惫，兼之船小，又不习水战，因此只要用战船遏制要冲，以火器截击倭寇于海上，使之不得上岸，就可以保障内地的安全。为御倭于海洋，唐顺之还提出了"哨贼于远洋""击贼于近洋"及主张沿海各府"协谋会捕"、击敌于将至等相应的具体策略。如果不能尽歼倭于海上，那么就要在海岸各要害处设防，进行堵截，击敌于将登，即固海岸之守。因为沿海是内地的门户，守好了门户，内地才能安全，所以要趁倭寇浮海而来疲惫没来得及休整、立足未稳之际予以抗击，便于将其歼灭。除了御海洋、固海岸之外，还要严守河港、内河和要害之城，提高陆地野战能力，进行整体纵深防御。这些海防思想既是对明初以来沿海防卫经验的总结，也是结合抗倭斗争中出现的实际情况的新思考，对后来抗倭战争的胜利具有指导意义，也为后世筹划海防提供了有益的借鉴。

① 参见《皇明经世文编》卷二六〇《唐荆川家藏集二·条陈海防经略事疏》。
② （明）俞大猷：《正气堂集》卷七《议水陆战备事宜》。

六、戚继光练兵制胜

明朝中期，承平日久，国家武备废弛。恰当此时，东南沿海倭寇频繁入侵，北部边疆蒙古俺答等部不断进犯，“南倭北虏”交侵，“兵日以战，挫削日以继”，边海防出现了严重的危机。戚继光（1528—1587），字元敬，号南塘，晚号孟诸，山东登州（今蓬莱）人。出身将门，十七岁袭父职任登州卫指挥佥事，嘉靖三十四年（1555）调浙江，次年任参将，受命抗倭。他以“国事犹家事，谋兵如谋身”的担当，“任真任怨”，敢作敢为，狠抓练兵，力克明军积弊，打造出了一支能征善战的“戚家军”，取得了对敌作战的巨大胜利，为平定东南倭患做出了突出贡献。隆庆三年（1569），戚继光被任命为蓟镇总兵，承担起镇守明朝首都正面北部边防的重任，前后凡十六年，通过狠抓练兵备战，使蒙古俺答等部始终无机可乘，确保了明朝首都的安全。

综观戚继光的军事实践，其最大特点是高度重视练兵，狠抓练兵，以练兵为先，以练兵为要，以练兵为克敌制胜的最大法宝。他受命南下抗倭，第一步就是到浙江抓练兵；后来北上御虏，也首先大抓练兵和边防整顿；他平生所写两部代表作《纪效新书》和《练兵实纪》，主要内容都是讲练兵，都是总结自己练兵备战的心得体会。戚继光一再说：“战必以练兵为先。”①“凡司三军之上者，其责必曰‘练兵’。”②“不惟战需练，亦必练而后能守。”③这些都是一个身经百战的名将毕生经验的结晶。

戚继光练兵，极其强调三点：

一是求实。明朝中期武备废弛的重要表现是军队风气败坏，训练流于形式，“习学通是虚套”，“但欲周旋左右，满片花草，营阵亦欲周旋华彩，若为戏局”，其结果是平时操演华而不实，上下相蒙，临战遇敌缺乏战斗

① 《戚少保奏议 · 蓟镇急务》。
② 《止止堂集 · 大学经解》。
③ 《戚少保奏议 · 练兵条议疏》。

力，往往一触即溃。戚继光目睹明军现状，痛心疾首，大声疾呼："如此操至百年，何裨于用？"[①]因此，当他临危受命，便坚决排除军中的形式主义习气，"禁花法""忌虚套"，力行以实战之法练实战之兵。他斩钉截铁地说："理欲不并举，实事虚声不同道"[②]；"今凡教场内行一令，举一号，立一旗，排一阵，操一技，学一艺，都是临阵时用的实事。临阵行不得的，今便不操。器械不是临阵实用，不做与你领；不是临阵实用的舞打之法，不使你学。"[③]按照这个指导思想，戚继光从选兵、编伍、练胆、练心、练武艺、练器械、练营阵等各个环节，提出了一整套切合实战、简明易行的训练方法，贯彻到部队训练的各个方面。

二是通变。明朝中期为患东南沿海的倭寇是明军面临的一个新的作战对手，这些由日本武士、浪人和海盗组成的武装团伙，武艺娴熟，好勇斗狠，又率先掌握了从欧洲传入的新式火器（鸟铳、佛郎机等），战力强悍，明军在其剽悍的偷袭截击和集群冲击下，往往难以抵挡，屡吃大亏。戚继光深刻地认识到，要打败这个新的敌人，不能局限于传统的成法来练兵，而必须针对新对手的新特点进行战法训法创新，练出能够有效克敌制胜的新招。他提出："当于经籍中采其精华，师其意而不泥；实事中造其知识，衡于己而通变。"[④]在这个思想指导下，他对当时刚刚传来的欧洲新式火器进行了深入研究，与明军使用的传统火器进行认真比较，发现西式火器确实性能非常优越，于是大力加以仿制推广和改造提升，并将之与明军基本装备相结合，研究形成新的战法。为克制倭寇的强悍冲击力，他苦思冥想用南方遍地都有的大毛竹创制出独特的新武器——狼筅，与其他冷兵器、火器相结合编成鸳鸯阵。临阵先用狼筅挡住倭寇，使他们近不了身，其他战士再用各种武器上去击杀，非常有效。戚继光的创新涉及武器装备、编制编成、战法战术等方方面面，戚继光练兵的重要特点就是紧紧盯住作战对

① 《纪效新书》。
② 《练兵实纪·练将》。
③ 《练兵实纪卷八·练营阵》。
④ 《纪效新书》。

手，根据作战对手的特点进行武器、编组和战法创新，以新武器、新编组和新战法，按照实战要求实实在在地训练部队，临阵转训为战，人人得心应手，有效克制了敌人的优势，从而战而胜之。

戚继光针对作战对手进行战法训法创新的通变意识，在他北上镇守蓟镇时得到了进一步体现。蓟镇是“北边锁钥”，戚继光又要面对与南方倭寇完全不同的作战对手——蒙古铁骑，其特点是“甲骑数万，突冲之势，若山崩河决”，一旦溃墙而入，更直接威胁到京师的安全。为了克制这个新对手，戚继光大力发展火器，特别是创制了多种威力较大的火炮（如无敌大将军炮、虎蹲炮），创编了独具特色的“车步骑营”，把步兵和骑兵与装备重型火器的车营融合配置，有效增强了对集群骑兵的杀伤力；同时大力整修边防长城，创新设计了可以配置火炮等的大型空心敌台，在长城上大量增筑，有效增强了对蒙古骑兵的防御能力。最为重要的是，所有这些新装备、新办法都不是仅仅停留在理念、构想上，而是实实在在地配备到位，实实在在地落实到部队的组训之中，使得上下熟稔于手、熟稔于心。经过戚继光的整顿，蓟镇防务面貌一新，蒙古骑兵多年不敢犯境。

三是从严。练兵务要从严，方能收到切实的成效。为确保各项举措在军中的有效落实，戚继光建立起了从选兵编伍到作战协同等一整套完备详尽、切实可行的条令规章体系，又建立了严格的监察制度。在“戚家军”中，专门设有监察人员——旗牌官和巡视旗，这些人员平时在军营内巡查各处，督促各类军令和条例的落实情况，纠查违令违纪事件，一旦发现，严行纠治。因此，全军上下，风纪肃然，尤其是对上级发布的军令，“决是字字依行”①，真正做到令行禁止，从而使得各项练兵举措在军中得到了坚决有效的贯彻执行。

以上三点，是戚继光练兵的基本方法。用这套办法，戚继光练成了纪律严明、作风务实、训练有素、能征善战的精兵，以战则胜，以守则固，在东南抗倭中屡战屡胜，在镇守蓟镇时有效巩固了边防，为解决明朝中期的边疆危机交出了出色的答卷。他总结自己的戎马生涯，写了两部兵

① 《纪效新书》卷二。

书——《纪效新书》《练兵实纪》。在中国古代，兵书汗牛充栋，《孙子兵法》以下，大多数兵书主要内容都是谈谋略，而且大多循着孙子的思想反复申论，少有突破，其末流，陈陈相因，越来越玄虚而难以操作。戚继光洞察了其中的弊病，一语中的："孙武之法，纲领精微莫加矣，第于下手详细节目，则无一及焉。"[①]意思是说，孙武的兵法，基本思想精妙深邃，无以复加，但对于操作施行的具体内容，没有任何涉及。因此，戚继光的《纪效新书》和《练兵实纪》侈谈谋略，而主要都是讲练兵，都是总结他在南方和北方抓练兵的思想、做法和经验教训，内容平实而具体，具有高度的操作性。显然，在戚继光看来，练兵是作战制胜最紧要的抓手，抓好了练兵，制胜就有了基础，就有了把握，不抓练兵而侈谈谋略是解决不了打胜仗的问题的，是要误国误民的。所以，他写这两部兵书，就是要把自己百战沙场用鲜血凝结得来的这个道理告诉后人，把自己来之于丰富实践的练兵思想和经验留传给后人。这个道理和这些经验，直至今天仍具有重要的启示和借鉴意义。

其一，战必以练兵为先，练兵是作战制胜最紧要的抓手。

其二，练兵必须求实，必须坚决排除"花法""虚套"等形式主义做法，紧扣实战，实实在在地进行。

其三，练兵必须通变，必须了解对手，特别是要了解对手的变化和新特点，有针对性地进行战法训法创新。

其四，练兵必须从严，必须大力加强规章制度建设和执法监督检查，唯有从严练兵才能真正收到成效。

七、万历援朝抗倭

明万历中期，刚刚结束了藩侯割据纷争局面、基本完成全国统一的日

---

① 《纪效新书·自叙》。

本立即走上对外武力扩张的道路。关白（即宰相）丰臣秀吉野心勃勃，妄图通过发动侵略战争，建立一个包括中国、朝鲜在内的日本大帝国，成为整个东亚的最高统治者。万历二十年（1592），丰臣秀吉派遣水陆军十六万人进入朝鲜，很快占领王京汉城、开城、平壤等地。朝鲜国王逃往义州，并接连派使臣向明朝求救。这年七月，明朝应朝鲜请求派出副总兵祖承训、游击史儒等率兵三千人入朝鲜应援。由于兵力过少，又不谙敌情、地理，明军在贸然进攻平壤时中伏惨败。消息传来后，明朝又派兵部侍郎宋应昌为经略、李如松为提督，统兵数万进援朝鲜。

次年初，李如松督率明军取得平壤之役的胜利，接连恢复平壤、开城。但在进逼汉城时，因轻敌中伏在碧蹄馆遭受失利，被迫退守开城一线。不久明军援兵到来，切断日军粮道，焚烧龙山粮仓，使敌陷入缺粮的困境。而日军自平壤战败后士气低下，加上疠疫流行，遂撤出汉城，退至釜山一带，并向明军提出和谈。此时，原本主战的明朝兵部尚书石星等人以明朝大军在外已久，一意主张议和撤兵。经略宋应昌虽然同意议和，但是反对马上撤兵，主张留守朝鲜。他在奏疏中指出，朝鲜与中国是“势同唇齿”“休戚与共”的战略关系，彼此利害攸关，因此必须留兵驻守，防范日本，保障朝鲜和中国自身的安全。①

宋应昌能从地缘关系和国家安全战略的高度认识到援朝抗倭的重大意义，并把留守朝鲜视为当时抗击日本侵略最紧迫重要的大事，确属难能可贵。但他在议和问题上却立场不够坚定，为图尽快结束战争，附和石星等人的主张，在李如松进攻汉城受挫后，即派略通日语的沈惟敬到汉城与日军议和，表现出缺乏坚决抗敌的决心和对日本侵略野心没有足够的警惕性。事实上，日军当时尚未受到决定性的打击，因此议和的主要目的并不是要停止侵朝战争，而是一种缓兵之计，通过暂时休战来重新积蓄力量，并引诱明军撤兵，等待时机成熟以卷土重来。就在双方和谈期间，日军也不断

① 《皇明经世文编》卷四〇二《宋经略奏议二·慎留撤酌经权疏》。参见《明史纪事本末》卷六十二《援朝鲜》。

行动，攻犯咸安、晋州等地。

当时明朝政府中有一些比较有远见的官员，都反对轻谈和议及封贡。兵部主事曾伟芳就上书明白指出："（日军）知我兵未撤，不能以一矢相加遗也。欲归报关白（丰臣秀吉），卷土重来，则风帆不利，正苦冬寒。故曰：款[①]亦去，不款亦去。沈惟敬前倭营讲购，咸安、晋州随陷，而欲恃款，冀来年不攻，则速之款者，速之来耳。[②]故曰：款亦来，不款亦来。为今日计，宜令朝鲜自为守，吊死问孤，练兵积粟，以图自强。"[③]但执掌朝权的主和派最终还是作出了撤兵的决定，只留刘綎率领四川兵协助朝鲜防守，其他主力部队全部撤回国内。

撤兵决定是极大的失策，和议给了丰臣秀吉充足的备战时间。万历二十五年(1597)，日军再次大举入侵朝鲜。朝鲜告急，明廷仓促间只得重新调兵援朝。经过中朝军队的奋勇苦战，至次年底将日军全部赶出朝鲜。援朝抗倭战争的胜利，粉碎了日本侵占朝鲜进而进攻中国的图谋，确保了朝鲜的领土完整和明朝的国家安全，使广大人民免除一场浩劫，意义是十分重大深远的。

但此次战争也暴露了明后期政治的腐朽及其决策机制的低效。在关乎国家安全的重大战略策略上，明朝的决策中枢始终摇摆不定，时战时和，缺乏全力抗战的决心和信心。战争指导上屡屡失误，汉城碧蹄馆之战后轻信和谈、盲目撤兵，更是令自己失去先机，陷入被动。整个战争迁延达七年之久，大大消耗了明朝本已趋于衰落的国力。

八、徐光启论防御后金

中国传统文化中一个很显著的特征，就是重"道"轻"器"，所谓"形

---

① 款：和议。
② 速之款者，速之来耳：意为和议越快，日军卷土重来越快。
③ 《明史纪史本末》卷六十二《援朝鲜》。

而上者谓之道，形而下者谓之器”。反映在军事上则表现为注重道义力量，注重谋略运用，而相对忽视科技的因素。这种观念倾向使得历代国家安全战略的制定与实施，大都停留在以智谋取胜的“形而上”的层面上，而对“形而下”的“器”——武器装备的革新、军事科学技术的发展和应用往往重视不够。能站在时代前列，充分认识到先进军事技术和装备在保障国家安全，尤其是军事安全方面作用的有识之士寥寥无几。徐光启便是这为数不多者中突出的一个代表。

明代后期，崛起于东北地区由满族建立的后金政权成为明朝北方新的重大安全威胁。在经历万历末年萨尔浒之战的惨败之后，明朝对新兴起的后金政权一直处于战略守势，多次争战均以失败告终，丢失了辽河以东大片土地。面对辽东危局，忧心国事的大学士徐光启接连上疏，提出御敌之策。[①]他认为只讲用兵方略，而不从改善军事装备、提高军队战斗力入手，是无济于事的。因此，当务之急和根本之计是坚甲利器、选练精兵，建设一支武器装备精良、训练有素的精锐部队。他特别强调火器的重要独特作用，主张引进和制造西洋大炮（也称“红夷大炮”，为欧洲早期加农炮），对付后金军的进攻，并提出运用葡萄牙人在澳门的炮台建造技术，改造传统的塞上墩台城堡，将火炮防御与保护火炮结合起来，以炮护台，以台护炮，两者互为依存，凭借坚城有效发挥火器的威力，打击敌人，保全自己。

西洋大炮在当时是最先进的火器，不仅威力大，而且射程远，机动性好，是先期传来的葡萄牙佛郎机铳和明朝自制火器所无法比拟的。但是鉴于在城外野战是后金军之长，而为明军之短，如果阵地一失，火炮势必落入敌人之手，因此徐光启坚决反对像以往那样在平地旷野使用大炮，而主张将西洋大炮安置于城上敌台内。敌台则采取西洋炮台造法，建于城的四角，三面伸出城外，一面与城相接。大炮架于台上，可以调整角度，三面轰击。即使敌人冲到城墙下，门角两台攒射形成交叉火力，也能予以很大杀伤。

① 参见《皇明经世文编》卷四八九《徐文定公集二 · 谨申一得以保万全疏》。

徐光启提出的凭坚城用大炮的战法，符合当时战争的客观形势，体现了扬长避短、克敌制胜的谋略思想。他对西洋大炮的极力推崇，积极要求输入和仿造，实际上就是要在实战中拥有和应用“撒手锏”武器抗御强敌，增强军事实力，赢得战争，巩固边防。这种思想主张在当时是比较先进的，也是十分可贵的。徐光启的建策为明廷所采纳，从澳门购买和制造西洋大炮的任务也主要由他负责完成。后来袁崇焕把“器胜”的军事思想运用于对敌实践，使用徐光启倡导的西洋台铳法构筑了宁远城，将大炮安在四角敌台上施射，重挫前来进攻的后金军，取得了天启六年（1626）著名的宁远大捷。这是明与后金争战以来前所未有的胜利，然而也是昙花一现式的胜利。明朝政治的腐朽不堪最终导致军事上的一连串失利，随着大批明军将领叛变投敌，赖以制胜的西洋大炮等新式武器及技术也为后金所拥有，从此明朝再无任何军事优势可言，其衰败之势更加难以挽回。

九、高拱论漕粮海运

隋朝开凿的大运河是中国封建时代联系南北地区的大动脉，它不仅对于封建国家的社会经济发展具有至关重要的作用，而且关系到国家机器的正常运转、国家政权的稳固和国防的巩固。因此历朝历代都对漕运高度重视，确保漕粮和物资运输的畅通无阻，成为统治者着力思考谋划的一大战略问题。特别是随着封建国家统治中心的北移，这一问题显得尤为重要。

元代建都大都（今北京），北方军粮、官俸及宫廷耗费，绝大部分仰赖于富庶的江南地区。而负责将南方物资北输的漕运，因为运河淤塞、行船不畅，后来不得已被废罢，主要实行海运。明朝建国初，都城定于南京，由于位处江浙地区，故而南北漕运未成重大政治任务与经济问题，北边所需军粮的转运仍沿承元代的海运路线。但到了明成祖迁都北京以后，南粮北调的任务开始日益加重。在此之前，鉴于海运路途险远，海船又经常失事，明廷决定修浚治理运河，改行漕运。永乐十三年（1415）大运河贯通后，海运于是基本停止，漕粮大多由河运。

但是，海运在明代仍然有着相当大的影响。自明中期后，不断有人提出恢复海运。其中，最有名、呼吁最有力的当属高拱和在其之前的丘濬两人。他们都认为比起漕运来，海运的成本更低，耗费更少，危险性更小，因此都极力主张恢复海运，与河运并行，并且都把此事看作国家万年之计——“千万年深远之虑”[①]，是攸关封建王朝生存命运的重大战略举措。[②]高拱在做内阁首辅期间，曾主持计划重新实行海运，后来从江淮直达北方的海运也一度短暂恢复过。

从明中后期漕运面临的实际情况来看，恢复海运也确实有一定的必要性。到了嘉靖、隆庆和万历时，由于长期专赖河运导致运河负载过量，加之黄河溃决，运河河道堵塞，漕运已经变得困难重重。为解决这一问题，明政府还曾考虑重开元代曾短暂试行过的胶莱运河工程，缩短海运航程，进而恢复海运。但由于河道水源不足、工程复杂艰巨等原因，直到明亡，虽屡有人请开胶莱河，最终均未果作罢。终明之世，海运也没有全面恢复起来。

高拱等人的主张尽管受种种条件限制未能实现，却集中反映了明朝国家政治中心北移后，河运、海运并行乃是漕运业发展的必然趋势。他们从维护国家经济安全的角度思考漕运问题，力倡河运、海运“二路并行”，是有长远眼光的。

---

① （明）丘濬:《大学衍义补》卷三十四《漕挽之宜下》。
② 参见《皇明经世文编》卷三〇二《高文襄公文集二·论海运漕河》。

第八讲
清代国防军事重大问题评析

清朝是中国历史上统一的多民族国家进一步发展的重要时期，近现代国家意义上的中国概念，就是在这一时期开始形成的。清朝统治者所面临的内外形势，较之以往任何朝代都更为特殊复杂，因此在国家安全和国防军事上所采取的方针和战略也呈现出与以往不同的鲜明特点，具有独特的内容。

一、康熙论不修长城

清代以前历朝筹边的一大重要思想和措施，就是依托凭借长城设置防线，屯兵驻守，实施军事防御。秦汉以来，由于中原王朝的主要外患均是来自北方的游牧民族，因此“历代备边多在西北”[①]。自秦至明，几乎每个封建王朝都曾修筑长城。明代为防御蒙古鞑靼、瓦剌等部的侵扰，自洪武至万历年间，前后历经二百余年，修建了一道东起鸭绿江边、西抵嘉峪关，全长一万余里的“边墙”。然而就历代统治者修长城的效果看，虽然起到了一定的防御作用，却并未从根本上改变游牧民族南下攻掠的局面。事实证明，仅凭长城是不可能确保边防安全和国家长治久安的。明清之际的大思想家顾炎武在考察居庸关论及几个王朝灭亡的教训时曾感慨地说：“地非不险，城非不高，兵非不多，粮非不足也，国法不行，而人心去也。”[②]一语道破了人心向顺对于政权稳固和国家安全的重要性。

早在入关以前，清王朝的奠基人努尔哈赤、皇太极便通过联姻、赐

① 《李鸿章全集》卷六《筹议海防折》，安徽教育出版社 2008 年版，第 159 页。
② （清）顾炎武：《昌平山水记》。

爵等手段，积极笼络漠南蒙古各部，使之变为进攻明朝的得力助手。入关后，在统一中国、巩固边疆的过程中，清朝统治者进一步采用怀柔安抚蒙古诸部的策略措施。康熙二十九年（1690），清军在乌兰布通（今内蒙古克什克腾旗境内）大败准噶尔部噶尔丹势力。次年五月，康熙帝亲赴多伦诺尔草原，召见、宴赏漠北喀尔喀蒙古三部首领和哲布尊丹巴活佛，以及蒙古四十八旗王公，共谋北部边疆安定，商讨国家统一大计，史称“多伦会盟”。在举行会盟期间，通过与蒙古各部首领的会谈，康熙帝确立了新的筹边安边的战略思想。在他离开多伦诺尔回京途中，对扈从近臣就修筑长城和抚绥喀尔喀蒙古谈了自己的看法：“昔秦兴土石之工，修筑长城。我朝施恩于喀尔喀①，使之防备朔方，较长城更为坚固。”②

康熙三十五年（1696），古北口总兵蔡元因古北口一带长城倾塌甚多奏请修筑时，康熙帝不仅未予批准，而且借机批评了蔡元，进一步阐发了他关于不修长城的思想主张：“蔡元所奏未谙事宜。帝王治天下，自有本原，不专恃险阻。秦筑长城以来，汉、唐、宋亦常修理，其时岂无边患。明末我太祖③统大兵长驱直入，诸路瓦解，皆莫敢当。可见守国之道，惟在修德安民。民心悦则邦本得，而边境自固，所谓众志成城者是也。如古北、喜峰口一带，朕皆巡阅，概多损坏，今欲修之，兴工劳役，岂能无害百姓。且长城延袤数千里，养兵几何方能分守？蔡元见未及此，其言甚属无益，谕九卿④知之。”⑤

康熙帝的前后两段话，集中反映了他对以长城设防的认识，也反映了他的新的治边思想。概括而言，这就是“不专恃险阻”和“修德安民”，即强调要把实现边疆安全和国家安定的重心，放在“修德”而不是放在“修

① 喀尔喀：清代漠北蒙古诸部名称。明代驻牧分布于喀尔喀河流域，故而得名。共十二部，其中内喀尔喀五部，外喀尔喀七部。内五部清初编为四部五旗，属内扎萨克（内蒙古）。外七部清初并为四部八十六旗，属外扎萨克（今蒙古国杜尔格湖以东、木伦河以南地区），仍袭用喀尔喀蒙古称呼。

② 《清圣祖实录》卷一五一。

③ 太祖：即清太祖努尔哈赤。

④ 九卿：官名合称。清代通常以六部尚书、理藩院尚书、都察院左都御史、大理寺卿为大九卿；以宗人府丞、詹事、太常寺卿、太仆寺卿、光禄寺卿、鸿胪寺卿、国子监祭酒、顺天府尹、左右春坊庶子为小九卿。

⑤ 《清圣祖实录》卷一五一。

城”上，通过对边疆少数民族的统一和安抚，使其归心向顺，从而成为边疆的屏藩，在边疆筑起一道真正的长城。这种以少数民族为捍卫边疆的主要力量的思想，充分体现了康熙帝的雄韬大略和远见卓识。应该说，康熙帝的这一思想顺应了统一多民族国家的历史发展趋势，不仅是对传统观念的否定，更是对中国古代治边思想的一大贡献。后来乾隆帝在评价这一思想时称誉说：“自秦人北筑长城，畏其南下，防之愈严，则隔绝愈甚，不知来之乃所以安之。我朝家法，中外一体……恩益深而情亦联，实良法美意，超越千古云。”①

更为重要的是，康熙帝的治边思想被其后的统治者们所继承，成为清代治边政策的指导原则。清朝统治者通过制定“年班”“围班”的朝觐制度，以及封爵授衔、优恤赏赐、扶植宗教等手段措施，密切了与边疆各民族上层贵族的关系，联络了感情，增强了其政治向心力。尤其是蒙古族，清朝统治者不仅用封爵、赏赐对蒙古贵族施以笼络，而且采取满蒙世代联姻的制度和做法，用血统关系维系政治联盟，使蒙古成为清朝统治全国的一支重要力量，不仅彻底解决了历代一直没能解决的北方游牧民族侵扰中原政权这一重大难题，而且真正变其为北边不设防的“长城”。清朝前期，喀尔喀蒙古在抵御沙俄对我国北方边疆的侵略、巩固边防和维护国家统一方面，做出了积极的历史贡献。这充分说明，以德化之、人心归附的边疆民族，是有生命力、有向心力的“万里长城”，其坚固程度要远胜以土石堆成的没有生命的长城。清朝“不设边防，以蒙古部落为之屏藩”的战略方针的实施是非常成功的，胜过了以往的各个王朝。

二、康熙论抗击沙俄

沙皇俄国从明朝末年开始侵略我国黑龙江流域，到康熙初年，已经在

① 《热河志》卷二十清高宗《出古北口》。

黑龙江地区建立了尼布楚、雅克萨等重要据点，在此建筑村落，移民垦殖，不断向黑龙江中下游蚕食推进，并煽动中国边境地区各族人民叛逃沙俄境内。

沙俄侵略者的行为引起了清政府的警觉，康熙帝在平定三藩之乱、统一台湾后，立即把注意力转向北方。在对东北边防进行实地考察后，他清楚地意识到，沙俄侵略者盘踞雅克萨等据点四出扩张，是对中国边境安全的严重威胁。特别是雅克萨距离清朝“发祥之地甚近，不速加翦除，恐边徼之民，不获宁息”①，因此定下了以武力驱逐侵略者、收复雅克萨的决策。通过两次对雅克萨用兵，最终迫使沙俄政府同意中方提出的派使谈判、划分中俄东段边界的和平建议。康熙二十八年，中俄使团在尼布楚正式举行边界谈判。

以领侍卫内大臣索额图和都统、一等公佟国纲为首的清方使团出发前，康熙帝亲自召见他们，以发布谕旨的形式专门就谈判事宜进行指示，向他们交代了谈判的基本原则和需坚持的严正立场。②这篇上谕集中反映了康熙帝对国家安全隐患及可能导致的严重后果的战略预见和思考，也体现了其坚决维护国家主权和领土完整的意识和思想。他首先回顾了中俄两国交恶的历史，指出根源在于对方侵占我边境领土，扰害当地居民，收纳我叛逃之人。其次，分析强调了黑龙江流域的重要地位，并旗帜鲜明指出俄方占据的尼布楚、雅克萨等地方，以及黑龙江上下和通此江的一河一溪，都是中国鄂伦春、达斡尔等族人民居住的土地，属于中国的领土，丝毫不能给俄国。最后，强调必须在平等的基础上签订和约，划定两国疆界，建立正常的外交和通商关系。

在与沙俄侵略者的斗争中，康熙帝最早提出边界的概念。他深深认识到边界对于维护国家安全的重要性，萌生了国家主权和领土完整的思想。在两次雅克萨自卫反击战前后，他多次明确表示中国的主权和领土完整不

---

①　《清圣祖实录》卷一二一。
②　参见《清圣祖实录》卷一三五。

容侵犯，并声称不惜以武力加以捍卫。同时也认为中俄两国的边界必须加以明确划定，区分清楚，两国之间的关系应该是各居疆土，互不侵犯，彼此贸易遣使，和睦相处，这是至关重要的事情。

鉴于清朝以往在边境上未部署常备的军事力量，导致沙俄侵略者屡次卷土重来的历史教训，康熙帝还深谋远虑地作出了在黑龙江地区筑城永戍、派兵常驻的战略决策，以加强充实边防，抵御沙俄的入侵，从而长久地确保北部边疆的安全。他对大臣说，“若黑龙江我兵不行永戍，自松花江、黑龙江以外，所居民人，皆非我有矣。……务期为久远充裕之计”①。再三强调在边境地区驻兵长期守卫的必要性和重要性。正是由于康熙帝的高瞻远瞩和运筹帷幄，周密准备，军民齐心配合，最终取得了抗击沙俄侵略者的胜利。

后来在尼布楚边界谈判会议上，索额图等秉承康熙帝的旨意，据理驳斥了俄国代表提出的以黑龙江至海为界的无理要求，明确阐述了中国对黑龙江流域拥有主权的立场，最终与对方签订了中国历史上第一个具有国际法律效力的边界条约——《中俄尼布楚条约》。条约的签订，从法律上肯定了黑龙江流域和乌苏里江流域的广大地区都是中国领土，明确划分了中俄两国东段边界，遏止了沙俄对中国黑龙江流域的继续入侵，使东北边疆获得了比较长久的安宁。

三、施琅论克平台湾

郑成功从荷兰侵略者手中收复台湾后不久去世，其子郑经继立，虽然仍旧坚持抗清，但其根本目的已发生改变。反清复明目标渐失，而分裂割据、自成一国的意图却越来越明显。郑经曾宣称台湾“远在海外，非属版图之中”，自己在台湾的“万世之基已立于不拔”②。从康熙元年（1662）起，

① 《清圣祖实录》卷一三一。
② 《康熙统一台湾档案史料选辑》，福建人民出版社1983年版，第70页。

清廷与台湾郑氏集团多次展开和谈。但郑经试图援引朝鲜之例使台湾成为清朝的藩属国，从中国的版图中分裂出去，双方的和谈皆以失败告终。

施琅（1621—1696），原名郎，字尊侯，号琢公，福建晋江（今泉州）人。初为郑成功部将，后降清，历任副将、总兵、福建水师提督等职。康熙初年，针对台湾郑氏势力割据分裂渐趋严重之势，施琅多次上疏请求尽快统一台湾。[①]康熙六年（1667）施琅上《边患宜靖疏》，明确提出如果招抚不成功，就必须以武力平定台湾。他在奏疏中分析了敌我情势：台湾不仅沃野千里，粮食不会匮乏，更重要的是，郑氏势力进踞台湾后，凭借海上贸易，一切军需、被服等物资都应有尽有，并且此地林木丛深，便于造船。如果现在不加以平定，将来清军水师船只久坏再造，势必耗费财力；而熟习水性的人遣散了之后，再召募未必能得其人。他指出：如果让郑氏集团长期在台盘踞，休养生息，无异于“养痈为患”。因此坚决主张渡海征讨，以杜绝后患。

次年，施琅又上《尽陈所见疏》，再次表达了克平台湾的必要性。他从统一台湾对国家的重要意义出发，认为“东南膏腴田园及所产渔盐，最为财赋之薮，可资中国之润”；他还颇具远见地指出，“郑成功其子有十，迟之数年，长成群强，假有一二机觉才能，收拾党类，结连外国，联络土番耕民，羽翼复张，终为后患”，特别是其一旦勾结外国势力，将后患无穷，因此必须早日予以讨平。

施琅还提出了“剿抚并用，因剿寓抚，以战逼和”的平台战略方针。主张先攻克澎湖，消灭郑军主力，然后遣使赴台先宣朝廷德意，争取以政治手段统一台湾本岛。如果郑氏集团还是“顽梗不悔”，则用武力攻克台湾。施琅还将他几年来努力招兵、练兵、筹饷、造船、制器的情况，一一奏闻康熙帝。

康熙帝在听了施琅这些分析透彻、谋划深远的意见和建议后，深为所动。但是，此时康熙帝刚刚亲政，朝政大权尚掌握在辅政大臣鳌拜之手。

① 参见《靖海纪事》卷上。

鳌拜力主对郑氏行招抚之计，大多数朝臣也认为渡海作战风涛莫测，难以取胜，主张以和谈解决台湾问题。康熙帝还考虑到稳定大陆内地统治秩序、恢复发展经济乃当务之急，攻台缺乏强大的水师和坚固的战舰，时机尚未成熟，因此施琅的建议没有被采纳，其本人也被撤去福建水师提督职务，奉调入京担任内大臣的闲职。直到康熙二十年（1681）解决了三藩问题后，康熙帝审时度势，认为平台时机完全成熟，才重新任命施琅为福建水师提督，肩负起统一台湾的重任。康熙二十二年（1683），施琅率清军从铜山誓师出征澎湖，并顺利攻克，消灭郑军刘国轩部主力，迫使郑经之子郑克塽奉表请降，最终完成了台湾与大陆的重新统一。

从当时历史形势来看，清王朝在逐步统一大陆后，已建立起一个空前规模的多民族的封建国家，人心向往和平安定，发展壮大已成为当时历史的主旋律。施琅力主武力平台，实现国家统一，顺应了历史潮流，其功绩是值得充分肯定的。他认识到统一台湾对于国家安全战略的重要性，将克平台湾作为屏障东南各省、防范外部势力入侵、维护海疆安宁的前提，反映了其高瞻远瞩的眼光。历史也证明，只有将台湾纳入祖国的版图，完成海峡两岸的统一，才能对付外部势力的入侵，巩固海防，维护沿海地区的安全与和平。

四、施琅论台湾弃留

清朝统一台湾后，关于台湾的弃留问题在统治集团内部引起很大的分歧和争论。不少王公大臣认为台湾乃是一块荒壤无用之地，“得其地不足以耕，得其人不足以臣”，主张迁其人而弃其地。有的大臣则认为，派兵驻守台湾要费兵糜饷，极不合算，主张只守澎湖，放弃台湾。连大力支持施琅克复台湾的大学士李光地起初也认为，“台湾隔在大洋以外，声息皆不相通”，可以“空其地任夷人居之，而纳款通贡，即为贺兰（荷兰）有亦听之”[1]。甚至康熙帝本人也曾一度认为台湾属海外地方，得与失对国家关系不大，一时弃台之声甚嚣尘上。在这种情况下，康熙帝下谕令众臣详议，以便综合各方意见决定台湾弃留。

深知台湾弃留事关东南沿海诸省安全的施琅，于康熙二十二年底单独上了《陈台湾弃留利害疏》，极力反对弃台。[2]他在奏疏中对台湾的弃留问题作了详尽的分析，首先指出了台湾在海防上的重要性：台湾虽远在海外，但“北连吴会，南接粤峤，延袤数千里，山川峻峭，港道迂回”，是国家东南的屏障，直接关系江、浙、闽、粤四省的安危，具有极其重要的战略地位。如果对台湾弃而不守，不但海盗会以此地为巢穴，扰乱沿海，更为严重的是会再被荷兰等外国势力侵占，他们以台湾为据点，威胁海疆，窥伺内地，东南沿海各省的安全将无法保证。

其次，施琅充分肯定了台湾的重要经济价值，从经济角度说明它对国家的重要作用。他认为台湾沃野千里，物产丰富，植被繁茂，各种日用品基本可以自给，“实肥饶之区，险阻之域”，是天赐的一块宝地，而绝非可有可无的荒壤无用之地，因此不能轻易放弃。

针对朝中一些庸臣关于弃台守澎的论调，施琅坚决表示反对，主张台澎一守兼之。他以多年驰骋东南海疆的经验指出，台、澎相互支撑，构成完整的海防体系，守澎必守台，反之亦然。况且澎湖的防御空间狭窄，其战略地位无法与台湾相比，如果弃台守澎，则澎湖不堪一击，是根本守不住的。因此，“守台湾即所以固澎湖，必须联为臂指，各相犄角，声气关通，应援易及，可以宁息”，即必须将台湾、澎湖作为一个整体来守卫，这样才能达到确保东南沿海安全的目的。

施琅充分认识台湾是抵御西方殖民者侵略的重要屏障和基地。他指出：台湾曾被荷兰侵占过，对方无时不在伺机准备重新占据这个地方，如果放弃台湾，就等于拱手送给了西方殖民者，他们有了这个富饶的地方作

---

① （清）李光地:《榕村语录续集》卷十一。
② 《清经世文编》卷八十四《兵政十五 · 海防中》。参见《台湾外纪》卷三〇。

为立足点，联合勾结海盗及不服从朝廷的乱民，东南海疆就将会永无宁日。故而强调指出绝对不可以放弃，而必须留守台湾，严密防范西方殖民者的入侵。

在施琅的据理力争下，康熙帝最终决定留守台湾，并按照施琅的建议在台、澎驻扎军队，同时设府置县，进行治理。这是一项重大的战略举措，意义十分深远。从此，台湾正式成为中国行政区划的一部分，从政治上进一步确定了大陆与台湾之间不可分割的隶属关系。

在台湾长期驻兵守卫的举措，从军事上确保了台湾和大陆沿海地区的安全，使台湾地区不再遭受西方殖民者的入侵。台湾以其优越的地理位置被西方殖民者视为进行海上贸易和扩张行动的必争之地，成为其垂涎的对象。清政府在台湾建立起有效的行政管辖机构，部署了常驻的防御力量，以大陆雄厚的实力作为后盾，使台湾地区和大陆形成一个防御整体，不仅使台湾的安全得到了根本保障，而且大大巩固和加强了我国东南地区的海防，有力地捍卫了东南海疆的安全。自从清政府统一台湾，在台湾建府设防后，一直到鸦片战争前的一百五十多年内，西方殖民者再也未敢对我国东南沿海地区及岛屿发动大规模的入侵，东南沿海地区也由此获得了较安定的和平发展时期。

五、乾隆平定和治理新疆

新疆自古就是多民族活动的区域。历史发展到明朝晚期，厄鲁特蒙古和维吾尔族成为新疆最主要的两个民族。厄鲁特蒙古活动于北疆，维吾尔族主要居住于南疆。

当时，蒙古族形成了喀尔喀、察哈尔、厄鲁特（又称卫拉特）三大部分，喀尔喀游牧于今蒙古国至贝加尔湖地区，又称漠北蒙古；察哈尔游牧于今内蒙古地区，又称漠南蒙古；厄鲁特自阿尔泰山之东的科布多草原逐渐西进，游牧于天山以北和伊犁河流域，又称漠西蒙古。明末清初，厄鲁特蒙古中的准噶尔部崛起，力量日益强大，至清康熙时，其首领噶尔丹大肆扩张，控制了整个新疆以及新疆地区的各民族，将军政中心设于伊犁河谷，挥兵东向，对清朝构成严重安全威胁。从噶尔丹开始，历康、雍、乾三朝，准噶尔部几代统治者为实现分裂割据野心，多次发动叛乱战争。其战略指向：（1）出阿尔泰征服漠北喀尔喀蒙古，进而控制漠南察哈尔蒙古，为北方之君长，与清朝分庭抗礼；伺机南下，威逼北京，谋取中原。（2）由南疆侵袭西藏，企图控制达赖喇嘛，号令蒙、藏。

这时正值沙俄大力东侵之际。准噶尔进攻喀尔喀蒙古与沙俄进犯贝加尔湖以东地区，密切配合，互相借用，对喀尔喀蒙古形成夹击之势。噶尔丹为实现其野心，甚至向沙俄提出了“并肩作战”的请求，并得到了沙俄军队的协助。因此，准噶尔的扩张，不仅具有北方游牧武装集团威胁中原的传统因素，而且与沙俄侵略、分裂中国领土这一新威胁密切相关。

准噶尔部的分裂叛乱活动，使清初统治者认识到，新疆问题主要就是准噶尔问题，不解决准噶尔问题，包括新疆、蒙古、西藏、青海的整个北部和西北部边疆就会有全局失控的危险。经过康、雍、乾三朝的长期努力，在乾隆二十年至二十四年（1755—1759），清朝终于平定了准噶尔部以及原先依附于准噶尔的蒙古辉特部阿睦尔撒纳和南疆维吾尔贵族大小和卓的叛乱，统一了新疆。为了防止准噶尔分裂势力死灰复燃，保持西北边疆的安定，乾隆确立了以控防北疆为重点的治疆方略。在这一战略中，有效控制准噶尔部的根据地——北疆地区，是重心所在。为此，清朝在新疆实行军府制，在天山北路设伊犁将军，总理新疆军政，着重控防北疆；在北疆各战略要地派驻重兵戍防；对准噶尔残部分而治之；同时在北疆地区实行移民实边，大兴屯田，使北疆逐步走上民族融合之路。

在乾隆时期，清朝就逐渐将驻北疆部队由传统的轮替驻守大部改为携眷永久驻防，从内地和东北陆续调来的各族官兵及其大量家眷，落地生根，屯田垦荒，起到了移民实边的作用。如乾隆二十七年（1762）后，将原驻甘肃、黑龙江、张家口的满洲兵和蒙古兵（索伦营、察哈尔营）共计五千二百名并其眷属将近两万人陆续调至伊犁永久驻防。乾隆二十九年

（1764），从盛京（今沈阳）抽调锡伯族官兵1016人连同家眷共3164人至伊犁永久驻防。入疆的锡伯部屯田垦荒，兴修水利，发展农业，人口日渐繁衍，成为开发新疆的典范。入疆的绿营汉兵至乾隆四十三年也大部改为携眷永驻，成为军队屯田的主力。同时，清朝还开放嘉峪关，允许内地人到北疆开荒屯田、做生意，朝廷并招募内地民户至北疆屯垦。随着时间推移，民屯日益发展，逐渐成为新疆屯垦、发展农业的主要形式。迁移入疆的汉族农民开荒耕种，久而久之，在天山以北出现了许多新的农业村落。乾隆三十七年，陕西巡抚文绶奉命入疆赏赐土尔扈特部，途经哈密、巴里坤、乌鲁木齐等地，看到这些地方屯田的人民生齿繁衍，景象和平安定。经过此后100来年的演变，在以天山北路为主的北疆地区形成了内地移民人口占主体，汉、满、蒙各族互相融合的局面，准噶尔势力被完全消解，准噶尔一部独大、为患西北的问题得到了彻底解决。

明末清初，维吾尔族主要居住于南疆地区，信奉伊斯兰教。清朝称伊斯兰教为“回教”，称维吾尔族为“回部”，并称南疆为“回疆”。准噶尔崛起后，征服了新疆各族，南疆维吾尔族也依附于准噶尔。乾隆平定准噶尔时，有意识对依附于准噶尔的其他新疆各族包括维吾尔族采取了区别对待、安抚争取的政策，只要归顺朝廷，就予以优待。乾隆二十二年（1757），维吾尔贵族大小和卓步准噶尔后尘在南疆发动反清叛乱，企图“窃据回疆以自雄”，清朝发兵予以平定后，对整个维吾尔族继续保持了抚绥之策。但清初治疆重北疆而轻南疆，为防范维吾尔族和汉族联合反清，对南疆实行封禁，迟滞了南疆的开放和发展，是一大失误。

六、乾隆论反击廓尔喀

乾隆三十三年（1768），廓尔喀部沙阿家族的普里维·纳拉扬统一尼泊尔之后，推行对外扩张的政策，对与之毗邻、地广人稀的西藏早有觊觎之心。乾隆五十三年（1788），廓尔喀在六世班禅之弟沙玛尔巴的怂恿挑拨下，以贸易纠纷为借口，派军从聂拉木侵入西藏。西藏地方僧俗官员和驻藏大臣巴忠等畏惧敌人，急于平息事态，与廓尔喀私订和约，许岁币银一万五千两，廓尔喀遂退兵。乾隆五十六年七月，廓尔喀在沙玛尔巴的挑唆下，借口西藏地方政府没有缴纳岁币，再度派兵从聂拉木大举进攻西藏。八月，攻占扎什伦布寺，纵兵抢掠。

对于廓尔喀的入侵，乾隆帝从一开始就定下了以武力抗击的方针，认为“贼既侵犯天朝边界，若不加之惩创，何以安番众而靖边圉”，因此一面檄谕廓尔喀退兵，一面调兵遣将增援。但没想到巴忠等违背旨意，私自与敌议和，反而谎奏报捷，称廓尔喀“震慑天威”“畏罪输诚”。乾隆帝被蒙蔽，以为廓尔喀真的是畏罪乞降。直到廓尔喀第二次侵入西藏，巴忠等“许银赎地”的行径败露，他才了解到事实真相。鉴于廓尔喀不断扩大侵略，乾隆帝决心大张挞伐，以确保边疆的安全和稳定，他命福康安为将军，海兰察为参赞大臣，调索伦兵、金川土屯兵数千人，进军西藏。

然而，对廓尔喀的武力征讨却招致了一些反对的声音，个别大臣不以维护国家安全的大事为重，竟然迂腐愚昧地认为“不应劳师动众，以致雨泽愆期”，将久旱不雨的天灾归咎于这次用兵。为此，乾隆帝特颁上谕，驳斥了这种谬识，也回击了对他用兵是想开疆拓地的猜疑，阐述了必须使用武力的原因，即如果不以武力反击，苟且了事，势必助长敌人的侵略气焰和野心，使之得寸进尺，危及整个西藏地区，成为边疆的祸患。乾隆帝说：“贼匪等竟敢扰至扎什伦布，肆行抢劫，若不痛加歼戮，贼匪无所忌惮，势必为得尺则尺之计，渐至侵及前藏，即察木多、巴塘、里塘一带，亦必受其煽惑，日久渐成边患。且此时仅以和息了事，将来大兵撤后，倘贼匪复来滋事，后藏距川省辽远，鞭长莫及，断无屡劳兵力，远涉剿办之理。是以特命福康安、海兰察等统兵前往，声罪致讨，无非为绥靖边圉，保护卫藏起见。朕临御以来，拓土开疆，肤功屡奏。以廓尔喀之蕞尔弹丸，不及回准二部、两金川、缅甸、安南百分之一，岂屑利其土地，而为此劳师动众之举。此朕不得已用兵之苦心，又宜为天下臣民所共谅者。”[①]

福康安等人执行了乾隆帝的谕旨，在济咙、热索桥、协布噜、东觉岭等地连败廓尔喀军，收复失地，并追击深入廓尔喀境内。廓尔喀虽然阻止了清军的进攻，但在大军压境之下，深感国都危险，于是遣使乞降。乾隆帝也以实际行动证明自己这次用兵的真正用意并不在贪图对方的土地，授意福康安接受廓尔喀的请降，立即撤军。至此，廓尔喀战事结束。

乾隆帝在战后总结经验教训时说："远徼外夷，偶有跳梁不靖，必得痛加惩创，使之中心畏惧，然后受其归降，始能久而不变。"[②]再次强调用武力抗击外敌入侵、绥靖边疆以及维护国家主权和领土完整的必要性。事实证明，乾隆帝的想法与决策是十分英明的。如果不是乾隆帝派兵反击入侵之敌，连战连捷，犁庭扫穴，廓尔喀是不会真正谢罪乞降的。而正是取得了反击廓尔喀入侵战争的胜利，廓尔喀与西藏边疆地区之间才在其后出现了60余年的和平局面。

在清代皇帝中，乾隆帝与乃祖康熙帝一样，也是疆域观念和主权意识十分强烈的君主。这种观念和意识，在其与外国交往中表现得尤其明显。他曾说："夫开边黩武，朕所不为，而祖宗所有疆宇，不敢少亏尺寸。"[③]在主权与领土问题上，一方面要与邻国友好相处，另一方面坚持寸土不让。主张中国"既不无理强取他国之寸土，亦决不无故轻让我寸土于人"[④]。如乾隆三十六年（1771）土尔扈特蒙古回归祖国后，沙俄政府行文清朝，指责其"不当收留"，声称如果收留的话将可能"兵戈不息，人无宁居"。乾隆帝令理藩院回书严词驳斥，指出这是中国内部的事务，外国无权干涉，毫不示弱地回应了沙俄的武力威胁，"或以兵戈，或守和好，我天朝惟视尔之自取而已"[⑤]。明确表示为了维护国家的主权，不惧诉诸武力。

在乾隆帝看来，虽然动用武力不是件好事，轻易不要发动战争，但若

① 《清高宗实录》卷一四〇三。
② （清）方略馆：《钦定廓尔喀纪略》卷首二。
③ 《清高宗实录》卷三七七。
④ 《清代中俄关系档案史料选编》第一编下册，中华书局1981年版，第501页。
⑤ 《清高宗实录》卷九一四。

"非师旅征伐，则梗我王化者，无以詟伏惩创"[①]，也就是说，不使用武力就无法维护国家的安定、统一和完整，就不得不使用武力。只要战争有利于国家的安定、统一、领土和主权完整，就必须打，而且一定要取胜。他在晚年亲撰的《十全记》里，以唐太宗对待东突厥的策略和清朝反击廓尔喀入侵取得的胜利为例，得出结论："乃知守中国者，不可徒言偃武修文，以自示弱也。彼偃武修文之不已，必致弃其故有而不能守，是亦不可不知耳。"[②]乾隆帝的这一思想十分可贵。只有拥有强大的国防力量，以军事威慑力为坚强后盾，展示出敢打必胜的决心和信心，国家的统一和安定才能得到维护。

七、乾隆斥拒马戛尔尼使团

乾隆五十八年（1793），英国派出由马戛尔尼勋爵率领的庞大使团，以向乾隆帝祝寿为名出使清朝。这是中英之间第一次正式的国家间交往。英国使团访华的真正目的，是打破清廷对外商的种种限制，要求清廷改变对外政策，为本国商品打开中国市场进行一次尝试，并带有炫耀资本主义实力和文明、强行开拓殖民利益的意图。马戛尔尼在热河觐见乾隆帝返回北京后，向清廷提出了六项要求：（1）开放舟山、宁波、天津诸港；（2）在北京设立商馆；（3）拨给舟山附近小岛一处，以便英商停歇和收存货物；（4）拨给广东省城一处，以便英人居住或准许澳门居住之人出入自便；（5）允许英商自广东下澳门由内河行走，货物不上税或少上税；（6）请公开确定船只关税条例，照例上税。

对英国使团提出这六条要求的真正用意，乾隆帝自然能察觉得到。为此，他特地给英国国王颁写了两道敕谕，对对方的要求逐条进行了驳斥，重申清廷对外限制的政策不会改变，强调指出上述要求与清朝体制不合，不便允行。对于英使提出的拨给舟山附近小岛一处使用的要求，乾隆帝明

① 《清高宗实录》卷五九九。
② 《清高宗实录》卷一四一四。

确予以了拒绝，同时义正词严地指出："天朝尺土俱归版籍，疆址森然，即岛屿沙洲亦必划界分疆，各有专属。"[①]表明了领土疆域即使是"尺土"，也是神圣不可侵犯的高度主权意识。体现了乾隆帝保卫海疆、捍卫国家领土完整、坚决抵制外来侵略的决心。在拒绝英使要求后，乾隆帝即催令使团迅速回国，并传谕沿途官员严加防范，以防英国人滋事。

毋庸置疑，作为封建帝王的乾隆帝具有强烈的主权意识，拒绝英使的非分无理要求，抵制外国势力的侵略，维护国家领土的完整，这是值得充分肯定的。但他对外部世界毫不了解，对英国的崛起、资本主义及国际贸易的迅速发展等世界格局中正在发生的巨大变化茫然无知，仍以"天朝上国"自居，盲目自大，把英使当作贡使，对其携带的礼品所体现出的先进科学技术和西方文明不屑一顾；特别是面对西方殖民主义袭来的挑战，只是被动采取闭关锁国的"鸵鸟政策"，而未能从长远考虑任何积极应对的措施，是愚昧落后的。

就英国使团提出的具体要求而言，要求拨给他们舟山、广东一块土地，这是涉及国家领土主权的问题，应该毫不含糊、断然拒绝。免税减税的要求也不合国际通例，不能允准也是完全正确的。至于多口通商、在北京设立英国洋行和使馆等，仅就要求本身来看，似乎也并不过分，只要遵循对等原则，对双方都有利，不应一律拒绝。

马戛尔尼使团访华最终宣告失败，中国也就此丧失了一次与西方先进资本主义国家深入接触交流、开阔视野、认识世界的大好机会。乾隆帝及其后的嘉庆帝、道光帝等清朝统治者，始终抱着闭关锁国的保守思想和政策，故步自封，拒绝认识世界的新变化，拒绝学习西方先进的科学技术，结果在短短几十年时间里，就被西方国家远远甩在后面，为后来中国遭受外侮埋下了伏笔。不到半个世纪，鸦片战争爆发，中国的大门在西方殖民国家的坚船利炮下被迫打开。

① 《清高宗实录》卷一四三五。

八、魏源论“师夷长技以制夷”

1840年鸦片战争使中国国门被迫打开，而割地赔款的事实也让“天朝上国”颜面扫地。但是怀着恐惧心理的清朝统治者，却并没有从失败中获得教训，他们拒绝以真实的视角来看待入侵者，仍然以“华尊夷卑”“夷夏之防”的陈旧观点来自欺欺人。当时绝大多数中国人并没有理解到其后果的严重性，更认识不到这是一个大变局的开始。这种严峻的现实，使晚清思想家魏源[①]深受触动，开始进行了认真的反思，最终提出了具有深远影响的“师夷长技以制夷”的战略思想。

鸦片战争中魏源曾两次到过浙江前线，对于西方的坚船利炮有着较多直观认识。在不断的反思中，魏源逐渐形成了制夷—悉夷—师夷的思想路径。道光二十二年（1842），魏源受林则徐所托，将其所译《四洲志》扩编成《海国图志》。《海国图志》是一本系统介绍南洋、欧美各国历史和地理的书，是近代初期中国编撰的最详细的一部介绍世情的巨著，也是介绍、传播西方先进科学技术，特别是关于战舰和火器生产技术的著作。魏源在书的序言中根据林则徐“师敌之长技以制敌”的思想，明确提出“师夷之长技以制夷”的著名主张。这一主张已经走出了狭隘的思维范畴，将视角延伸到整个中华民族与西方列强的矛盾中，并具有从世界的和历史的高度思考问题的意识，是对当时时代主题的回答，也第一次给近代中国指出了学习西方、自强御侮的方向。这无疑具有划时代的启蒙意义。

魏源认为晚清中国所面临的敌人，已经不同于历史上的任何一次蛮夷入侵，而是在各方面都远远超乎中国之上的西方资本主义列强。几千年的历史提供不了现成答案，传统的“文死谏，武死战”也解决不了问题，真正的爱国主义已不再仅仅是岳飞式的“精忠报国”，还应包括对国家命运的深深担

---

① （清）魏源（1794—1857），原名远达，字默深，湖南邵阳人。一生强调经世治用之学，著有《圣武记》《海国图志》等。

忧，对救国良策的苦苦追寻。在他看来，既然对手超过自己，就应该毫不犹豫地向其学习，师其长技。只有承认己之不足，向西方学习才能由弱转强，进而战胜和制止西方列强的侵略。在当时“中外大防”“华夷之辨”仍甚嚣尘上的历史氛围下，魏源以对国家、民族高度的使命感和责任感，独树一帜地提出了“师夷”的思想主张，显示了其远大的战略眼光和非凡的胆识。

魏源还认为要“师夷”，必须先去除人民心中的积患，即昏庸无知和虚浮不实之风，只有将当时人们落后、愚昧、陈旧的思想观念清除掉，人们才能够以一种正常的眼光来看待西方，才能明白西方的优长到底在哪里。这种“以治内为治外”的思想也是很有见地的。

魏源“师夷长技以制夷”的思想，为救亡图存、抵御外侮、维护国家安全提出了现实可行的思路，对后世也产生了积极深远的影响。后来的洋务派倡导以学习西方军事技术为中心，开展创办军事工业、“自强求富”的洋务运动，在一定程度上带动了中国军事、经济诸方面向近代化迈进的步伐，而确立这一运动思想基础的，正是魏源“师夷长技以制夷”的主张。

第九讲
地理环境对中国古代国防态势的影响

汉元帝竟宁元年，王昭君出使匈奴，与呼韩邪单于和亲，汉匈关系进一步缓和。呼韩邪单于甚至还上书汉元帝愿意保卫“上谷以西至敦煌”一带的边防安全，汉朝从此可以省去北部边境的驻军，以与民众休养生息。廷议之时，朝中群臣皆以为此议甚好，只有郎中侯应坚决反对撤除边备。他说：

周秦以来，匈奴暴桀，寇侵边境，汉兴，尤被其害。臣闻北边塞至辽东，外有阴山，东西千餘里，草木茂盛，多禽兽，本冒顿单于依阻其中，治作弓矢，来出为寇，是其苑囿也。至孝武世，出师征伐，斥夺此地，攘之于幕北。建塞徼，起亭隧，筑外城，设屯戍，以守之，然后边境得用少安。幕北地平，少草木，多大沙，匈奴来寇，少所蔽隐，从塞以南，径深山谷，往来差难。边长老言匈奴失阴山之后，过之未尝不哭也。如罢备塞戍卒，示夷狄之大利，不可一也。①

侯应认为当时汉朝的北部边塞防线对于维系国家安全至关重要，秦始皇统一六国后曾派蒙恬北逐匈奴于阴山以北，后又沿此一线修筑长城以防止匈奴南下。秦末汉初，中原大乱，匈奴冒顿单于乘机南下长城之内，占领水草丰美的河套地区，并由此给西汉前期的国防安全造成了极大的威胁。直到汉武帝时期，随着国力军力的强盛，才重新夺回河套地区，并大规模移民于此，修筑边城，设立屯戍，构筑起一条相对完整的北部防线。

秦汉时期北部边防体系的形成与地理环境有着重要的联系，侯应在“论不罢边防说”中不仅提到了阴山的重要性，同时也注意到漠南、漠北在地理环境上的巨大差异。他指出，漠北“地平，少草木，多大沙”，而漠南

① 《汉书·匈奴传》。

则是“草木茂盛，多禽兽”。漠南、漠北在自然地理景观上的分界线其实也与400毫米等降水量线大致吻合，降水量的差异导致了漠南和漠北分属半湿润区和半干旱区，而以农耕文化立国的秦汉王朝自然也将长城修筑在这条线上以守护农业区不被游牧民族所侵扰。

地理环境是人类赖以生存和发展的基础，对于人类社会的发展有着巨大的影响力。法国著名历史学家布洛代尔在巨著《菲利普二世时代的地中海和地中海世界》中致力于“通过空间和时间展示一种演变缓慢而又能揭示永恒价值的历史”，其中他特别强调地理环境的重要性，认为“地理能够帮助人们重新找到最缓慢的结构性的真实事物，并且帮助人们根据最长时段的流逝路线展望未来”[①]。

中国的历史进程与所处的地理环境密切相关，尤其值得注意的是东亚地区独特的地理环境对中国历代王朝国防战略的形成有着深远的影响。正所谓“国之大事，在祀与戎”，古人很早就认识到国防军事对于社稷存亡的重要性。地理环境对历史的影响是长时段的，纵观中国古代历史，在统一多民族国家形成的过程中，国防战略格局经历了几次大的转变，也随之形成了一些相对稳定的国防战略思想，这些先贤的智慧结晶对于今天我们维护国家的安全依然具有十分重要的借鉴意义。

一、中国的自然地理与古代区域社会划分

人类历史其实也可以说是一部人与自然的关系史，在人类社会发展的早期，地理环境在某种程度上对于历史进程起到了决定性的作用，譬如最古老的四大文明都诞生于北半球相对适宜农业生产的大河流域平原地区。随着人类社会的不断发展，尤其是技术的进步，人类开始利用自然，甚至是改造自然，但地理环境对人类社会的影响依然不容忽视。

① 〔法〕费尔南·布罗代尔：《菲利普二世时代的地中海和地中海世界》，唐家龙、曾培耿等译，吴模信校，商务印书馆 1996 年版，第 19 页。

中华文明最早起源于黄河流域，此后不断整合东亚地区的政治文明势力，最终在清朝中叶大致形成了今天统一多民族国家的基本格局。中国的版图在地势上从西而东可分为三级阶梯，其中青藏高原为第一级阶梯，大兴安岭、太行山、雪峰山一线西侧除青藏高原外的区域为第二级阶梯，该线东侧区域为第三级阶梯。第二级阶梯主要包括蒙古高原、黄土高原、四川盆地、云贵高原以及新疆的准噶尔盆地和塔里木盆地；第三级阶梯则由东北平原、华北平原、长江中下游平原和东南丘陵所组成。

整体而言中国的地势呈西高东低之势，孕育中华文明的主要河流也基本上自西向东汇入大海。从东南沿海而来的东亚季风与中国独特的地势相遇又造就了不同的气候类型，大致可分为季风区和非季风区，二者的分界线与400毫米等降水量线基本相符。季风区主要位于第三级阶梯和除蒙古高原和新疆之外的第二级阶梯，由于受到季风的影响，降水量相对丰富，属于湿润地区，适宜于农业生产。非季风区主要位于第一级阶梯和第二级阶梯中的蒙古高原和新疆地区，其中青藏高原由于海拔较高，属于高寒地区；蒙古高原和新疆地区则因深处内陆难以受到季风影响，属于干旱地区。在相同自然地理区域生活的人往往会具有较多的共性，并由此形成了相对独特的区域社会，甚至组成不同的政权。秦汉以来中国大致可分为六个不同的区域社会板块。

（一）中原农耕区

长城以南，青藏高原、云贵高原以东的区域是中国最适宜农耕的区域，也是早期中华文明的诞生地。这里地势相对平坦，尤其是华北平原和长江中下游平原较为适宜农业生产，黄土高原也便于发展旱作农业，同时东南地区的低山丘陵可以开辟为梯田，而以成都平原为中心的四川盆地也是重要的农耕区。整个中原农耕区在气候上主要以秦岭—淮河为界分为北方温带季风区和南方亚热带季风区，由于各地的高温季节同时也是受季风影响的多雨季节，水热同期的特点加上较好的土地资源，对于农作物的生长十分有利。另外，黄河、长江、珠江等大河流域密布的干支流水网体系，为农业灌溉提供了便利的水源，再加上水利工程的不断兴建，其中一些重要的平原地区逐渐成为中国古代中原王朝的基本经济区，对于维系整个国家的运转至关重要。①

自秦统一之后，中原农耕区的地域便大致稳定下来，形成了一个以汉族为主体、农耕为主要生产方式的区域社会。同时，在政治上为了配合统一中央集权国家的统治，主要实行以郡县制为代表的地方管理模式。随着王朝国家对于版图内地方治理的深入演进，郡县治理体系也不断完善，从核心区扩展到边缘区，甚至后来还将是否创设县治作为地方开发成熟与否的重要标志。②总之，中原农耕区是中国历代王朝的核心区域，也是统一多民族国家的政治、经济、文化重心所在之地。

（二）北方游牧区

在长城以北，大兴安岭以西的蒙古高原为北方游牧区。蒙古高原位于距海较远的亚洲内陆，同时四周又被山岭环抱，难以受到东亚季风的影响，年降水量大多在150~250毫米，为温带大陆性的干旱气候区。由于受到亚洲大陆中心地带低压的影响较大，蒙古高原的冬季漫长而寒冷。该区平均海拔在1500米左右，主要由草原、沙漠、戈壁等地貌组成。

整个蒙古高原的降水、气温和地貌情况都不适宜于农业耕作的发展。不过，相对辽阔的温带草原却为畜牧业的发展提供了便利条件，使得生活在此地的人们很早就形成了与中原农耕区定居生活不同的游牧社会，逐水草而居，随季节迁徙。这里不仅在经济生活方式与中原地区有所差异，其社会组织形态更是大相径庭。草原地区形成的游牧国家主要是通过军事征服和兼并周边的游牧部落而建立的，其内部的整合性不高，政权结构也并不完善，这便导致游牧国家的稳定性较弱，因此有“其兴也勃，其亡也忽”

---

① 参见冀朝鼎著：《中国历史上的基本经济区与水利事业的发展》，朱诗鳌译，中国社会科学出版社 1981 年版，第 9—14 页。

② 参见谭其骧：《长水集》（上），人民出版社 1987 年版，第 398—416 页。

的说法。此外，游牧区单一的经济结构使得其对中原农耕区的依赖程度较高，需要与其进行物品交流，同时也导致气候变化对游牧区的影响更大，极端严寒和干旱的气候都会给游牧区脆弱的经济结构造成毁灭性打击，从而促使游牧民族大规模南下。

（三）东北渔猎区

大兴安岭、蒙古高原以东，长城以北的东北地区也是一个相对独立的区域社会。这片区域中间为广袤的东北平原，虽然土层深厚，但却遍布沼泽。周围是山地和丘陵环绕，皆为原始森林所覆盖。加之纬度较高，气候相对寒冷，冬季漫长，故有“林海雪原”的美誉。种植农业在这里基本上只能一年一熟，尤其是早期农业技术发展水平较低的时候，很难在沼泽密布的平原地区开展定居农业生产，故在经济形态上长期以渔猎和采集业为主。

与北方游牧区所不同的是，东北渔猎区虽然早期的经济形态不如北方游牧区发达，但其自然条件比游牧区相对具有优势。东北地区并非处于干旱半干旱地区，虽然气候寒冷，但夏季季风带来的充足降水量也能够满足一年一熟的农业生产活动，尤其是东北平原南部以辽河流域为中心的区域随着中原农耕区先进技术的进入开始逐渐步入定居农业文化。同时，渔猎区的社会组织结构也不同于游牧区，从早期东北族群建立的区域性民族政权开始即注重吸收中原农耕区的政治制度和文化。

（四）西北绿洲农业区

在蒙古高原的西侧，青藏高原北侧主要是西北绿洲农业区，包括河西走廊和天山以南塔里木盆地边缘的绿洲地带。这个区域是中国最干旱的地区，年降水量不足100毫米。塔里木盆地内部是中国最大的沙漠塔克拉玛干大沙漠，河西走廊的北面也有一些小型沙漠。干旱的沙漠地区动植物十分稀少，不过当地虽然降水极少，但依托高山融雪而形成的河流也可以给养山麓地带的众多绿洲农业区。

河西走廊南面是祁连山脉，发源于祁连山的众多河流自南向北而流，最终消失在流沙之中。与河西走廊相似的塔里木盆地四周也是高山，北面是著名的天山山脉，南面则是昆仑山和阿尔金山脉。在夏季时高山冰川融化，河流进入丰水期，可以为绿洲地区的农业生产提供灌溉水源。这些绿洲成点状分布，然后由点成线，著名的丝绸之路即穿行于这些绿洲之间。同时，由于河流的水量有限，绿洲的耕地不宜大面积拓展，生态环境极度脆弱，早期的农业文明很多已经因过度开垦而导致土地沙化，最后被黄沙所湮没。也正是因为这样的地理环境，导致西北绿洲农业区虽然整体上属于农业文明，但难以整合统一，在古代只能以绿洲为中心形成众多较小的政治体。

（五）云贵高原农业区

云贵高原位于中国西南地区，主要包括今云南省、贵州省及其接壤的部分地区。这里在气候上主要属于亚热带季风区，南部也有少部分地区属于热带季风区。整体而言较为湿润，但在地貌上以山地为主，地势崎岖，几乎没有平原地带，只有一些小型的坝子可以从事农业生产。同时，云贵高原的河流通航性相对较差，加上本身地形不便，所以无论是与中原农耕区之间的联系，还是云贵高原内部的联系都极为不便。

闭塞的环境、独特的地形导致云贵高原的区域社会特点与中原农耕区有所不同。虽然秦汉时期就已经在这里设置郡县，但中原王朝在很长时期内都难以真正将云贵高原整合到中原农耕区内。这里族群结构也极为复杂，历史上曾经出现过的区域性政权也没有建立自上而下的深入统治，而是依靠各地的土著首领进行治理，这一局面直到明清时期大规模“改土归流”之后得以改变。

（六）青藏高原牧业区

世界屋脊青藏高原是中国的第一级阶梯，也是东亚、东南亚、南亚诸多大河的源头。这里海拔较高，降水量少，空气稀薄，属于独特的高寒气候。其内部实际上是由一系列山岭和台原组成，故有“远看是山，近看是川”的说法。高寒气候虽然限制了农业的发展，只能种植很少的耐寒耐旱作物，比如青稞，但台原地区的天然草原却为畜牧业的发展提供了便利条件。

总的来说，青藏高原属于牧业区，早期青藏高原的区域社会与蒙古高原游牧社会有部分相似性。但青藏高原独特的地理环境与蒙古高原也有所不同，台原之间被山岭所阻隔，内部交通不便，很难像蒙古高原那样迅速形成统一的政治体。历史上虽然曾经出现过短暂的区域性统一政权，但也只是昙花一现。同时，青藏高原耐寒耐旱作物的种植不仅丰富了经济结构，也使得其对农耕区的依赖程度不如北方游牧区。加之高原边缘地区皆为高耸的巨大山脉，与周围区域的交通也极为不易，属于较为封闭的区域社会。

二、中国古代国防战略格局的发展变化

正是由于中国地理环境的多样性，才逐渐形成了六个不同的区域社会，而中原农耕区无疑在其中占据核心地位，中国最早的政治文明即出现于此。以农耕区为主体的中原王朝不断与周边的几大区域社会进行互动，在漫长的历史进程中最终形成了统合六大区域的统一多民族国家。在这个过程中，中国古代王朝的国防战略格局也经历了三个阶段的重要转变。其中，先秦至宋代为第一阶段，元明至清代前期为第二阶段，清代后期则为第三阶段。

（一）先秦至宋代

先秦时期是中原农耕区王朝国家的萌芽期，虽然还处于松散的邦国状态，没有形成中央集权的大一统王朝国家，不过已经基本有了“中原—华夏，四周—蛮夷”的意识。儒家经典《禹贡》假托大禹将天下划为九州，同时又区分五服。九州其实是根据农耕区不同的自然条件进行的区域地理

划分，而五服制则是一种理想的治理模式，以都城为核心，由内向外形成圈层结构。方方正正的圈层结构在历史上虽然没有出现过，但简化了的圈层却一直体现在中国历史上的核心区与边缘区的关系上。[①]《禹贡》篇尾还大致界定了当时中原王朝的版图范围，“东渐于海，西被于流沙，朔南暨声教讫于四海”[②]。可以看出古人很早就认识到中原农耕文明在东西两个方向都面临地理上的阻隔，而南北两个方向则可以与其他族群进行交流。

中原农耕区早在先秦时期就受到北方游牧民族南下的威胁，战国时期秦、赵等国都在北边修筑长城以抵御游牧民族，赵武灵王甚至还进行胡服骑射的军事变革以适应新的作战方式。秦始皇统一六国后，在通过修筑长城稳固北部边防的同时，大举向南拓展。征服百越等地，将东南丘陵和岭南地区纳入版图。同时，开拓西南，深入云贵高原。虽然没有在云贵高原建立深入的直接统治，但已经大体上将中原农耕区和云贵高原农业区两大以农业为主的区域社会纳入国家的版图之内。这一时期中原王朝主要的威胁来自北方的游牧草原民族，国防战略的重心也在北方农牧交错带，主要依靠修筑长城进行积极防御。

秦汉之际，匈奴乘机南下占领河套地区，严重威胁汉朝的北部边防安全。白登之围后，汉朝不得不与匈奴进行和亲，从秦始皇时代的积极防御转为消极防御。而后随着国力日渐强盛，至汉景帝时代已经开始推行移民实边的政策，“选常居者，家室田作，且以备之”[③]。汉武帝即位后更是选择对匈奴进行主动出击，他派遣张骞出使西域，希望联合当地邦国夹击匈奴。虽然在军事上未能实现包抄战略，但却促使了丝绸之路的开通。在北击匈奴后，西域绿洲上的诸国纷纷依附于汉朝，宣帝时期又设立西域都护府进行管理，通过河西走廊将西北绿洲农业区与中原农耕区联系在一起。

中原农耕区政局稳定、国力强盛时期往往会采取积极防御的政策，并试图整合西北绿洲农业区以抵御北方游牧区，所谓“断匈奴右臂”，其中一

---

① 参见周振鹤:《中国历史政治地理十六讲》，中华书局 2013 年版，第 50 页。
② 《尚书 · 禹贡》。
③ 《汉书 · 晁错传》。

些邦国“田地肥广……兵可不费中国而粮食自足”[①]。但在中原王朝政权更迭或国力衰退之时，则会采取消极防御的政策，比如东汉光武帝刘秀就曾以“北狄尚强”为由，严词拒绝臣下出兵匈奴的奏议。[②]

魏晋南北朝时期，北方草原游牧民族南下，甚至在中原农耕区建立了政权。不过南下的游牧民族也逐渐接受中原地区的政治制度和生活方式，即所谓的“汉化”，而北边的草原又会有新的族群兴起成为霸主，并威胁中原农耕区的安全。比如，鲜卑族建立的北魏政权入主中原后，北方草原又兴起了柔然，经常骚扰北魏边境，“恃其绝远……背寒向温，南来寇钞”[③]。

隋唐时期是中国历史上继秦汉之后又一个强盛的大一统时代。隋代面临着北方游牧民族突厥南下的压力，后采取和亲的政策。唐初，突厥曾多次南下，甚至兵锋直指唐朝首都长安城外。随着唐朝国力恢复以及突厥内乱，唐太宗时期主动出击，击败突厥。不过，由于游牧区和农耕区的生活方式差异很大，汉地的治理模式很难推广到游牧区，汉唐在击败北方游牧民族后都没有在草原地区建立直接统治。两个王朝的共同点在于都加强对西域的控制，唐朝循汉故事，在这里设立安西都护府，又一次试图将西北绿洲农业区与中原农耕区结合在一起，并以此制约北方草原的游牧民族。

不过，唐朝面临的国防压力与汉朝又有所不同，这一时期周边的区域社会纷纷兴起不同的边疆政权。青藏高原兴起了吐蕃王朝，后来成为唐朝西部最大的威胁。吐蕃不仅在接壤地区与唐朝直接交战，还与唐朝争夺西北绿洲农业区的控制。东北渔猎区早期兴起的是高句丽，后来是渤海国。云贵高原的部族在唐朝的帮助下建立了区域性政权南诏国，后来也对唐朝西南边疆造成了一定的威胁。而传统的北方游牧区则是先有突厥汗国，后有回鹘汗国。因此，这一时期的东亚可以说是一个多极的区域。[④]当然，对唐王朝来说，其中最主要的威胁还是来自游牧民族，包括北方草原游牧区

---

① 《后汉书 · 班超传》。
② 参见《后汉书 · 臧宫传》。
③ 《魏书 · 崔浩传》。
④ 参见〔加〕王贞平：《多极亚洲中的唐朝》，贾永会译，上海文化出版社 2019 年版，第 1—12 页。

和青藏高原牧业区，“国家难消息者，唯吐蕃与默啜耳”[①]。唐王朝的国防重心也主要集中于西北地区，前期国力强盛之时面对突厥还能主动出击，积极防御。后来随着吐蕃的兴起以及安史之乱后中原地区政局不稳，只能选择退守，消极防御。

唐朝之后的宋朝也面临着与唐后期大致相似的国防压力。北方游牧区的契丹崛起，建立了辽朝，并统合了东北渔猎区。西北地区的党项族建立了西夏国，云贵高原则由大理国取代南诏国，唯有青藏高原吐蕃王朝灭亡后，未有新兴区域性政权形成。这一时期北方幽云十六州等地均属于草原政权控制，宋朝的北边防线无险可守，北方民族可以轻易南下，威胁较前代更为严重。

东北渔猎区的女真族兴起后，迅速灭亡了草原游牧区的辽朝和中原农耕区的北宋王朝，建立了金朝。不过也很难继续整合其他板块的区域社会，只是占领了中原农耕区的北方温带季风区，而南方亚热带季风区则由宋室南渡，建立了南宋王朝，与北方对峙。金朝虽然控制了中原农耕区北部和东北渔猎区，但却并未将北方游牧区整合入内，而后来从蒙古高原兴起的蒙元政权则彻底改变了这种状况。

从先秦到宋代这一阶段，与北方游牧民族的对抗是中原王朝面临的最主要的国防压力。同时，东北渔猎区、青藏高原牧业区的区域性政权有时也会对中原王朝造成威胁，中原王朝经略西北绿洲农业区的目的主要是制衡北方游牧区。由于国防压力主要在北部，这也制约了中原王朝对西南边陲的云贵高原地区进行整合。同时，西南地区出现的区域性政权南诏国和大理国由于实力相对较弱，也很难对唐宋王朝的国防安全造成巨大威胁。

（二）元明至清代前期

秦汉时期中原农耕区王朝的基本形态就已经奠定，唐宋时期随着周围区域社会纷纷建立政权，宋朝成了基本局限于中原农耕区之内的王朝。与

---

① 《旧唐书·郭元振传》。默啜，指东突厥可汗。

此同时，游牧区和渔猎区所建立的政权也很难将农耕区统合在内，当然在这方面女真族建立的金朝在华北地区做了有益的尝试，不仅吸收中原王朝的政治制度，还将都城从东北迁到华北平原北部的燕京，有利于整合东北渔猎区与中原农耕区北部这两个不同的区域社会。

12世纪末蒙古兴起于北方游牧区，并迅速成为席卷欧亚大陆的强大力量。在东亚地区，蒙古先后灭亡金和西夏，并在长江流域直接与亚热带农耕区的南宋交锋，在灭宋的过程中遭到了顽强的抵抗，于是设计了侧翼包抄的战略计划，先控制青藏高原牧业区，然后南下云贵高原，灭大理国，从地理上包围南宋。灭宋后忽必烈建立的元朝成了第一个统合中国六个不同区域社会的王朝，囊括了季风区和非季风区，奠定了中国近代统一多民族国家的雏形。因此，元朝的国防战略也与此前的中原王朝迥然不同，这一时期的战略前沿已经从传统的400毫米等降水量线附近的农牧交错地带，向东北推至日本海、鄂霍茨克海，向西南延伸至孟加拉湾。其中元朝辽阳行省、征东行省和云南行省的设置和运作，正是这一战略设计的一环。[①]

值得注意的是元朝并不只是蒙古帝国的延续者，在蒙古草原帝国分裂为几个汗国之后，元朝实际上已经成为中华文明的一部分。在疆域上，元朝是金、西夏、大理和南宋的继承者。同时，元朝的国家运转也高度依赖于中原农耕区提供的财赋，游牧区、渔猎区、绿洲区逐渐成为整个王朝的藩篱而非核心区。元朝定都于中原农耕区北部的大都，也是延续金朝的统治理念，希望能够更好地整合不同区域社会。

明朝是在中原农耕区兴起的王朝，明太祖朱元璋在将元朝驱逐出中原农耕区后，定都南京。后又消灭了云贵高原上的元朝残余势力，将其纳入明朝的直接管辖内。同时，积极经营东北渔猎区和青藏高原牧业区，虽未在这两个区域建立直接的郡县统治，但也设立了诸多羁縻卫所，防止其被退居蒙古草原的北元势力所控制。朱元璋曾告诫臣下："御边之道，固当示

---

① 参见吴启讷：《族群政治形态的流变与中国历史的近代转型》，载钟焓主编：《新史学——历史的统一性与多元性》第13卷，社会科学文献出版社2020年版，第40页。

以威武，尤必守以持重。来则御之，去则勿追。”这也反映了他对待北元的态度，并未想要控制蒙古草原。农耕区以外的区域都是荒远之地，“略荒裔之地，不如守边”。

明成祖朱棣即位后，对国防战略有所调整，他先后五次亲征蒙古草原。同时，试图整合西北绿洲农业区的政治势力，设置哈密卫，作为战略前线基地，加上东北渔猎区设置的羁縻卫所，便从东、南、西三个方向对北方游牧区形成钳制。不仅如此，朱棣还迁都北京，将整个国家的战略重心转移到北部。

不过，明成祖之后，明朝在北边开始逐渐转入守势，宣德年间将开平卫内迁，长城以北的防御基本放弃。尤其是“土木堡之变”，更成为明蒙攻守态势的转折点，此后明朝基本依赖长城进行防御，在沿线设置九边重镇。明代后期，东北满族兴起，进一步加剧了北部的边防压力。蒙古和硕特部也在明末进入青藏高原，建立和硕特汗国。因此，明代后期能够实际控制的区域仅有中原农耕区和云贵高原农业区。随着明代大规模的汉人移民进入云贵地区以及“改土归流”的实行，云贵高原逐渐融入中原农耕区。

清朝在入关之前就已经通过军事征服和联姻的方式控制了东北渔猎区和北方游牧区东部喀尔喀等部蒙古族，入关后又迅速统一中原农耕区和云贵高原农业区，然后经历康熙、雍正、乾隆三朝对于西北地区的经营，彻底击败漠西蒙古对西部地区的控制，再一次将六大区域社会统合在一个中央集权王朝之内。此时，清朝的国防战略不再像明朝那样聚焦于长城沿线，正如康熙帝所说：“我朝施恩于喀尔喀，使之防备朔方，较长城更为坚固。”清朝前期的国防压力已经来自更北边的沙皇俄国，东北方向在外兴安岭一带与东进的沙皇俄国遭遇，后经过几次战争和谈判，最终确定了北部的疆界。

清朝的版图构架主要可以分为三大部分，即满洲、藩部和直省，其中直省是王朝的核心地带，包括了中原农耕区和云贵高原农业区。清朝在直省施行郡县制，而满洲和藩部则因俗而治。满洲主要是东北渔猎区，清朝入关后，东北作为龙兴之地实行封禁政策，不允许其他族群进入该地。藩部则包括北方游牧区、西北绿洲农业区和青藏高原牧业区。满洲和藩部都是整个王朝的边疆地区，因此也被称为中国的亚洲内陆边疆。[1]总的来说，清朝前期国力的强盛，加之采取积极的边疆经营政策，清朝并未遭受巨大的国防压力。不过元明清三代的共同点在于，这一时期，随着对于不同板块区域社会的整合，王朝已经不再只是面临中原农耕区周围区域的威胁，而是面临来自于更远地区，如东北亚、中亚、欧洲，甚至是南亚、东南亚的接壤地区的外部势力的威胁。

（三）清代后期

中国古代最主要的威胁来自陆上，尤其是北方游牧民族。东部地区漫长的海岸线没有强敌环伺，直到明代有倭寇出现在东南沿海，但也并未危及王朝的生死存亡，故东部沿海一直都不是战略重心所在。

明代后期来到东南沿海的葡萄牙人和荷兰人在力量上也不足以对国家造成威胁，清初郑成功很快就击退了盘踞台湾岛的荷兰人。在康熙年间清王朝收复台湾后，环顾东亚再没有海上强敌。直到19世纪中叶鸦片战争以前，清朝海防的目的主要是缉盗禁海，而非出于备御强敌的国防战略。

从1840年鸦片战争起，西方列强从东南沿海而来，靠着船坚炮利打开了中国的国门，甚至还两次从天津登陆，攻入首都北京，清朝皇帝被迫逃往承德、西安等地避难。可见，清代后期海防已成为威胁国防安全的头等大事。李鸿章曾言：“历代备边多在西北。其强弱之势、客主之形皆适相埒，且犹有中外界限。今则东南海疆万馀里，各国通商传教来往自如，麇集京师及各省腹地，阳托和好之名，阴怀吞噬之计，一国生事，诸国构煽，实为数千年来未有之变局。”[2]他已经察觉到近代以来中国的主要威胁从西北转移到东南的趋势，主张建立一支强大的海军加强海防。

与此同时，第二次鸦片战争以来，沙皇俄国也开始觊觎中国东北和西

① 参见〔美〕拉铁摩尔：《中国的亚洲内陆边疆》，唐晓峰译，江苏人民出版社2005年版，第2页。
② 《李鸿章全集》卷六《筹议海防折》，安徽教育出版社2008年版，第159页。

北的领土，并强迫清王朝签下一系列不平等条约，塞防问题也不容忽视。当19世纪70年代西北边防告急之时，朝廷内部还有塞防与海防之争。对此，左宗棠认为二者互为表里，不可偏废，“东则海防，西则塞防，二者并重”①。李鸿章虽然负责海军建设，但也提出不应放弃陆上防御，宜统筹陆海。因此，近代以来对于东部海防的重视使得中国传统的国防战略发生了重大转变，从单纯的陆防走向陆海联防，面临的国防格局也更为复杂。

三、地理因素与中国古代国防战略的基本特点

古代以农耕文明为核心区的中原王朝所处的地理位置相对比较封闭，东面和南面是大海，西面是众多高大的山脉以及绝域高原。西南方向的云贵高原虽然与东南亚连在一起，但也因为地形原因使得交通极为不便。只有北方与蒙古高原游牧区和东北渔猎区的交流在地理上并无太大阻隔，而这两大区域的更北面也是人迹罕至的西伯利亚地区。因此，整个中华文明六大板块在地理上相对具有封闭性和隔绝性，很难受到其他文明的威胁。独特的地理环境也导致中国古代国防战略具有防御性和大陆性的特点。

（一）防御性

早在秦汉时期，中原农耕区内的重要耕作区域都已经渐次得到开发，形成了维系国家运转的基本经济区，以农业为主的中原王朝在政治、经济、文化等方面都较周边的区域社会更为成熟。与此同时，其他几个板块在地理条件上也不适宜大规模农业开垦，这便使得中原王朝国防战略的主要目标是为了保护农耕区的安全，而非不断向外扩张，并将周围地区改造为农

① 刘泱泱等校点：《左宗棠全集》书信二《复陈海防塞防及关外剿抚粮运情形折》，岳麓书社2014年版，第473页。

耕区。以农耕文化为主体的王朝即使主动出击游牧区，也主要是迫于游牧民族不断南下，威胁农耕区安全。因此，在每一次击败游牧民族后又总是将防线收缩到农牧交错带边缘地区，并未想要占领和统治游牧区。即使草原民族或渔猎民族入主中原，建立新的统一王朝，也是以农耕区为核心，而将其他板块作为国防的战略前沿，以维护王朝的基本经济区不受威胁。因此，防御性在中国历代国防战略中是贯穿始终的。

（二）大陆性

中国东面和南面虽然都是大海，但在近代以前很少有来自海上的国防压力。因此，古代中国的国防战略表现出强烈的大陆性特征，海防一直未得到重视。历代王朝的北边防线都是国防战略的重心，鸦片战争后，海防的压力逐渐凸显，有人甚至主张应专注于海防建设，陆防应退居于次要地位。有识之士则意识到应该统筹全局，海陆并重，左宗棠曾言，“盖东南以大海为界，形格势禁，尚易为功；西北则广莫无垠，专恃兵力为强弱”①。由此形成了陆防海防并重的国防战略思想，迈出了近现代中国摆脱传统大陆性局囿，依靠大陆、面向海洋、统筹陆海，构建新型整体国防的最初步伐。

① 刘泱泱等校点：《左宗棠全集》奏稿六《遵旨统筹全局折》，岳麓书社 2014 年版，第 648 页。

第十讲
国防对汉唐清“盛世”的作用

在中国历史上，有三个时期，国家经大乱之后，逐步走向大治，在较长时间保持了繁荣昌盛的局面，表现出如下共同的特征。一是军力国势强盛，国家统一，疆域辽阔，周边没有相抗衡的力量；二是社会总体上比较安定，经济发展，国家富足，国力领先于世界；三是文化繁荣，对周边地区有巨大的影响力，因而被公认为“盛世”。这就是汉代从“文景之治”到“武帝极盛”再到“昭宣中兴”的一百三十余年，唐代从“贞观之治”到“开元全盛”的将近一百三十年，清代康熙、雍正、乾隆三朝的一百三十余年。三大盛世各持续了一百三十年左右，辉煌灿烂，蔚为大观，然细审其过程，无不风起云涌，惊心动魄，国防上的措置得宜对盛世的形成和保持产生了巨大作用。①

一、盛世不太平：三大盛世都与一系列祸患相伴随，都是在打赢决定性的战争、克服内忧外患的过程中得以形成和延续

在一个幅员辽阔的多民族国家，欲缔造盛世，首先必须解决边疆与民族问题，消除内忧外患，实现和保持国家的统一与社会的稳定。这是一个复杂、曲折的历史过程，总是伴随着激烈的矛盾和冲突，在特定的时期，甚至构成了危及国家生存的严重祸患。在汉代，内有诸侯王与中央的矛盾，

① 参见姚有志、李元鹏、钟少异：《中国历史上三大盛世的理性审视》，《军事历史》2004年第3期。

以致景帝时爆发了“七国之乱”；外有匈奴不停地骚扰侵袭，铁骑屡屡寇边，京师告急。唐代，崛起于北方草原的突厥再次对新生的唐王朝频频攻逼，兵锋及于渭水，时人甚至有了“焚长安而徙都”的想法。清朝入关定鼎后，随着满汉和解政策的逐步推行，海内又呈现出一统的气象，但三藩尾大不掉，渐成养痈遗患之势；沙俄入侵黑龙江流域，满洲危殆；西北准噶尔割据新疆，勾结沙俄，东侵蒙古，策动西藏叛乱；盘踞台湾的郑氏小朝廷耀武海上，东南海疆不宁。一时之间，狼烟四起。所有这些祸患都对国家的安全和社会的安定构成了严重威胁，而且都有其必然性，都是时代大环境和时代风云际会的结果，都不可避免地把国家拖入了迫不得已的战争之中。

我们只要粗粗翻一下史书，在这三大盛世各一百三十余年中，就可以罗列出如下对国家安全乃至国家前途和命运有着重大影响的战争。

汉景帝平定“七国之乱”的战争；

汉武帝大举反击匈奴的战争；

唐太宗反击东突厥的战争；

康熙平定“三藩之乱”的战争；

康熙收复台湾的战争；

康熙抵御沙俄入侵的雅克萨之战；

康熙征讨噶尔丹（准噶尔首领）的战争；

乾隆平定新疆的战争。

自古以来，世人都期盼太平盛世，但绝对“太平”的“盛世”，从来都只是人们的良好愿望和美好憧憬。汉唐清三大盛世，其间不仅有祸患和战争，其严重性甚至超出了历史上许多时期。而之所以能够成其为盛世，一个根本原因就是这些朝代在应对所面临的祸患时表现出了超乎寻常的决心、智慧和能力，以强有力的手段赢得了上述决定性的战争，维护了统一，安定了国家，从而为社会的发展创造了条件，促成了经济和文化的繁荣。可以说，三大盛世就是在对各种祸患的成功解决中得以确立和保持的。

二、盛世与武备：盛世依仗强大的武备，没有强大军队和国防的盛世从来就不存在

中华民族有着深厚的和平主义传统。早在春秋时期，我们的祖先就对“武”字做了与其外在表现完全不同的解释——“止戈为武”。春秋晚期，伟大军事学家孙武在其不朽的名著《孙子兵法》中提出了“非危不战”的命题，成为此后两千多年主导中国战略思维的基本原则。然而，和平从来都不是一厢情愿的事情。历史的暴风骤雨一而再，再而三使民族和国家陷入战火之中。在很多时候，赢得战争成为安定国家的唯一出路，成为社会发展的基本前提。汉唐清三大盛世就是在面临这种抉择的历史关口，进行了成功的应对，做到了危而能战、战而能胜，所以才成就了盛世。

战而能胜有赖于军队和武备的整饬。三大盛世在这个方面是历史上做得最成功的，因而也是中国历史上军力和国防最为强大的时期。

西汉初年，匈奴屡屡进犯，西汉统治者却只能采取屈辱的和亲之策，重要原因就是没有一支可与匈奴相抗衡的强大骑兵部队。为此，汉朝进行了长期的努力，逐步建立健全了马政、马关制度，发展马业，鼓励民间养马，并控制马匹外流。汉武帝继位后，依靠前代累积的基础，积极准备反击匈奴，大力加强了骑兵建设，下令各郡县大量扩建骑兵，中央也直接组训骑兵，武帝时设置的屯骑、越骑、长水、胡骑、虎贲、射声、中垒、步兵等八校尉，有一半是为组训骑兵而设。在骑射的训练方面，也以匈奴骑兵为参照系，大量使用降附的匈奴人来训练骑兵，同时选招精于骑射的北边“六郡良家子”为郎，担任皇帝的侍卫，加以重点培养，使之成为骑兵部队的骨干。在这些强有力的措施之下，迅速组建起了一支能与匈奴铁骑相抗衡的强大的骑兵部队。武帝时期，汉军之所以能够转守为攻，远出塞外，在草原大漠上与匈奴进行决战，并战而胜之，实有赖于此。

唐代为增强军力、巩固国防，着重加强了府兵制度建设。跟随李渊起兵开创帝业的唐太宗，深谙兵役制度乃国防之根本。自北周以来，按军府组训兵员的府兵制度逐渐成为兵役制度的主体。府兵来源于自耕农，太宗贞观年间，通过完善均田制，巩固了府兵制度的基础。与此同时，朝廷着力完善了府兵的兵役和训练制度，进一步明确了府兵的征集、简点、服役期间的具体任务等规定，凡年满二十一岁至五十九岁的均田农民都可简点入军，六十岁退役，其简点的原则是“财均者取强，力均者取富，财力又均先取多丁”[①]，府兵服役期间完成宿卫和征战两大任务。训练上强调“教得其道”，如根据番、汉特点，各施其教；用讲武、狩猎等方法进行训练；适时校阅，根据校阅成绩，赏罚负责训练的官员。为了提高府兵的作战能力，唐太宗不但详细制订了府兵丁壮在军府期间定期进行冬季训练的具体内容，而且还亲自在殿廷教习骑射，使之在“数年之间，悉为精锐”[②]。

中古时代，骑兵一直是军队的主力兵种，特别在与北方游牧武装集团的对抗中，起着决定性的作用。唐太宗一手抓府兵，一手又抓马政。据《唐兵志》记载，唐初起时，得突厥马两千匹，又得隋马三千匹，在陇右设置监牧，由太仆少卿领牧群，自太宗贞观至高宗麟德，四十年间，有马七十万六千匹，史称“秦汉以来，唐马最盛”。凡征战用兵，都挑选壮马使用。

府兵制度的完善，马政建设的大发展，为唐太宗实行积极的安全战略，一举击破东突厥，并先后灭吐谷浑，败薛延陀，高宗时远征西突厥，拓土安境，奠定了坚实的基础。

清朝“马上得天下”，以区区十几万人的少数民族而能够在两代人的时间里兴起，主要得益于其精兵简政、军政合一的八旗制度和骁勇善战的八旗兵。入主中原后，八旗的纲纪逐渐松弛，战斗力日益下降。康熙为应对内外威胁，努力整顿军务，一再强调训练的重要性，谕令全国各省的驻防官兵都

---

① 《唐律疏议》卷十六《擅兴》。
② 《资治通鉴》卷一九二《唐纪八》高祖武德九年九月。

要行围习武。同时逐渐加强了汉军绿营。针对统一台湾的需要，还特别加强了水军建设。康熙十八年（1679），任命精通海务、骁勇善战的原湖广岳州水师总兵万正色为福建水师提督。同时，批准万正色携带岳州全部战船及水手到福建赴任，又从总督标下调拨一万四千人编入水师部队，从江苏、浙江选取战船百艘，从湖广拨发新式西洋炮二十具，一同调往福建，加强福建水师的力量。此后，姚启圣、吴兴作等人在福州等地又督造了大批战船，并招降了一部分郑军水师。由于朝廷上下和福建地方军政大员对建设一支强大的水师部队达成共识，采取了一系列有力措施，遂使福建水师迅速壮大，经过精心组织和训练，成为一支海上劲旅，为统一台湾奠定了基础。

康雍乾时期，火器已大量应用于战争。康熙帝看到了火器的重要作用，认为"军中火器，甚属紧要"①，因而十分重视火器的制造，经常根据战争需要和战场特点，对火器的研制提出具体要求。康熙十三年至十五年（1674—1676），比利时人、耶稣会传教士南怀仁奉命"制造轻巧木炮、红衣铜炮一共一百三十门，以应当时戡乱之急需"②，在平定三藩之乱中发挥了重要的作用。康熙二十年后，南怀仁又先后督造了神威将军炮、冲天炮，在雅克萨之战中发挥了重要作用。康熙二十八年（1689），工部采用南怀仁的设计，又铸造了"武成永固大将军炮"六十一门、"神功将军炮"八十门。由于康熙帝的关心和重视，康熙年间是清代火炮制造数量最多、质量最好的时期，而且与当时西方基本上保持了同步水平。在战争中，康熙帝常视情抽调火炮加强某一战区的清军，并在清军中建立了专操火器的部队——火器营，极大地提高了清军的战斗力，因而在与内外敌人的对抗中，大多数时候占有优势。

与汉唐清三大盛世的情况相反，中国历史上的一些朝代，经济和文化虽然一度颇为繁荣，但统治阶层在指导思想上重文抑武，社会风气随之而趋向重文轻武，其结果非但未能成就盛世，反而很快走向衰落乃至覆亡。最为典

---

① 《清圣祖实录》卷一四八，康熙二十九年九月癸巳。
② 《熙朝定案》，上海徐家汇藏书楼抄本。

型的例子就是宋代。宋太祖开国之初，出于对军功集团的戒惧，“杯酒释兵权”，确立了重文抑武的国策。当时，辽、夏、金、蒙古等北方游牧武装集团相继崛起，对宋朝的安全构成了致命威胁，宋人本应整军经武，巩固国防，而朝廷却死守祖制，重文抑武，偃武修文，以致军事上积弱不振，在与辽、夏、金、元的对抗中屡战屡败，只能卑躬屈膝以求偏安苟延，最终仍免不了覆亡的命运。有宋一代曾一再地引以为荣的繁华都市、灿烂文化，在游牧铁骑的横扫之下，成为一片废墟。正所谓：覆巢之下，焉有完卵！

三、盛世与战略：审时度势，采取正确的安全战略是成就盛世的重要保障

汉唐清三大盛世对一系列严重威胁和祸患的妥善应对和成功解决还有赖于审时度势，采取了正确的安全战略，较好地把握了力量建设的轻重缓急和力量运用的策略方法，在国防上举措得宜，从而坚定地一步一步地达成了目标。这突出地表现于对以下三个关系的处理上。

一是富国和强兵。国富兵强是国家强大的标志。富国是强兵的基础；但国富不一定就兵强。三大盛世的开创者，大都较好地把握和处理了这个问题，以富国为先，在国富的基础上，适时地把强大的经济实力，转化为强大的军事实力，做到了“国富者兵强，兵强者战胜”，从而真正实现了国家安定、国防巩固，进而创造出繁荣昌盛的局面。

以汉代为例，西汉王朝建立之初，面临着匈奴严重的威胁。汉高祖刘邦曾想借楚汉战争胜利的余威，着手解决匈奴的问题。但当他率兵北上迎击匈奴时，却在平城陷入了重围。这使他意识到，刚刚在战火中诞生的西汉政权，国库空虚，民无益藏，尚不具备战胜匈奴的实力，当务之急，是巩固新生的西汉政权，恢复和发展社会生产。于是，改取先内后外的方针，对匈奴实行忍辱、退让的政策，以和亲和开放关市来换取边境的暂时安宁，集中力量安定内部，与民休养生息，恢复经济。后继者遵守他的遗训，无

为而治，轻徭薄赋，奖励农耕，继续致力于经济的恢复与发展。经过几十年的努力，在文帝和景帝时期，国家和整个社会都呈现出了殷实富足的气象。据载，当时“京师之钱累百巨万，贯朽而不可校。太仓之粟陈陈相因，充溢露积于外，腐败不可食”[1]。然而，汉初的几代统治者虽都以黄老无为之术为本，却一刻也没有忘记卑事匈奴的屈辱，因此随着经济的日趋繁荣也不断地加强着军事力量的建设。终于在武帝时期，鉴于“不出师征伐，天下不安”的客观情势，在国家空前富足的基础上，组建了空前强大的骑兵军团，对匈奴展开了大规模的反击作战，击溃了匈奴主力，将其余部驱逐至漠北以远，基本解除了这个心腹之患。而且在此过程中，开疆拓土，使西汉王朝的版图空前扩展，局面之盛大，超过了秦以前各代。

二是治内和攘外。“内忧”与“外患”是历朝历代经常都要面临的两大战略课题。三大盛世时期的统治者大都能深刻地认识到“治内”与“攘外”的关系，合理确定二者的战略次序，把“治安中国”作为“安定四夷”的前提条件，首先把主要精力放在王朝内部政治、经济、军事建设上，加强中央集权，安定内部，在实力壮大的基础上再致力于解除外部边患，进而实现国家的长治久安。

如前所述，汉高祖刘邦平城败归后的战略调整，就体现了这一方针。再以唐代为例，唐太宗通过“玄武门之变”登上皇位后，封德彝等大臣纷纷上书，认为太宗独运威权，宜震耀威武，征讨四夷。唯独魏徵力排众议，提出了“治安中国，而四夷自服”的大政方针，建议太宗先集中力量把内部事务处理好，只要内部政治稳定、经济发展、军队强大了，周边少数民族政权自然会服顺而不敢侵扰边境。唐太宗采纳了魏徵的建议。从当时的情况看，太宗刚刚继位，政治上，地位尚未稳固，对内部各派势力需要进行安抚和调整；军事上，力量还不够强大，骑兵远不是突厥的对手；经济上，国家历经战乱，贞观初年又逢饥荒，尚未得到恢复。在这样的形势下，魏徵的建策无疑是“知彼知己”的正确战略。正如后来唐太宗所说，当初

① 《汉书·食货志上》。

“所以不战者，吾即位日浅，国家未安，百姓未富，且当静以抚之”[①]。经不懈努力，至贞观三年（629），唐朝政治稳固、经济发展、社会安定；而东突厥方面，因颉利可汗为政苛烦，内外离判，加之连年大雪，牲畜多死，实力大衰。形势变得对唐朝极为有利。唐太宗抓住时机，果断出兵，一举灭掉了东突厥，消除了自唐朝立国以来的主要安全威胁。

三是文事与武力。文治武功，相得益彰，是汉唐清三大盛世的突出特点。在处理国家安全和国防问题上，这些时期的统治者也大都能够着眼全局，深谋远虑，军事手段与非军事手段相结合，文武并用，一张一弛，力求国家的长治久安。

武，即军事手段。中国战略文化有着强调慎战义战、反对穷兵黩武的历史传统，但是，面对威胁，敢于斗争，同样是必有之义。三大盛世时期，封建统治者面对内部和外部的安全威胁，蓄势而发，果断出手，以战止战，有效地维护了王朝统治的稳定和周边地区的安宁。汉、唐情况已如上述，清代康雍乾时期，同样如此。康熙帝采取果断措施，平定三藩之乱，击退沙俄入侵，又曾三次亲征噶尔丹，粉碎了其勾结外敌、分裂国家的阴谋。乾隆秉父祖之余烈，在抗击内外威胁上也从不胆怯手软。乾隆五十六年，廓尔喀第二次入侵西藏，乾隆帝决定派兵征讨，针对一些大臣的犹疑反对，特颁谕说明：“若不痛加歼戮，贼匪无所忌惮，势必为得尺则尺之计，渐至侵及前藏，即察木多、巴塘、里塘一带，亦必受其煽惑，日久渐成边患。……声罪致讨，无非为绥靖边圉，保护卫藏起见。”乾隆晚年总结自己一生经验教训时说：“乃知守中国者，不可徒言偃武修文，以自示弱也。彼偃武修文之不已，必至弃其故有而不能守，是亦不可不知耳。”

文，即非军事手段。孔子说：“有文事者必有武备，有武事者必有文备。”文武兼施，军事手段与非军事手段相配合，刚柔相济，才能更好地达到长治久安的目的。从三大盛世的安全战略实践看，使用“文”的手段，大致有三种情形：第一种情形是在实力尚弱，军事力量不足以与敌抗衡之

① 《资治通鉴》卷一九一《唐纪七》高祖武德九年八月。

时，往往采取和亲、封赏、互市等手段，缓和矛盾，避免战争，以屈求伸。如西汉初对匈奴的和亲政策，即是典型一例。第二种情形是在国力强盛之时，将军事手段与非军事手段并用，以非军事手段招抚、分化、瓦解敌人，以军事手段打击顽敌。如康熙平定三藩之乱以及统一台湾等战争中，政治招抚都发挥了重要的作用。第三种情形是军事胜利后，在少数民族地区往往采取怀柔羁縻、因俗而治的政策，以求长治久安。在历史上，中原地区的社会发展程度普遍较周边少数民族地区高，因此，中原王朝在政治、经济、文化上比较发达，而且中国传统文化“包众美，兼六义”，具有包容、吸收、辐射、融合的突出特征。三大盛世时期的统治者普遍利用中原的政治、经济、文化优势，通过和亲联姻、册封朝贡、因俗而治和互市贸易等手段，增进民族间的经济文化交流和感情交融，从而加强对周边少数民族地区的管治，促进边疆的稳定与安全。

如果说正确的安全战略和国防上的举措得宜保障了盛世的实现，那么安全战略上的错误和国防上的举措失当，则可能直接导致盛世的倾颓。以唐代为例，玄宗时均田制日益遭到破坏，建立在均田制基础上的府兵制也出现瓦解之势，中央集权的军事体制逐渐遭到削弱。玄宗英武有才略，曾将武后末年濒于内乱的唐朝导向“开元盛世”，但在晚年耽于享乐，无心理政，对关乎国家大计的均田之法和府兵之制日趋瓦解不事补救，坐视国家安全的战略格局一步步地失衡，节度使权势越来越重，藩镇武装力量不断坐大，而与此同时，中央武备却日益空虚。天宝元年，边镇节度使增至10个，拥兵49万人，仅安禄山掌握的兵力就达18万之多，而朝廷辖统的部队总共才有12万人，在兵力部署上出现了内轻外重的严重局面。另外，各道节度使都身兼数职，集军、政、财权于一身，久任一方，得以大力培植私党亲兵，不可避免地加剧了地方与中央的矛盾。藩镇拥兵自重，割据成势，进一步刺激了他们攫取更大更高权力的欲望和野心。以安禄山、史思明为首的武装叛乱就是在这样的背景下发生的。虽然这场叛乱最终得以平定，但唐王朝元气大伤，从此一蹶不振。

在中国历史上，许多朝代在国家统一和安定后国防和军队建设常因失去目标指引而陷入一种迷惘状态，偃兵息武、武备废弛是其典型表现。这种战略上的迷惘，也是危及盛世的重要因素。众所周知，承平日久，武备废弛，是清朝衰落的显著标志。骁勇善战的八旗军曾为大清王朝的建立立下汗马功劳。定都北京之后，八旗贵族和官兵被赋予了种种特权。曾几何时，这些原本精擅骑射的八旗子弟，一个个优游自在，贪图享受，出入梨园茶馆，学会了种种消遣，却逐渐消磨掉了勇猛顽强的作风，失去了当年驰骋疆场、奋勇争先的锐气，以至弓马本行也逐渐荒疏，遇有战事，往往“观望逗留，不思振旅遄进，竟尔营私适己，希图便安，或诿兵甲之不全，或托舟楫之未具，借端引日，坐失事机”①。随着时间的推移，汉军绿营兵也日趋衰败。绿营兵平时担负差、操两项任务，大量的差役杂务，本已严重妨碍了训练，承平日久，武备松懈，训练愈益荒废，以致将帅不知营制，将士各不相习，加之编制不全，武器陈旧，战斗力锐减。所以，清朝中期以后，武备废弛的清军在对内作战中就屡屡失利，最终更完全丧失了抵御西方殖民主义侵略的能力。

关于这个问题，明太祖朱元璋的一段话可谓至理：“人孰不曰：‘天下平定之时，可以息兵偃武。’殊不知治兵然后可言息兵，讲武而后可言偃武。若晋徹州郡之备，卒召五胡之扰；唐徹中国之备，终致安史之乱，此无备之验也。夫当天下无虞之时，正须常守不虞之戒，然则武备其可一日而忘哉！”②

四、盛世与领袖集团：雄才大略、积极有为的领袖集团是缔造盛世的中坚

中国历史上的三大盛世，都有睿智的领袖和领导集团为之领航。汉有文帝、景帝、武帝，唐有太宗、武后、玄宗，清有康熙、雍正、乾隆，他

① 《清圣祖实录》卷七十一，康熙十七年正月戊戌。
② 《明太祖宝训》卷六《武备》。

们雄才大略，励精图治，知人善任，身旁集聚了一批志存高远、才具卓越的名臣，形成了积极有为的领袖集团。这是促成盛世不可缺少的因素。

回望历史，这些雄主和名臣的事迹，犹历历在目。他们开拓进取的气魄，他们的谋划和决断，对三大盛世的开创和保持起了至关重要的作用。特别是在面临重大抉择的历史关口，其远见卓识、其意志和决心，更是有着关键性的影响。

唐高祖武德七年，开国不久、国基不稳的唐朝在东突厥的频繁攻逼之下，朝中出现了“焚长安而不都”的议论，不少人主张迁都以避其锋，使突厥掠无所得，边境自然安宁。在唐廷君臣集体商议时，迁都之议竟然占了上风。当时尚为秦王的李世民坚决反对，果敢地提出：“愿假数年之期，请系颉利之颈，致之阙下。若其不效，迁都未晚。”① 力排众议，对唐代以长安为中心的历史发展走向产生了深远的影响。两年后，李世民即位，为反击东突厥进行了苦心经营，终于在贞观三年把握时机，实现了目标。

然而封建社会归根结底属于人治，并没有可靠的制度保障。在实行家天下的专制皇朝中，君主的素质总体上有一代不如一代的趋势。数世之后，继位者全都“生于深宫之中，长于妇人之手”，才略根本不能与其太祖太宗相比，朝中则老成凋零，往往裙带风行，宦官弄权。守成已难，更何言开拓进取。这也是汉唐清三大盛世都不可避免地盛极而衰的一个重要原因。

---

① 《资治通鉴》卷一九一《唐纪七》高祖武德七年七月。

第十一讲
中西军事战略思想的历史发展

战略源于战争，其本质是对全局的思考和把握。军事战略思想的发展演变，主要体现于战略谋划和战略理论的发展和演变。在战争实践中，随着战略思维的发育，首先产生了战略谋划，在其基础上的进一步理论思考，形成了战略理论，反过来又对战略谋划产生指导作用。军事战略思想就是在战争实践的基础上，在战略理论和战略谋划交互作用的过程中不断发展演变的。纵观世界军事战略思想的发展，从上古直至19世纪，可以区分为三个大的阶段，即古典时代（5世纪以前），中古时代（5世纪至17世纪），近代（17世纪至19世纪）。通过对中西历史的综合分析，我们尝试对中西军事战略思想的历史发展建立这样一个统一的框架，以期能够加深对中国传统军事战略思想的认识。①

一、古典时代军事战略思想的奠基（5世纪以前）

世界历史的古典时代，经历了人类文明发展的三个重要历程。其一是国家的诞生和早期文明的孕育，在旧大陆先后出现了巴比伦、埃及、印度、爱琴海沿岸和中国夏商周等古文明中心；其二是东西方的思想大爆发，最具代表性的，在东方有中国春秋战国的“百家争鸣”，在西方有古希腊的学术繁荣；其三是早期帝国的形成及其由盛而衰，最为重要的是在东方有秦汉王朝的建立、强盛和崩溃，在西方有罗马帝国的建立、扩张和解体。这三大历程都伴随着波澜壮阔的战争实践以及丰富多彩的军事谋略和军事理

① 参见钟少异等：《中西军事战略思想的历史演进》，《战略研究》2013年第1期、第2期。

论创造，一系列经典理论的问世，奠定了东西方军事战略思想的基础。

古代中国创造了灿烂的文明，也谱写了宏伟的战争画卷。传说中炎帝黄帝大战蚩尤的涿鹿之战、商灭夏的鸣条之战、周灭商的牧野之战，都是中国早期文明形成过程中的重要战争。在长期战争实践中，古人的战略谋划能力和战略思维水平逐步提高，战略思想也逐步萌芽和发展。在殷商甲骨卜辞以及《周易》《尚书》《左传》等先秦典籍中，已有一些很有价值的战略思想，如："先人有夺人之心，后人有待其衰"[①]；"允当则归""有德不可敌"[②]；"见可而进，知难而退"[③]，等等。

春秋战国时期，形成了系统的战略理论。这一时期，社会剧烈动荡，战争异常频繁，谋略实践异彩纷呈。如齐鲁长勺之战，鲁军后发制人；晋楚邲之战，楚军先发制人；齐魏马陵之战，齐军围魏救赵等，都是非常出色的战略指导。这些战争实践客观上为战略理论的产生和发展提供了沃土。另一方面，旧的统治秩序解体，思想空前解放，涌现出儒、墨、道、法等诸子百家，纷纷对军事问题发表看法，儒家倡"义战"，墨家主"非攻"，道家提出"柔弱胜刚强"等，都对战略理论的构建产生了深刻影响。在这样的时代背景下，以孙武为代表的兵家应运而生，他们总结战争经验，对战争方略加以抽象、概括和升华，著成了《孙子兵法》《吴子》《司马法》《六韬》《孙膑兵法》等一批经典兵书。

《孙子兵法》产生于春秋末年，被誉为东方的兵学圣典，也是世界上现存最古老的兵书。它以十三篇、六千字左右的篇幅，精要地总结了战争指导的要素和基本原则，如战争与政治关系密切，"上下同欲者胜"；战争对经济影响巨大，"久暴师，则国用不足""兵贵胜，不贵久"；战略的最高目标不是攻城略地，而是"安国全军""不战而屈人之兵"；战略准备至关重要，要"先为不可胜，以待敌之可胜"；战略决策的基点是"利"，"合于利而动，不合于利而止"；战略决策的前提是"知"，"知彼知己，胜乃不殆；

① 《左传·昭公二十一年》。
② 《左传·僖公二十八年》。
③ 《左传·宣公十二年》。

知天知地，胜乃不穷”；战略指导的关键是掌握主动权，“致人而不致于人”；战略欺骗是获胜的必要手段，“兵以诈立”，要善于隐真示假；战略的重点是集中兵力，“以众击寡”；战略部署要“奇正相生”；战略进攻要避实击虚，战略行动要“出其不意，攻其不备”等。孙子还指出，在战略思维上，要“杂于利害”，要根据战场形势随机应变，“因敌而制胜”等。此外，其他兵家也在不同方面丰富和发展了战略理论，如吴子提出“以治为胜”，尉缭子主张“道胜”，孙膑提出“战胜而强立”等。总之，春秋战国兵家深刻揭示了战争指导的一般规律，不但确立了中国战略理论的基本内容和品格，在世界战略理论发展史上也占有崇高地位。

公元前221年，秦始皇统一中国，由此开启了秦汉大一统帝国时代。伴随着秦汉王朝的兴衰更迭，围绕统一和分裂的斗争，以及保卫边疆安全的实践，产生于先秦时期的战略思想和理论得到了广泛运用，并在这一过程中得到进一步丰富和发展。在统一战略方面，建立根据地、选择正确战略方向、创造有利战略态势，以及准确把握战略时机成为共性特征。如秦统一战争，远交近攻，军事战略与政治谋略密切配合，逐次推进；秦末楚汉战争，刘邦立足汉中，还定三秦，东向以争天下；东汉统一战争，刘秀先取关东为根本，由近及远，各个击破等。在边防战略方面，为抵御北方游牧民族的侵扰，秦修筑起西起临洮、东至辽东的万里长城。汉武帝时，为彻底解除匈奴威胁，外交上联结西域诸国，军事上大力发展骑兵，从元朔二年（前127）到征和三年（前90），先后三次派大军深入漠北，重创匈奴诸部。此后，以骑兵主动出击的进攻战略与依托长城守边的防御战略，成为中原王朝抵御北方民族内侵的两种基本模式，王朝强盛时以攻为主，衰落时以守为主。

3世纪后，随着汉朝覆亡，天下大乱，群雄逐鹿，各种力量纵横捭阖，再次促进了战略思维的发展，涌现出曹操、诸葛亮等一批具有卓越战略运筹能力的军事家，出现了如诸葛亮《隆中对》、羊祜《平吴疏》等战略谋划名篇。

古典时代，与中国代表的东方文明相呼应，以古希腊、罗马为代表的西方文明在战略思想上也取得了显著成就。早在文明初始时期，在西亚和北非就形成了巴比伦和埃及两个文明中心，对周边地区产生深刻影响。公元前5世纪左右，希腊文明达到鼎盛，以雅典、斯巴达为代表，在哲学、政治、历史、科学、文学、艺术等方面都取得了很高成就，成为整个西方文明的精神源泉。公元前4世纪，雅典、斯巴达等城邦相继衰落，马其顿王国兴起，先后征服小亚细亚、波斯、埃及等地，将希腊文明传播到中东地区。公元前1世纪，罗马征服马其顿和埃及等地，建立起一个以地中海为中心、地跨欧亚非三洲的大帝国。

西方战略思想的萌发，首先体现于一系列大战的谋划和指导之中。在公元前13世纪古埃及与赫梯帝国的卡迭石之战中，赫梯军采取了扼守要点、隐真示假、以逸待劳等战法，而埃及拉美西斯二世在军事上未能取胜的情况下，通过宣传手段制造假象，赢得政治优势，部分实现了其稳定北部边疆的战略目的。埃及与巴比伦衰落后，希腊崛起成为西方世界的中心，主导了西方战略思想的发展。在希波战争中，希腊诸城邦面对波斯的进攻，充分发挥希腊军队的质量优势，在战略上坚决避免不利条件下的决战，而在条件有利时，即使数量居于劣势也敢于坚决发起决战，取得了马拉松、普拉提亚等战役的胜利。制海权的战略意义得以凸显。由于波斯跨海远征，海上补给是波斯军队的生命线。因此，双方都很重视争夺制海权。在著名的萨拉米斯海战中，希腊海军重创波斯海军，波斯陆军不得不因补给困难而撤军。这些战略指导都对后世产生了深远影响。在古希腊，还有一些著名战术也被后世升华为普遍的战略思想。如埃帕米农达在留克特拉会战中所采取的集中兵力于一翼实施主要攻击的战法，后来就成为西方的一个基本战术原则，“不要沿正面平分兵力，而把兵力集中在决定性地段进行主攻”①，进而又发展出了一个基本的战略思想——集中兵力，打击重心。

罗马是靠征服建立起来的大帝国，频繁的大规模战争实践进一步丰富、发展了西方战略思想。在罗马与迦太基的布匿战争中，迦太基统帅汉尼拔

---

①《马克思恩格斯全集》第14卷，人民出版社1964年版，第357页。

和罗马统帅西庇阿都采取了战略迂回的进攻方式，被后世的利德尔·哈特总结为“间接路线战略”。在著名的坎尼会战中，汉尼拔以两翼包抄战术实现其战略迂回意图，聚歼7万多罗马士兵，创造了辉煌的战绩。罗马统帅费边则在敌强己弱的情况下，避免决战，通过不断袭扰以拖待变。这种战略被后世称为“费边战略”或“迁延战略”。在此前后，西方军事家还认识到政治对军事的重要影响，将争取盟友和瓦解对方联盟作为战略指导的重要内容，马其顿帝国的亚历山大大帝和古罗马的恺撒都以此而闻名，恺撒甚至因此获得了“政治将军”的称誉。

在古典时代，东西方从各自的战争实践出发，不约而同地触及了军事战略的本质和许多核心问题。但是，由于历史、文化和地缘环境的不同，东西方战略思想也表现出明显的差异。

其一，在战略类型上，中国以陆地战略为主，西方则兼具陆地与海洋战略。中华文明兴起于东亚，以农耕为根本，所面临的安全威胁主要来自北、西、南等陆路边疆，东部海疆千余年间并无强敌，因此，中国古典时代的战略完全是陆地型的。西方文明兴起于地中海地区，界邻欧亚非三大洲，商贸发达，海洋不仅是战略要道，也是经济命脉。谁掌握了制海权，谁就拥有了制胜的关键。因此，争夺制海权往往成为战略重点。这一点在希波战争、伯罗奔尼撒战争、亚历山大远征、布匿战争中都有明显的体现。

其二，在战略文化上，东西方明显不同。中国先秦时期的百家争鸣与古希腊的学术繁荣确立了东西方文化的特质，也内在地规定了东西方战略思想的不同取向。中华文明突出的大一统观念，以德治为本的政治思想，以礼、义为基础的伦理学的发达，都一定程度上影响到战略理论，如对战争持慎重态度，认为兵凶战危，战争是不得已而为之；以“不战而屈人之兵”的“全胜”为最高战略目标；战略的重点往往是内部整合而非外部扩张；具有强烈的道德主义倾向，强调王者之师、义兵、义战；对于利与害、胜与败持辩证中和的态度，等等。西方古希腊文明以城邦制为基础，城邦之间的冲突、征服及殖民扩张成为文明演进的鲜明主题。西方文化中的冲突和斗争意识，使得崇尚战争、歌颂战争成为一贯的传统，以权力和利益为核心的功利主义成为西方战略理论的逻辑起点，在与外部威胁的斗争中谋求生存和发展成为战略的重点。

其三，在战略理论的阐发上，中国远远领先于世界。早在公元前5世纪末的春秋末年，中国就产生了《孙子兵法》这样的兵学经典。西方则在很长一段时间内并无专门的军事理论著作，有关战略的思想散见于各种历史著作中，如希罗多德的《历史》、修昔底德的《伯罗奔尼撒战争史》、恺撒的《高卢战记》，以及波利比乌斯和李维关于罗马史的记载等。这些历史著作分析战略得失，提出了一些卓越的见解。如希罗多德认为，国家的主要利益是维护自身安全和自主，面临共同威胁是建立和维持同盟关系的基础，"欺诈"是追求国家利益的正常手段。修昔底德认为，统治者必须着眼国家长远利益；将帅对战争胜负具有重要意义，战胜之后应该乘胜追击。恺撒指出，用兵需审慎；要以政治、外交手段与军事打击并用；应通过切断对方后勤补给迫敌就范，等等。但令人遗憾的是，这些思想并未凝练成系统的理论阐述。直到1世纪，西方才开始出现专门的军事理论著作，弗龙蒂努斯的《谋略》和韦格蒂乌斯的《论军事》是其中的代表。这两部著作虽然论述了一些战略的基本原则，但远不及《孙子兵法》等中国先秦兵书全面而深刻。

二、中古时代军事战略思想的演进（5世纪至17世纪）

汉朝和罗马帝国的相继瓦解，使世界进入了纷乱动荡的中古时代。但中国历史表现出了强烈的周期性特征，在经历一个时期的分裂动荡之后，又重新走向统一，建立起新的大一统王朝，而新的王朝又总是盛极而衰，再次出现分裂动荡，所谓"分久必合，合久必分"。在西方，随着罗马帝国的解体，大一统的局面一去不返，在罗马帝国废墟上涌现的众多部族和国家，陷入了长期纷争战乱的"黑暗时代"。在中古时代，东西方的军事家总体上都是在继承运用着古典时代伟人圣哲创造的思想成果，但他们针对各自面临的新环境、新情况，也不断对古典思想加以补充、改造和引申，使之不断具体化，从而使军事战略思想有了新发展。特别是在西方中世纪晚期，文艺复兴运动促进了资本主义萌芽，军事技术发展引起了军事变革，使战略理论出现重大发展。中古时代伊斯兰文明和阿拉伯帝国在欧亚大陆中部的兴起，也为军事战略思想发展注入了新因素。

中古时代，中国封建文化持续发展，直到明代中期仍居于世界领先地位。造纸术、指南针、火药和印刷术四大发明相继传入西方，对世界文明做出了重要贡献。在军事领域，争取与维护国家统一的战争和抵御北方游牧民族的边防战争一直是中国军事史的两大主题，二者又经常与农民起义战争、王朝更代战争等复杂交织。历代军事家面对各种复杂情势，将传统战略理论运用于战争指导，提出了许多卓越的战略筹划。如赵普与宋太祖“雪夜问对”，提出先南后北、先易后难的统一方略；刘整向忽必烈上《平宋策》，主张建设水军，中路突破，攻灭南宋，统一中国；朱升、刘基向朱元璋提出“高筑墙，广积粮，缓称王”“先楚后吴，各个击破”的进取方略等。这些战略筹议，不仅成功指导了重大战争实践，而且提供了战略分析和谋划的正确方法，构成了中国中古战略思想发展的重要方面。

与先秦时期的辉煌创造相比，中古时代战略理论的发展明显趋缓，缺乏系统创新，大量理论成果都是对古典时代特别是先秦战略思想的阐发、补充和深化。这一阶段军事战略最值得注意的新发展，一是蒙元骑兵战略的登峰造极。成吉思汗统一蒙古，善于发挥骑兵快速机动、突击性强的优势，远程奔袭、大纵深迂回、分进合击，把骑兵集团大规模远征的战略进攻样式发展到了极致。二是明代海防战略的初步形成。中国的海防战略源于抗倭。明初立足于海上御敌，同时与岛屿、沿岸防御相结合，有效遏制了倭寇的侵扰。俞大猷、戚继光等抗倭名将都以“御敌于海上”为上策，主张大力发展海军。郑若曾《筹海图编》是第一部论述海防战略的专著，主张建立“守之于海洋，守之于海岸，守之于内河，守之于城镇”的多重防御体系，相互维系，攻守结合，对于指导抗倭斗争起到了积极作用。但嘉靖中期以后，军政败坏，海防废弛，海防战略逐渐萎缩为以陆路歼敌为主，趋于保守。

在边防战略上，中唐以前，基本延续了秦汉边防攻守结合的模式，但中唐以后，由于丧失了西北养马地区，难以组建强大骑兵，加之统治者的战略短见，以及儒家尚和反战、重内轻外思想的消极影响，战略防御成为宋、明两朝边防战略的主导倾向。

与中国以统一为趋向的历史发展不同，西方的中古时代以分裂为主要特征。西罗马帝国灭亡后，日耳曼人建立了一系列国家，并出现了查理曼帝国、神圣罗马帝国等名义上的大帝国，但这些帝国并未形成持久而稳固的统治，中、西欧长期处于封建小国林立的状态，文明发展陷入长期停滞的“黑暗时期”，古罗马的文化传统丧失殆尽，直至15世纪文艺复兴，基督教神学占据统治地位，哲学、科学、艺术等学科的发展受到严重制约，在战略实践和理论上也乏善可陈。这一时期西方战略思想发展的重心是罗马帝国残余的一个分支——东罗马帝国。东罗马帝国以地中海东部为中心，地跨欧、亚、非三洲，长期处于众多异族的包围侵袭之中。它在战略指导上注重防御，强调发挥内线作战优势，集中兵力，各个击破，成功抵御了异族的多次入侵，在西罗马帝国灭亡后存续了一千余年。东罗马帝国皇帝莫里斯所著《将略》，是此时期西方最重要的战略理论著作。该书是专门为培训高级将领而写的教科书，对于战略指导原则有较多论述。莫里斯极力主张建立强大的骑兵，在战争指导上强调行动的突然性，认为战争胜败很大程度上取决于对攻击时间和地点的选择。他还特别重视将帅的个人才能，认为高超的指挥艺术是战胜敌人的必要条件。18世纪70年代，《将略》一书被法国军事家梅齐乐译成法文，并由此创造出了“strategy”一词，即“战略”。

15世纪，文艺复兴运动蓬勃兴起，名义上以恢复古希腊、罗马人文主义传统为中心，实际上是近代资产阶级思想文化的萌芽。它使西方文明挣脱了基督教神学的枷锁，开始走上创新发展之路。在军事领域，伴随着技术的发展，武器装备由冷兵器向火器过渡，相应引起了军事制度和战略战术的变革。西班牙、荷兰、瑞典等欧洲强国纷纷积极推进军事改革，组建以本国民众组成的常备军，根据使用火器的需要调整军队编制，采用线式战术，采用新的军需供给制等。三十年战争（1618—1648）中的布莱登菲尔德会战，被称为“机动与火力第一次战胜了数量和长矛的冲力”，引发了注重冲击力的方阵战术向注重发挥火力的线式战术的转变，被西方军事界称为“第一场现代战争”。

在文艺复兴运动和军事变革的影响下，西方战略理论出现了突破性进展，在系统性上超越了古希腊和古罗马的战略思想，并在许多方面预示了近代军事战略思想的跃变。15世纪末至16世纪初意大利政治家马基雅维利所著《战争艺术》和《君主论》堪称代表作。马基雅维利系统总结了古罗马时代的战略观念，与当时的战争实践相结合，提出了一些重要的战略思想。他认为，政治与军事关系密切，政治制度必须符合军事需要，只要能战胜，任何手段都可以使用。将帅必须要有战略远见、战略筹划和合理手段；要对各种因素作精密的分析和判断，要重视专家意见和情报搜集，要善于争取同盟，要根据环境的变化调整战略战术，要重视战略预备队的重要性，要慎重初战，要做好充分的物质储备，要严格保守军事机密等。马基雅维利的战略思想在西方影响很大，甚而被誉为西方“现代战略之父”。

17世纪奥地利军事家蒙特库特利著有《论战斗》《论军事艺术》《战争艺术格言》等书。他认为，战争像其他科学一样，具有普遍而根本的法则，恰当运用这些法则，就能准确预测战争，并降低战争的损失。他指出，任何战争的胜利都有赖于周密的准备、审慎的计划和秘密、迅速、坚定的作战行动。他倡导运动战，同时也不否认会战的决定意义。他将保持“预备队”作为战争指导的基本原则，称“到最后谁还能握有一支比较完整的兵力，则谁就能赢得会战”。他还洞察军事变革的发展趋势，非常强调指挥和后勤的重要性。

中古时代，欧亚大陆中部伊斯兰文明和阿拉伯帝国的兴起，也为军事战略思想的发展带来了新的因素。阿拉伯陆军以骑兵为主力，机动性强，攻坚力弱，在作战中强调快速机动和对敌有生力量的杀伤，不以一城一地得失为重。在与地中海国家的争霸战中，阿拉伯海军发挥着重要作用，在战略上，强调陆海军相配合，共同夺占滨海城市。由于伊斯兰文明浓厚的宗教色彩，很早就形成了军事进攻与政治谋略并用的战略思想。在穆罕默德统一阿拉伯半岛的过程中，利用宗教手段施加影响，是一个非常重要的特色。

三、近代军事战略思想的跃变和转型（17世纪至19世纪）

当中国继续在王朝更替的周期轨迹中反复，欧洲的文艺复兴运动和宗教改革运动透出了新的曙光，接踵而至的资产阶级革命和工业革命，开启了世界历史的新纪元。工业和技术的发展为西方国家提供了强大的武装和战力，资本攫取的内在动力掀起了殖民侵略的大浪潮。西方列强的殖民扩张和利益争夺，使世界历史进入了“铁”与“火”的强权时代，并对东方国家的固有秩序造成严重冲击，促使其不得不走上近代化的道路。在此历史背景下，军事战略思想迎来了革命性的大发展，其基本特征是西方主动，东方被动；在西方表现为质变飞跃，在东方表现为因应转型。

17世纪中叶，以英国资产阶级革命为起点，欧洲进入了资本主义时代，机器大工业代替手工生产，枪、炮等武器的产量和性能都大幅提升。以蒸汽为动力的铁甲舰出现，大大增强了军队的远洋作战能力。无线电报、电话、铁路等新通信和交通手段的出现，使军队的机动能力和指挥效率大大提高。以技术进步为基础，军队组织编制、战略战术都发生了一系列革命性变化，战略理论也获得了突飞猛进的发展。

这一时期，英、法、德等资本主义强国是西方战略实践的领潮者。法国军事家拿破仑·波拿巴被誉为“欧洲军事巨匠”，他倡导攻势战略，主张灵活运用战略战术，集中优势兵力，快速机动，以坚决勇猛的突然进攻歼灭敌人。在乌尔姆会战中，他以超乎意料的急行军出其不意地到达战场，攻克要塞，为其后奥茨特里茨战役的胜利奠定了基础。战争期间，拿破仑建立的总参谋部也为后来普鲁士建立现代总参谋部制度提供了模板，成为战略决策科学化的先驱。但拿破仑对进攻的限度认识不足，在大举入侵俄国时，遭遇独眼将军库图佐夫以空间换时间的撤退、迁延战略，陷入俄罗斯冬天的严寒而难以自拔，导致大败。拿破仑战争后，歼灭战思想被继续发扬，随着铁路交通的发展，军队的机动能力提高，“先集中后会战”的方式被淘汰，代之以普鲁士军事家毛奇推崇的“分进合击”战略。由于技术因素对战争的影响越来越大，军队指挥对科学性的要求也越来越高，以普鲁士总参谋部的建立为标志，完备的战略策略与统一高效的指挥越来越受到重视。

这一时期，西方军事战略理论与实践交互影响，涌现出一批卓越的战略理论著作，对世界战略思想的发展产生了极为深远的影响。

法国战略家比洛所著《最新战法要旨》，第一次对战略和战术进行了明确的界定，指出战略是关于视界和火炮射程以外进行军事行动的科学；而战术是关于在上述范围以内进行军事行动的科学。战略又有政治战略与军事战略之分，“政治战略是最高一级的”。

俄国军事家苏沃洛夫著有《制胜的科学》，反对当时欧洲一些国家流行的平均部署兵力的警戒线战略，强调在任何情况下都必须集中兵力于主要方向。他认为，军事行动的主要目标是歼灭敌人，战略行动的基本方法是积极进攻，即使防御也必须是积极的。

德国克劳塞维茨所著《战争论》是西方近代战略理论的经典。克劳塞维茨第一次明确地指出“战争无非是政治通过另一种手段的继续”。他将战略要素归为五类：精神要素、物质要素、数学要素、地理要素和统计要素。他指出，数量优势在战略和战术上都是最普遍的制胜因素，即使不能取得绝对优势，也要巧妙调遣部队形成相对优势；作战中一切行动都或多或少以出敌不意为基础；战略上最重要而又最简单的准则是集中兵力；防御和进攻两种作战形式是相互联系、相互影响且相互转化的，要善于掌握进攻和防御的时机；为了打垮敌人，应集中一切力量打击敌人的“重心”。所谓

“重心”，可能是敌人的军队、首都、同盟国的军队，也可能是主要领导人或民众的情绪。

瑞典若米尼所著《战争艺术概论》，总结了法国大革命和拿破仑战争的经验，提出了不少具有普遍指导意义的作战原则。若米尼认为，战争艺术首先要考察国家的战争政策和影响战争胜负的各种因素，各种不同类型战争的规律是有区别的，全民参加的民族战争具有可怕的力量。战略的重要任务在于：正确判断敌方的战争区；认真分析敌我双方的决定点，抓住有利时机通过机动和快速性取得优势；集中主要兵力协调一致地对具有决定意义的敌军中央或一翼实施攻击。

随着资本主义的全球扩张，对海洋的控制直接影响到西方列强的兴衰。因此，这一时期西方战略理论中对海洋的控制有了比较多的论述，影响最大的是美国的马汉所提出的海权论。马汉关于海权的著作有很多种，其中最著名的是《海权对历史的影响（1660—1783）》。马汉总结西方战争史，将建立强大的海权作为战略的核心。他指出，建立强大的海权有赖于具有优势的海上力量，包括强大的舰队、商船队以及发达的基地。夺取制海权的手段是舰队决战和海上封锁。海军战略的要素是集中、中央位置、内线、交通线。集中优势兵力是取胜的关键，应避免在两个方向上同时作战；战争优势源于力量加中央位置，居于中央位置便于向主要战略战役方向作内线机动；内线是中央位置的延伸，是攻势作战线；交通线是守势作战线，要确保己方海上交通线安全，同时破坏和封锁敌人的海上交通线。马汉还指出，海军的存在是为了进攻，防御只是进攻的准备，即使全局处于防御态势，海军舰队也必须积极出击。马汉的海权论顺应了帝国主义海外扩张的需要，对美、英、法、德、日等国的海军建设和海洋战略产生了深远的影响。

在西方资产阶级战略思想大发展的同时，以马克思、恩格斯为代表的无产阶级战略理论也于这一时期崛起。马克思、恩格斯运用辩证唯物主义与历史唯物主义的世界观和方法论，提出了关于战争起源与本质的科学论断，重新认识了军队性质与军事建设的问题，创造性地提出了人民战争思想和无产阶级的作战方法等新的内容，开始对世界战略思想的发展产生越来越大的影响。

当西方资本主义狂飙突进之际，中国仍然重复着封建社会王朝更替的周期律。1644年，兴起于东北的满族大举入关，灭掉了明朝和李自成领导的农民起义军，建立了清朝。清前期，在战略上融合了游牧民族和中原文化传统，体现出一定的创新。例如，在边防战略上，一改历代备边多靠长城的传统，对边疆地区的叛乱分裂活动坚决打击，维护了国家统一。但是，清王朝战略上的调整并非基于经济、社会发展的革命性变化，其根底仍然是封建社会农耕文明的文化传统，与西方资本主义文明的差距越拉越大。

1840年，鸦片战争爆发。中国国防体系受到严重冲击，领土被蚕食，主权被侵夺，日益陷入半殖民地半封建社会的深渊。因应这种“数千年未有之变局”，魏源提出了“师夷长技以制夷”的主张。19世纪60—70年代，洋务运动兴起，以“练兵”“自强”为口号，从创办军事工业，到按照西洋操法编练军队，中国军事的近代化逐步发展。但是，由于传统制度和观念的阻力，加以列强侵逼的严峻形势，近代军事变革没能起到振衰起弊的作用，对于战略的发展也未能产生实质性的影响。这个时期爆发的太平天国农民战争，是中国历史上最后一场全国性的旧式农民战争，其军事战略注重机动作战，强调出其不意、攻其无备，但在战略全局谋划上存在明显的不足，前期过于流动，后期过于困守，最终难免失败。

近代中国在战略上的变化，主要体现在海洋方向。19世纪70年代，边防出现全面危机，东南方向，日本入侵台湾，西北边疆，俄国侵占伊犁，清廷经过反复讨论和权衡，最终决定海塞防并重，一面分南北洋筹建海防，一面派左宗棠出兵收复新疆。至此，在中国国防战略中，首次明确地将海防提高到与塞防并重的地位。但是，在清朝统治者的思想中，海防战略的核心是海口防御，海军的作用不是争夺制海权，而是增强海口防御稳定性与机动能力。因此，尽管北洋海军在1888年成军，舰船规模号称亚洲第一，但在成军后未新增一舰，在武器装备、战术训练等方面逐渐与东邻日本拉开了差距。在甲午战争中，北洋舰队惨遭全军覆灭的厄运。

中国近代战略环境的剧变，使传统军事理论面临严峻的挑战，如近代思想家郑观应所说：“今之战时非二十一史中战事所有也。今之战术非孙、吴兵书中战术可尽也。”[①]在军事理论领域，向西方学习成为风尚所趋。近代知识分子译介了一些西方军事学论著，如《火器略说》《临阵管见》《中西兵略指掌》等，但是，这些论著大多局限于武器装备和战术层面。直到20世纪初，马汉《海权论》与克劳塞维茨《战争论》等西方优秀战略论著才被译介到中国，但并未对中国近代战略理论和实践产生实质性的影响。真正对中国海防战略影响较大的，是普鲁士军官希里哈所著《防海新论》，该书19世纪70年代初被译介到中国，书中所阐述的海口防御思想虽已为西方列强所摒弃，却为洋务派所推崇，成为海防战略的理论指导，对清海军建设及甲午战争产生了重要影响。

四、中国传统战略智慧的价值启示

中西军事战略思想的历史发展进程，深刻反映了中国传统兵学富于战略性的突出特征，它表现为自古以来战略思维的发达和战略思想的丰富，注重对天下大势和战争全局的理性思考和能动把握，强调“不谋全局者，不足谋一域”。既是中国传统兵学奠基之作也是中国传统兵学巅峰之作的《孙子兵法》，在当代被公认为一部杰出的战略著作，一些西方战略学家甚至认为：“孙子是古代第一个形成战略思想的伟大人物……今天没有一个人对战略的相互关系、应考虑的问题和所受的限制比他有更深刻的认识，他的大部分观点在我们当前的环境中仍然具有和当时同样重大的意义。”[②]此外，像汉代晁错《言兵事疏》、诸葛亮《隆中对》、西晋羊祜《平吴疏》、元朝刘整《平宋策》、清朝施琅《边患宜靖疏》等历代军事策论中的名篇，也都以其洞观天下、运筹全局的远见卓识而名传千古。可以说，底蕴深厚的

① 《郑观应集》上册，上海人民出版社1982年版，第846页。
② 〔美〕约翰·柯林斯：《大战略》，中国人民解放军战士出版社1978年版。

战略智慧是中国传统兵学最为宝贵的精髓。

先哲卓越的战略智慧是中华民族一份永恒的财富，对思考和筹划国家安全和国防军事问题永远具有借鉴价值。特别是中国传统战略智慧的如下四个基本取向，对我们立足21世纪的国际竞争格局和国家安全环境进行军事战略创新、筹谋好国防和军事问题，尤其具有借鉴和启发意义。

一是“重根本”。战略的根本是实力。没有实力，再有智谋也无用武之地；没有实力而高谈谋略，无异于自欺欺人，结果更加适得其反，只能贻笑天下。有鉴于此，中国传统战略智慧首先强调自身实力培植。《孙子兵法·形篇》说，“善战者，先为不可胜”（先谋求不可被战胜），“不可胜在己”（不可被战胜关键在于自己）。后人常说孙子“尚智贵谋”，但孙子自己却说，“善战者之胜也，无智名，无勇功”，因为善战者之胜，“胜于易胜者也”[①]。什么叫“易胜”？就是自己形成强大的实力，而敌人却处于衰败状态，还没出手就已经处于胜势，取胜非常容易。这才是孙子的大智所在。孙子说:“百战百胜，非善之善者也；不战而屈人之兵，善之善者也。”[②]其实,“不战而屈人之兵”就是“易胜”之极，在根本上必然是以强大的实力为基础，而不可能是仅仅依靠什么“奇谋妙计”。正是基于对实力这个根本的重视，中国先哲很早就提出了“富国强兵”的思想，揭示了大国强盛的根本途径在于以“富国”来支撑“强兵”，以“强兵”来保障安全和发展，通过“富国”和“强兵”的相互促进作用来实现国家的安全巩固和持久兴盛。

二是“贵有备”。中国传统战略智慧具有强烈的忧患意识和突出的预备观念。《周易》中就有“安而不忘危，存而不忘亡，治而不忘乱”的箴言。《司马法》明确指出：“天下虽安，忘战必危。”先哲从无数惨痛的历史教训认识到，军队可能“百岁不一用，然不可一日忘也”，因而主张时刻保持清醒头脑，始终保持国家安全上的警惕性，“夫安国之道，先戒为宝”；而且要针对可能的安全威胁，做好充分的战争准备，“无恃其不来，恃我有以

① 《孙子兵法·形篇》。
② 《孙子兵法·谋攻篇》。

待也”，“无备，虽众不可恃也”，“乃其有备，有备无患”。明太祖朱元璋曾经总结历史上的经验教训，对此做了鞭辟入里的论述：“人孰不曰：‘天下平定之时，可以息兵偃武。’殊不知治兵然后可言息兵，讲武而后可言偃武。若晋徹州郡之备，卒召五胡之扰；唐徹中国之备，终致安史之乱，此无备之验也。夫当天下无虞之时，正须常守不虞之戒，然则武备其可一日而忘哉！”

三是“求全胜”。中国传统战略智慧对待军事和战争问题，从来都不简单地就事论事，或仅仅局限于从军事领域看问题，而总是首先从国家整体利益的高度进行审视，把维护国家的整体利益作为根本出发点，追求“安国全军”（安定国家保全军队）的“全胜”目标。这种宏大的战略视野使先哲看到，军事力量是维护国家安全和国家利益的一种手段，必须将之与政治、经济、外交等多方面因素相结合进行综合运用，相辅相成，才能够达到良好的效果；单纯依恃武力或简单地使用武力，其结果往往是“破军疲国”，使国家陷入“四面楚歌”的危机。中国古人把军事和战争手段称为“武”，把政治、经济、文化、外交等非军事手段称为“文”。孔子说：“有文事者必有武备，有武事者必有文备。”在当代美国学者约瑟夫·奈提出“软实力与硬实力”理论两千多年前，中国思想家其实就已经对此有深刻的认识，并提出了文武并用、刚柔相济的明确主张：“能柔能刚，其国弥光；能弱能强，其国弥彰；纯柔纯弱，其国必削；纯刚纯强，其国必亡。”因此说：“文武并用，长久之术也。”只有可持久的胜利才称得上是“全胜”。

四是“忌轻发”。中国传统战略智慧对待军事和战争问题，一贯秉持理智、冷静、慎重的态度。孙子说：“兵者，国之大事，死生之地，存亡之道，不可不察也。”又说：“主不可以怒而兴师，将不可以愠而致战。合于利而动，不合于利而止。怒可以复喜，愠可以复悦，亡国不可以复存，死者不可以复生。故明君慎之，良将警之。此安国全军之道也。”基于这样的清醒认识，中国先哲坚决反对情绪化地、轻率地处理战争问题，而力主理性地、慎重地谋划和指导战争，“慎重则必成，轻发则多败！”而且，普遍对武力的运用设置了严苛的界限。老子说，“兵者不祥之器，非君子之器，不得已而用之”；孙子说，“非危不战”，都把战争手段作为迫不得已的最后选择。这些观念千百年来深入人心，使慎战成为民族的普遍意识，前人因而说，“从古知兵非好战”。

中国传统战略智慧的这些基本取向，是中华民族数千年军事实践丰富经验教训的历史结晶，是传统兵学文化最为精华的思想成果。今天，虽然战争和军事的技术形态有了巨大发展，但国家力量博弈的本质关系并没有根本变化。上述中国传统战略智慧的基本取向，有其内在的有机联系，体现了中华民族对国家力量博弈本质关系的独特把握，这就是重力量而不轻率使用力量，极其强调慎重、合理、有节制地运用力量，这正是中华民族理性智慧特点的重要表现，也是我们今天进行军事战略创新首先需要加以继承弘扬的民族思想精华。

第十二讲
《孙子兵法》学习导论

《孙子兵法》产生于我国春秋时代晚期，距今已有两千五百多年了。它是世界上现存最古老的兵书，也是迄今为止影响最为持久而深远的军事理论著作。

《孙子兵法》十三篇具有比较严谨的结构和独具特色的理论体系，其内容涵盖了战争观、战略战术、作战保障、军队建设等军事理论的主要方面，并在这些方面提出了一系列具有卓越创见的深刻思想。而在《孙子兵法》之前，无论在东方还是在西方，我们现在都只能看到一些有关战争和军事的零散论述。因此，《孙子兵法》被公认为世界历史上第一部系统的军事理论著作，孙子是世界历史上第一个创立了系统军事理论的伟大思想家。

一、孙子的时代和生平

孙子，名武，字长卿，春秋晚期齐国人，与孔子（前551—前479）大体同时代。

春秋时代的齐国，位于今山东省东北部，濒临渤海，是一个物产丰富、实力强盛的诸侯大国。春秋前期，齐桓公“九合诸侯”，成为春秋时代的第一个霸主。孙子的祖先是齐国的田氏，自齐桓公以来，一直为齐国的贵族世家，族中素来重视军事，名将辈出，屡建战功。孙子的祖父田书曾因讨伐莒国（位今山东莒县）有功，被齐景公赐姓孙氏，子孙遂从此姓。比孙子略早的齐国另一位大军事家司马穰苴，也是田氏的支裔。

春秋晚期是中国历史上一个剧烈的大变动时期，诸侯争霸，列国并兼，战争频发。与此同时，周朝原有的统治制度冰消瓦解，礼崩乐坏，社会正发生深刻的变化，在思想领域出现了百家争鸣的活跃局面。受时代风气和家族风尚的影响，孙武成年后对军事进行了深入研究，著书立论。其时齐国卿大夫争权，贵族间互相攻伐，内乱不已，孙武便离开齐国投奔南方的吴国。

吴国位于今江苏南部，是春秋晚期新崛起的诸侯强国。公元前514年吴王阖闾即位后，为图霸业，广延人才，孙武以其所著“兵法十三篇”晋见吴王，深得吴王的器重，被任命为将军。[①]从公元前512年到公元前482年，吴国国势强盛，向西击破强大的楚国，攻入楚都郢城（今湖北江陵西北）；又挥师北上，威震齐、晋诸大国，孙武为这些军事活动都做出了贡献。但史书对孙武的军事实践记载很少，其成就集中地体现于他所著的兵法之中。孙武以其兵法和军事思想而受到世人的推崇，所以被尊称为“孙子”[②]，与老子、孔子、墨子等并列为春秋战国之际的大思想家。

二、《孙子兵法》的成书和流传

世人尊称孙武为孙子，因而就把孙武所著的兵法称为《孙子兵法》或

① 《史记·孙子吴起列传》生动记述了孙子见吴王的故事：孙武以兵法晋见吴王阖闾。阖闾问：“先生的兵法十三篇，我都看了，可以小试一下指挥队伍吗？”孙武回答：“可以。”阖闾又问：“可以用妇女试演吗？”孙武说：“可以。”于是从宫中选出180个美女交给孙武操演。孙武把宫女分成两队，分别用吴王的两个宠姬当队长，命令她们都拿上戟，然后向她们宣讲操练的要领。孙武问：“你们知道自己的前心、左右手和后背吗？”宫女们回答：“知道。”孙武说：“向前，就看心所对的方向；向左，看左手方向；向右，看右手方向；向后，转朝背的方向。”宫女们回答：“知道了。”于是孙武让卫士在场边设上行刑用的斧钺，反复申明军令军法，然后击鼓发令向右。谁知宫女们都弯腰大笑。孙武说：“我讲得不够清楚，你们对规定还不熟悉，这是我的过失。”于是又把操练的要领和军法军令仔细交代了几遍，然后再次击鼓发令向左，宫女们又大笑。孙武说：“规定不明确，交代不清楚，那是为将者的责任。现在操练内容、军纪军法都已宣布明白，仍然不执行命令，就是下级军官的责任了。”于是按照军法下令把两名队长斩首。吴王从台上看见这情形，大惊，急忙派人传令给孙武：“寡人已经知道将军善于用兵了。没有这两个美姬伺候，寡人食不甘味，寝不安席，请将军收回成命。”孙武回答：“臣既然已经受命为将，将在军中，君命有所不受。”坚决地下令把两个宠姬斩首示众，然后指令两队的排头当队长，再次击鼓发令，这一下宫女们左右前后跪伏起立，都能够中规中矩，没有一个人敢于喧哗。于是孙武派使者禀报吴王：“兵已经练好，请大王检阅，任凭大王的意愿使用，即使让她们去赴汤蹈火也可以。”吴王回答：“请将军回馆舍休息吧，寡人不想去看了。”阖闾由此知道孙武能用兵，最终任用他为将军。

② 战国时期齐国的大军事家孙膑也被尊称为“孙子”，后人为示区别，有时就把建功于吴国的孙武称为“吴孙子”，而把孙膑称为“齐孙子”。

《孙子》。这部书共有十三篇，总计约六千字①，写成于孙武见吴王阖闾之前，不迟于公元前512年②。

《孙子兵法》问世后，便流传于世，产生了广泛的影响。战国晚期的著名法家韩非说："境内皆言兵，藏孙、吴之书者家有之。""孙"指孙武和孙膑，"吴"指吴起。西汉大史学家司马迁更明确地说："世俗所称师旅，皆道孙子十三篇。"③随着孙子的声名远播，在谈兵论武之风盛行的战国秦汉时期，一些门人后学对孙子思想续有记述阐释，同时社会上也产生了一些托名孙子的兵书，人们往往将之与《孙子兵法》合编，导致《孙子兵法》篇帙激增。西汉时官方整理的兵书目录《七略·兵书略》，以及据此写成的《汉书·艺文志·兵家》，称《孙子兵法》有八十二篇之多，其中就包含了大量后人的撰述和伪托之作。

东汉末年，大军事家曹操鉴于当时流行的《孙子兵法》内容庞杂，"失其旨要"，对它做了一次认真的整理，"削其繁冗"，恢复了原本的十三篇结构。④曹操还结合自己丰富军事实践的心得体会，对《孙子兵法》做了精审的注解。曹注《孙子》（即《魏武帝注孙子》）是现存《孙子兵法》的最早注本。此后，对《孙子兵法》的研究和注释代不乏人。从三国至唐宋，较具代表性的注释有曹操、梁孟氏、李筌、杜佑、杜牧、陈皞、贾林、梅尧臣、王晳、何氏、张预等11家，合称"十一家注"。

北宋时，朝廷设立"武学"（军事学校）。宋神宗元丰三年（1080），从历代兵书中选定《孙子兵法》《吴子兵法》《司马法》《六韬》《尉缭子》《三略》《李卫公问对》7部作为武学教科书，统称"武经七书"，校定刊行，后人不得妄自增删。以国家法令（诏命）正式确立了《孙子兵法》作为兵学首要经典的地位，杜绝了社会上伪造、增窜的流弊。这之后，《孙子兵法》

---

① 目前传世的《孙子兵法》有不同版本，在字数上略有差异。

② 现传于世的《孙子兵法》文本中，可能有少量文字系后人修改或增窜。

③ 《史记·孙子吴起列传》。

④ 经过曹操整理，《孙子兵法》基本上恢复了原来的面貌，但其中仍杂有少量战国时期增衍的内容。另外，古书都以简牍的形式编成，由于编简的绳索腐朽、散断，往往导致篇节和语序错乱，这种情况在《孙子兵法》中也有一定程度的存在，但这些都不足以影响《孙子兵法》内容和思想的完整性。

形成了两个主要的版本系统，一是作为法定教材的《武经七书》本；一是作为研习专书的注释会集本，现存有南宋刊行的《十一家注孙子》。宋以后，二者一直是《孙子兵法》的权威文本。直至今天，对《孙子兵法》的学习、研究和介绍，在文本上都以此为基本依据。1972年，在山东临沂银雀山汉墓中出土了一批竹简，其中有《孙子兵法》和《孙膑兵法》，约抄写于汉初，印证了传世《孙子兵法》内容的完整性。

《孙子兵法》在国外的流传始于唐代，在历史上对东亚地区的朝鲜、日本、越南等国都产生了巨大影响。特别是在日本，自17世纪初以来出现了研习《孙子兵法》的热潮，经久不衰。18世纪，《孙子兵法》传入欧洲，先后被译成法文、俄文、德文、英文。20世纪中叶以来，《孙子兵法》在世界上的影响进一步扩大。今天，《孙子兵法》已经拥有日、法、俄、德、英、意、捷克、罗马尼亚、希伯来、希腊、阿拉伯、荷兰、西班牙、越南、丹麦、缅甸、泰、朝鲜、马来等诸多语种的译本，在全世界得到广泛传播，并享有巨大声誉。

三、《孙子兵法》的主要内容

《孙子兵法》语言简约，篇幅精练，但体系宏大，思想深邃。全书13篇，以战争运筹和作战指导为核心，层层展开，逻辑严谨，形成了一个极富特色的军事理论体系，其内容涵盖了战争观、战略战术、作战保障、军队建设等军事理论的主要方面，并在这些方面创设了诸多内涵深邃的概念、范畴和命题，提出了系统而深刻的思想。

第一篇《计篇》是全书之纲，总论制胜之道，认为“兵者，国之大事”“兵者，诡道也”，主张对战争进行综合运筹和总体谋划，机动灵活地作战用兵，提出了以“五事”“七计”为主的战略筹算方法和“攻其无备，出其不意”的作战指导思想。

第二篇《作战篇》，主要论述战争准备问题，强调了战争旷日持久给国家带来的巨大危害，在此基础上提出了“兵贵胜，不贵久”“因粮于敌”“胜敌而益强”等思想。

第三篇《谋攻篇》，主要论述谋划攻战问题，主张“上兵伐谋，其次伐交，其次伐兵，其下攻城”，提出了“不战而屈人之兵”的全胜战略思想，揭示了“知彼知己者，百战不殆”等战争规律。

第四篇《形篇》，主要论述实力对比决定战争胜负的问题，提出了“修道而保法”“先胜而后求战”“胜于易胜”的思想，阐述了“度、量、数、称、胜”的战略分析方法。

第五篇《势篇》，主要论述战势变化和造势用势问题，提出了“奇正”“势节”两对重要概念，阐述了“奇正相生”“势险节短”“择人而任势”等思想。

第六篇《虚实篇》，主要论述作战用兵的主动性和灵活性问题，提出了“致人而不致于人”“形人而我无形”“避实而击虚”“兵无常势”“因敌变化而取胜”等思想。

第七篇《军争篇》，主要论述作战中争取先机之利的问题，提出了“以迂为直，以患为利”“避其锐气，击其惰归”“夺气”“夺心”等指导原则和方法，同时强调了“军无辎重则亡”。

第八篇《九变篇》，主要论述作战指挥的机动变化问题，主张将帅有机断专行的权力，应根据客观情况实施灵活的指挥，“君命有所不受”，同时对将帅提出了“五危”的警告。

第九篇《行军篇》，主要论述不同地形条件下军队行动（包括作战、机动、宿营等）的原则和方法，总结了战场上观察判断敌情的“相敌”之法，同时提出了“兵非益多”“令文齐武”等治军思想。

第十篇《地形篇》，具体论述了六种地形条件下用兵的方法，提出了“地形者，兵之助也”的重要命题，还论述了军队的六种失败情况及其原因，特别强调了将帅的责任，对将帅提出了“进不求名，退不避罪，唯人是保，而利合于主”的根本要求。

第十一篇《九地篇》，具体论述了九种地理环境下的作战原则和方法，与此相联系，系统阐述了战略进攻的作战理论——“为客之道”，并论述了不同环境中军队作战的心理学问题。

第十二篇《火攻篇》，主要论述以火攻敌的问题，包括火攻的种类、条件、方法等，同时强调了慎战理念，提出了“费留”“修功”“安国全军”“非危不战”等重要命题和思想。

第十三篇《用间篇》，从战略高度强调了掌握敌情的重要性，具体论述了掌握敌情的重要手段——使用间谍，包括间谍的类别、用间的原则和方法等。

四、《孙子兵法》的主题和结构

如何认识《孙子兵法》的主题？把握住《计篇》中的两个判断句是关键。第一句是“兵者，国之大事”，第二句是“兵者，诡道也”。

在全书开篇的《计篇》中，孙子首先提出了第一个著名论断：“兵者，国之大事。”紧接着他指出了决定战争胜负的五个基本因素：道、天、地、将、法。这五大因素又表现为七个方面的具体情况：“主孰有道？将孰有能？天地孰得？法令孰行？兵众孰强？士卒孰练？赏罚孰明？”孙子认为，战争的胜负是由这些方面的综合情况决定的，而不是单单取决于军事力量。因此他主张一个国家在进行战争之前，必须先对敌我双方这些方面的情况进行比较和计算，以判断胜负的情势，然后再作出慎重的决策。为此他特别提出了“庙算”的概念。“庙”指古代帝王议政的朝堂，“算”即计算。所谓“庙算”——朝堂上的计算，就是指国家高层的战略分析和评估。孙子认为，一个国家投入战争之前，统治者必须先进行这样的战略评估，在此基础上慎重进行决策，这就是“未战先算”原则。这些内容都属于战争运筹和战争谋划的范畴。孙子的思想，就是要从“国之大事”的高度，对战争进行总体的运筹和谋划。

然后，孙子又提出了第二个著名论断：“兵者，诡道也。”紧接这个论断，孙子列举了作战用兵的十二种具体方法，“能而示之不能，用而示之不用，近而示之远，远而示之近。利而诱之，乱而取之，实而备之，强而避之，怒而挠之，卑而骄之，佚而劳之，亲而离之”。最后孙子把这些方法总括为一个原则——“攻其无备，出其不意”。这些内容都属于作战问题的范畴。与论述“兵者，国之大事”时的宏大战略视野和理智审慎态度形成鲜明对比，孙子在这一段话中表现出了极其机动灵活的作战指导思想。

现在我们看到，在第一篇中孙子作出了两个著名的论断：“兵者，国之大事”——战争是国家的大事；“兵者，诡道也”——战争是诡诈变化的事情。由第一个论断出发，他提出了决定战争胜负的基本因素，强调了“未战先算”的原则；由第二个论断出发，他列举了作战用兵的若干具体方法，提出了“攻其无备，出其不意”的原则。前者属于战争运筹和战争谋划，后者属于作战思想和作战方法，这两个方面正是《孙子兵法》这部书论述最多的基本内容。因此可以说，《孙子兵法》的主题：一是战争的总体运筹和谋划问题；二是作战问题。“兵者，国之大事”；“兵者，诡道也”。从第一个论断出发，孙子强调了要从国家总体上对战争行动进行运筹和谋划；从第二个论断出发，孙子强调了机动灵活的作战指导思想。这两个著名的论断实是全书的点题之笔。

明了《孙子兵法》的主题，再来看它的结构，可以形成如下认识。

第一篇《计篇》是《孙子兵法》全书的总纲，在这一篇中，孙子对他将要讨论解决的两个主题——慎重周密地谋划战争和机动灵活地作战用兵，分别作了纲领性的阐述。

第二篇至第四篇——《作战篇》《谋攻篇》《形篇》，主要论述第一个主题，即战争的总体运筹和谋划问题，站在“国之大事”的高度，以国家利益和国家安全为根本基点，提出了一系列大战略思想。如《作战篇》的“兵贵胜，不贵久”思想；《谋攻篇》的“全胜”“不战而屈人之兵”“伐谋伐交”思想；《形篇》的“先胜而后求战”“修道而保法”思想。

第五篇至第十二篇——《势篇》《虚实篇》《军争篇》《九变篇》《行军篇》《地形篇》《九地篇》《火攻篇》，主要论述作战问题。其论述总体上由一般而具体，由普遍而特殊，头两篇主要讲一般性、普遍性的思想和原则，随着篇次的推进，涉及的作战问题越来越具体。其中，第六篇《虚实篇》提出了孙子的核心作战思想，它有两个基本点：一是主动性，“致人而不致于人”；二是灵活性，“因敌变化而取胜”。其他各篇广泛论述了一系列作战原则和作战方法。它们共同构成了孙子的作战理论。

第十三篇《用间篇》专门论述情报问题，这对于战争运筹和作战用兵，都是重要的基础。在《孙子兵法》中，使用最多的一个字是“知”字。无论是论述战争运筹还是作战问题，孙子都反复强调“知”，即了解情况，包括与战争和作战相关的各方面情况。孙子无疑是把“知情”视为一切战争和军事行动的基础。因此本篇又具有一定的总结性。

在上述结构中，与战争运筹和作战问题相结合，孙子还充分阐述了他对于战争的基本态度和有关将帅问题的丰富思想，并涉及了军事领域方方面面的问题。由此建立起了具有鲜明特点的一个伟大的军事理论体系。

如同其他先秦古籍一样，《孙子兵法》在后世流传过程中也一定程度存在简编错乱的现象，但我们今天所看到的《孙子兵法》，仍较完整地保持了孙子思想的内在逻辑，这就是孙子的体系。

五、《孙子兵法》的成就和影响

在孙子之前，无论在东方还是西方，都只能从现存的典籍中见到一些有关战争和军事的零散论述。《孙子兵法》第一次构建了一个具有丰富内容的军事理论体系，并且在战争观、战略战术、作战保障、军队建设等军事理论的主要方面，提出了一系列卓越的创见和深刻的思想，由此产生了持久而深远的影响，突出地表现在三个方面。

一是对中国传统军事思想的影响。孙子总结春秋及其以前时代的战争经验和军事思想成果，创造性地建立了博大精深的军事理论体系，为中国古代军事思想的发展奠定了坚实的基础，也框定了中国传统军事思想的发展方向，确立了中国传统军事思想的基本特色。自《孙子兵法》问世以来，其提出的诸多命题和概念、范畴，一直是中国传统兵学集中讨论的对象；历朝历代的军事家和兵法著述，在理论上对《孙子兵法》不断有所补充和发展，但在根本上都未能超越孙子。孙中山说："就中国历史来考究，二千多年前的兵书有十三篇，那十三篇兵书便是解释当时的战理。由于那十三篇兵书，便成立中国的军事哲学。"①孙子的思想深深渗透于中国传统军事思想的血脉之中，构成了中国传统军事思想的精髓。

二是对中国现代军事理论的影响。优秀的传统思想是民族宝贵的精神财富。在中国近代以来构建新型军事理论的过程中，《孙子兵法》继续发挥了积极的作用，成为重要的思想来源之一。以毛泽东军事思想为例，从井冈山斗争开始，毛泽东在作战用兵上一直极为强调主动性和灵活性，不拘一格、灵活机动、出奇制胜是其战略战术的突出特点，这与孙子的作战思想和理论存在深刻的渊源关系。而且，毛泽东以自己波澜壮阔的战争实践，真正达到了孙子所说的用兵如神的境界。1935年红军长征到达陕北后，毛泽东开始深入思考中国革命战争的重大理论问题，先后撰写了《中国革命战争的战略问题》《论持久战》等光辉著作，确立了毛泽东军事思想的主体内容。这个时期毛泽东在军事理论上的卓越创造，有三个主要的思想来源：（1）马克思列宁主义，特别是唯物辩证法思想；（2）以克劳塞维茨《战争论》为代表的西方进步军事思想；（3）优秀的中国传统军事思想，包括《孙子兵法》和历史上一系列著名的以弱胜强战例所蕴含的宝贵启示。在《中国革命战争的战略问题》和《论持久战》中，毛泽东多处引用了孙子的话来说明问题，还特别指出，"孙子的规律，'知彼知己，百战不殆'，仍是科学的真理"②，"我们不要看轻这句话"③。以《孙子兵法》为代表的中国优秀军事遗产的深刻影响，赋予了毛泽东军事思想深厚的历史内涵，也是毛泽东军事思想表现出独有的中国气派的一个重要因素。

三是对世界当代军事学说的影响。从20世纪中期开始，《孙子兵法》

---

① 《孙中山选集》，人民出版社1981年版，第704页。
② 《毛泽东选集》第2卷，人民出版社1991年版，第490页。
③ 《毛泽东选集》第1卷，人民出版社1991年版，第182页。

在世界范围得到广泛传播，日益引起西方战略家和军事家的重视，闪耀着东方智慧光芒的孙子军事思想，已经成为他们启迪思维、创新理论的重要灵感源泉，因而对西方当代军事学说产生了越来越大的影响。提出间接路线战略的英国军事理论家利德尔·哈特，对孙子的思想推崇备至，他在1954年修订出版的《战略论：间接路线》中写道："最完美的战略，也就是那种不必经过严重战斗而能达到目的的战略——所谓不战而屈人之兵，善之善者也。"将其间接路线理论直接溯源到了《孙子兵法》。利德尔·哈特还为塞缪尔·B.格里菲思的《孙子兵法》英译本（1963年出版）写过一篇影响很大的序，对《孙子兵法》做了全面的评价："《孙子兵法》是关于战争艺术的最早论述，就其对战争艺术论述的广泛性和对战争艺术的理解深度而言，到目前为止尚没有被超越。《孙子兵法》可说是集中了战争的核心智慧。在过去的军事思想家当中，只有克劳塞维茨可与之媲美。尽管克劳塞维茨的著述比《孙子兵法》晚了两千多年，但相比较而言，《孙子兵法》却更加切合时宜，更能跟上时代的变迁。孙子具有更明确的远见、更深入的洞察力、更持久的生命力。"这是很有代表性的看法。美国防务问题专家约翰·柯林斯在1973年出版的《大战略》一书中也说："孙子是古代第一个形成战略思想的伟大人物……孙子十三篇可与历代名著包括二千二百年后克劳塞维茨的著作媲美……他的大部分观点在我们当前的环境中仍然具有和当时同样重大的意义。"

20世纪90年代以来，美军在大力推进新军事革命的同时，出现了一股《孙子兵法》热，各军种和院校都加强了对《孙子兵法》的学习和研究，表现出试图借鉴孙子的思想，从而在新的全球战略环境下更加灵活有效地运用其强大军事力量和高新战争手段。近年美军的《空地一体战》作战纲要和《2010年联合构想》《2020年联合构想》等作战条令，引用了许多孙子的箴言警句。美国人也毫不讳言地承认，自海湾战争以来他们所进行的历次战争的作战理论和战略战术，包括伊拉克战争中运用的"震慑"理论或"快速决定性作战"理论，以及斩首、攻心、精确闪击等一系列战法，都汲取了孙子的智慧。伊拉克战争的作战理念主要来自哈伦·厄尔曼等人1996年所著的《震慑与畏惧：迅速制敌之道》，孙子的名字在该书中先后出现了20多次，比克劳塞维茨还多。随着新军事革命的推进，《孙子兵法》对西方军事理论的影响，正呈现出不断深化的趋势。

此外，《孙子兵法》以其对战争哲理和战争艺术的深刻把握，也对现代以对抗竞争为特色的其他许多领域产生了广泛影响，特别是在商业经营领域，今天无论在东方还是在西方都把《孙子兵法》视为具有超凡智慧的伟大教科书，从孙子关于战争之道的大量名言警句中，人们也体悟到了竞争之道、经营之道、管理之道的真谛。

六、孙子军事思维的特色

在人类历史的长河中，真正伟大的思想成果，不仅不会为时间所湮灭，而且往往随时间的推移而愈见其光芒四射。《孙子兵法》就是如此。自此书诞生以来，其影响与日俱增。明代的军事著作家茅元仪曾说："前孙子者，孙子不遗；后孙子者，不能遗孙子。"[①]精当地评价了《孙子兵法》的崇高历史地位和永恒思想价值。在人类社会迈入21世纪之后，《孙子兵法》的影响非但没有消退，反而进一步跨越了地域和语言的局限，受到越来越多不同肤色的人的重视和推崇，被东西方共同尊为"兵学圣典"。

孙子军事思想之所以具有超越时空的恒久魅力，归根结底取决于孙子思考战争问题的态度和方法，取决于孙子军事思维的卓越特质。

人类的军事思维，随人类军事活动的发展而发育。任何形式的军事思想或军事理论，都是基于军事实践的军事思维的产物。军事思维的发达程度及其合理性和独特性，决定了军事思想、军事理论的品质，反映了一个民族军事文化的底蕴，深刻影响着一个民族军事活动的行为模式。我们今天阅读《孙子兵法》，无处不感受到孙子军事思维的理性和智慧光芒，正是

---

① 《武备志·兵诀评》。

孙子卓越的思维特质，赋予了《孙子兵法》广大而深邃的思想内涵，并对不同时代的军事实践产生巨大而深刻的影响。孙子军事思维的卓越特质，突出地表现在以下几个方面。

第一，理智性。对待战争的态度，是衡量人类理性的重要标尺。中华民族素以理智而著称，在战争问题上，更是如此，孙子是杰出的代表。《孙子兵法》对战争问题的论述，通篇洋溢着理智、冷静、审慎的态度，从中看不到任何简单、轻率、粗暴的言论。《孙子兵法》中虽然没有讨论战争观的专门篇章，但当孙武论述其战略、战术思想时，却随处体现出慎重对待战争的基本精神。《火攻篇》中的一段话，集中反映了这一倾向："主不可以怒而兴师，将不可以愠而致战。合于利而动，不合于利而止。怒可以复喜，愠可以复悦，亡国不可以复存，死者不可以复生。故明君慎之，良将警之。此安国全军之道也。"孙子不仅看到了战争的重要性，而且清醒地认识到了战争的代价、战争的危险性和危害性，他一再强调战争关系到国家的生死存亡，也多处谈到了战争对社会的扰动、对国家的耗损，以及给百姓造成的灾难。这种理性和良知使孙子坚决反对情绪化地处理战争问题，而力主审慎地对待战争，从而对人民的生命和国家的安危负责。正是基于这个态度，孙子主张应认真研究和深入了解战争，在《孙子兵法》中开宗明义地指出："兵者，国之大事，死生之地，存亡之道，不可不察也。"也正是基于这个态度，孙子提出了"非利不动，非得不用，非危不战"的著名原则，主张把国家利益和国家安全作为兴师用兵的根本前提，把战争手段作为迫不得已的最后选择。同时，孙子还对为将者提出了"静以幽，正以治"的要求，强调将帅必须具备冷静、理智的品质。唯有保持冷静和理智，才能够做到审慎。

第二，总体性。孙子思考战争问题，并非简单地就事论事，或仅仅局限于狭窄的作战范畴，而是以广阔的宏观视野审视战争，谋求从全局和总体上把握战争。比如，强调对决定战争胜负的多方面因素（道、天、地、将、法）进行综合评估和运筹；强调把战争手段和国家实力培植、外交联盟斗争相结合，通盘谋划，以最低代价达成全胜目标；强调通过国家内外多方面的努力，综合运用政治、军事、外交等手段造成有利的战略态势，“先胜而后求战”；强调在“安国全军”的总目标下把握战争，把战争视为达成国家安全的一个手段，认为“百战百胜，非善之善者也。不战而屈人之兵，善之善者也”，等等。孙子军事思维的宏观性和总体性，使《孙子兵法》在理论上呈现出高屋建瓴的气势，并具有浓厚的大战略色彩，不仅仅领先于他所处的时代，而且具有罕见的超前性。当代西方一些战略思想家甚至认为：“孙子是古代第一个形成战略思想的伟大人物。……今天没有一个人对战略的相互关系、应考虑的问题和所受的限制比他有更深刻的认识，他的大部分观点在我们当前的环境中仍然具有和当时同样重大的意义。”

第三，辩证性。在中国历史上，以《易经》为标志，很早就形成了辩证地看待事物的思维方式。孙子秉承了这个传统，并在其对军事问题的思考中加以发扬和光大。《孙子兵法》研究战争，是以战争中的对立矛盾为核心而展开的，涉及了战争各个方面大量的矛盾对立现象，如力量的强弱、人数的众寡、军队的治乱、将帅的贤愚、士卒的勇怯、谋算的得失、部署的虚实、兵力的专分、人员的劳佚、战势的奇正、战法的攻守、时间的速久、道路的迂直、地形的死生、处境的安危，等等。孙子极其强调从矛盾的双方研究问题，兼顾事物的对立面，如说“知彼知己”“知得失之计”“知动静之理”“知死生之地”“知迂直之计”，等等。他还明确提出了“智者之虑，必杂于利害”的思维方法。与同时代的老子一样，孙子也把关注的重点放在对立面的转化上，并抱持比老子远为积极的态度，主张通过人的努力，主动地促使战争态势朝着有利于己不利于敌的方向发展，“故敌佚能劳之，饱能饥之，安能动之”，而不是一味地消极等待。孙子对战略、战术问题的论述，充满了辩证的智慧。比如，孙子既高度重视“五事”“七计”等客观因素对战争胜负的决定性作用，又极其强调发挥人的主观能动性，伐谋伐交，灵活用兵，积极争取胜利；一方面认为“兵者，诡道也”，强调出奇制胜，另一方面又提出“善战者之胜也，无智名，无勇功”；一方面提出“胜可知而不可为”，强调主观不能完全决定客观，另一方面又认为

“胜可为也”，主张能动地争取战争中的主动权，积极争胜；一方面主张将领要具备“五德”，另一方面又告诫将领要力避“五危”。这些表面看似矛盾的观点，实质上都具有内在的统一性，体现了思维的高度复杂性和辩证性，绝非简单的机械唯物论者所能够企及。

第四，科学性。在战争指导上，孙子高度重视“认知”的作用，不仅要求掌握战争的规律，而且特别强调对战争的各方面情况要有全面的了解和把握，力求做到“先知”“尽知”。如说：“知彼知己，百战不殆”；“知天知地，胜乃可全”；“知兵者，动而不迷，举而不穷”；“知诸侯之谋”……对认知问题的强调，犹如一条红线贯穿于《孙子兵法》十三篇始终。孙子还明确指出：“先知者，不可取于鬼神，不可象于事，不可验于度，必取于人，知敌之情者也。”换言之，就是对战争情况的了解，必须依靠人的能动性。这说明孙子的认知观是建立在朴素的唯物主义基础之上的。因此，孙子反对用迷信的方法预测胜负、指导战争，而主张在掌握各方面情况的基础上，通过对各种相关因素的周密计算和运筹来谋划战争。《孙子兵法》以《计篇》为首，“计”的内涵就包括计算、筹算、计划、谋划。在《计篇》中，孙子第一次明确提出了战争运筹的思想。在《形篇》中，又进一步提出了“地生度，度生量，量生数，数生称，称生胜”的量化分析方法；其他各篇，几乎也都有对作战问题进行定量分析的内容。孙子的认知观，以及对认知基础上的计算和运筹、计划和谋划的强调，集中体现了其思维方法的科学性，也使其战争指导理论具有坚实的科学基础。

第五，主动性和灵活性。孙子极其强调在战争中发挥人的能动作用，极其强调夺取战争主动权，极其强调作战方法的灵活变化、出奇制胜，这几个方面实质上有机地联系在一起，构成了孙子的基本作战思想，即积极调动和发挥人的能动性，充分运用智谋，灵活用兵，以诡谲多变的手段迷惑、调动敌人，争取和赢得战争主动权，从而赢得胜利。孙子明确地提出“兵者，诡道也”“兵以诈立”，主张摒弃陈腐观念和僵化思想的束缚，积极主动地用智用谋，灵活变化，通过迷惑敌人来调动敌人，创造胜机。他还形象地拿变动不居的流水作比喻，把能够像水的流动那样，机动灵活地用兵，做到“战胜不复”，即每一次作战，都不是机械重复老一套的方式，而是适应不同情况，变化无穷，出奇制胜，视为作战用兵的最高境界。《孙子兵法》提出了一系列用兵作战的思想、原则和方法，它们构成了孙子作战理论的基本内容，其中无不贯穿着主动和灵活变化的精神。特别是《虚实篇》提出“致人而不致于人”“形人而我无形”，即调动敌人而不被敌人所调动，使敌人暴露而己方不露痕迹，从而创造出有利的战机；又提出“因敌变化”，即根据敌人的变化而变化，敌变我变，认为“兵无常势，水无常形；能因敌变化而取胜者，谓之神”，突出地体现了其富于主动性和灵活性的军事思维特点。

上述思维特质，贯穿于《孙子兵法》十三篇之中，是《孙子兵法》永恒思想价值的重要内核，甚至比《孙子兵法》的一些具体理论观点，具有更为持久的生命力和更加普遍的指导意义。

七、学习《孙子兵法》应注意的问题

作为东方智慧的结晶，《孙子兵法》集中体现了中国古代军事思想的高度成就，自问世以来，历经时间长河的荡涤冲刷，影响经久不衰。在中国历史上，它被历朝历代的兵家将帅奉为至上的经典。到了现代，更在世界范围产生了广泛影响，其思想的价值得到东西方的普遍认同。特别是随着信息时代的来临和新军事革命的兴起，孙子的思想进一步受到世人的关注，近年来东西方军界对学习和研究《孙子兵法》都表现出浓厚的兴趣。古老的东方智慧，伴随着信息时代的脚步，再次焕发出蓬勃活力，为人们思考战争问题提供了有益的启迪和借鉴，成为当今时代军事理论和战法创新的重要思想源泉。

正如毛泽东所指出的，一切军事理论，都是“关于过去战争经验的总结”。产生于两千五百多年前的《孙子兵法》，不可避免地有其时代的局限性，《孙子兵法》中也不可能有现代或未来战争的现成理论。孙子思想之所以能够被成功地运用于今天，不仅是因其本身的科学性和深邃性，更重要的还在于今人科学学习、积极探索、创新运用。这要求我们学习《孙子兵法》，在方法上必须特别注意以下几点：

第一，要认认真真地读懂《孙子兵法》。《孙子兵法》是先哲智慧的结晶，揭示了战争的诸多规律，提出了一系列作战用兵的理论和法则，具有深厚的历史底蕴和丰富的思想内涵，我们必须认真地研读原著，力求准确地理解其内容。在任何时候，这都是运用《孙子兵法》并加以创新发展的前提和基础。

第二，要从整体上理解和把握孙子的思想。孙子军事思想博大精深，具有很强的科学性和辩证性，我们必须全面地加以理解和把握，合理地予以汲取和运用。望文生义，片面发挥，往往会导致错误的结论。比如，《孙子兵法》首先强调从全局和总体上对战争进行运筹和谋划，着眼于通过“道、天、地、将、法”等多方面的综合努力，形成强大的战略优势，在此基础上才讲到作战用兵的诡诈变化和智谋奇计的运用。而且，孙子极其重视对战争的各方面因素进行周密的分析和计算，从而对战争进行妥当的筹划，孙子的谋略有其科学的基础。忽视能力培植，抛开实力后盾，或者脱离科学的分析、计算和筹划，一味强调诡诈用兵、谋略胜敌，只能是虚张声势，夸夸其谈，这不是孙子的本意。

第三，重在启迪思维，切忌死记硬背。孙子在军事思维上所具有的卓越特质，使他超越了大多数人的思维局限，在战争问题上比其他人看得更为深远透彻，把握得更为准确恰当。今天，战争的发展已经远远超越了孙子所处的冷兵器时代，从平面的视距范围的线式对抗演变成了陆海空天电网多维一体、超大空间的非线式对抗，军事系统、战争形态比以往任何时候都更为复杂，战争的节奏比以往任何时候都更为急促，特别是由于科学技术的突飞猛进，战争的手段、作战的方法仍不断地迅速地发生着变化。而且，在世界一体化的大趋势下，军事与政治、经济、科技、外交、文化诸因素的联系比以往任何时候都更为紧密，战争所牵动的内外关系比以往任何时候都更为纷繁，各种因素的互动比以往任何时候都更为复杂迅疾。

因此，当今时代，思考以及处置战争和军事问题，比以往任何时候都更需要有正确的思维方法。我们学习《孙子兵法》也要特别注意从思维上寻求启迪，不仅认真领会其博大精深的思想和理论，而且深入体悟其思考问题的态度和方法，着重从其军事思维方式中汲取营养，寻求启发。孙子说："兵无常势，水无常形。"只有把握了正确的军事思维方法，才能够在纷纭复杂的战争万象中洞悉本质，抓住主要矛盾，随机应变，筹划得当，处置有方。死记兵法条文，却不能灵活运用，本身就是孙子所坚决反对的。"垂空言，徒记诵，无足取也。"

第四，联系实际，创新运用。历史上对《孙子兵法》学得好用得好的名将，无不是把孙子的思想与所面临的战争实际相结合，创造性地加以运用。三国大军事家曹操，精研《孙子兵法》而不拘泥于其条文，如他对"十围五攻"原则就没有简单地照抄照搬，而是根据实际情况灵活变通，在下邳之战中仅以一倍于敌的兵力围歼了吕布。又如，明朝的抗倭名将戚继光，对《孙子兵法》推崇备至，但他并不仅仅一般性地沿用孙子等前代兵家的思想，而是同时对自身所处时代的战争实际给予了高度关注，认真研究了当时刚刚传进我国的佛郎机炮、鸟铳等西方新式火器，并根据对倭寇作战的特点，大胆地创新训法和战法。他总结自己的练兵心得和实战经验而写成的《纪效新书》《练兵实纪》，是《孙子兵法》之后中国传统军事思想一次重要的新突破。以毛泽东为代表的我军统帅，更是自觉地把孙子思想的精华与人民战争的实践以及马克思主义理论和现代军事学说相结合，融会贯通，巧妙运用。代表了时代新高峰的毛泽东军事思想，就是把古今中外优秀军事思想与中国革命战争实际相结合的产物。当前，世界已迈入信息时代，战争形态正由机械化战争逐步向信息化战争转变，我们学习《孙子兵法》，毫无疑问地必须紧密联系当代世界军事发展的大势，紧密联系21世纪的战争新环境，努力在新的实践中创造性地加以运用。这需要每一个学习主体充分发挥自身的能动性，在学习和实践的过程中积极思考，大胆地进行探索。

八、胜战四要：孙子思想对指导现代战争意义的思考

如何把孙子思想与信息化战争相结合，这是当前《孙子兵法》研究中最急迫需要解决的重点和难点问题。我们试从战争指导的层面提出四点思考。这四点来之于《孙子兵法》中的四个字，在今天尤其具有特殊重要的意义。

（一）慎

“慎战”是《孙子兵法》的第一要义，也是孙子军事思想的灵魂。《孙子兵法》开篇第一句话就阐明了慎重对待战争的基本态度：“兵者，国之大事，死生之地，存亡之道，不可不察也。”在《火攻篇》中，孙子又说：“主不可以怒而兴师，将不可以愠而致战；合于利而动，不合于利而止。怒可以复喜，愠可以复悦，亡国不可以复存，死者不可以复生。故明君慎之，良将警之，此安国全军之道也。”因此，孙子坚决反对情绪化地、轻率地处理战争问题，而力主理性地、慎重地谋划和指导战争。这是孙子的战争观，也是孙子战争指导思想最基本的原则。换言之，这是孙子一切思想的基石。

今天，战争的发展已经远远超越孙子所处的冷兵器时代，进入了信息化战争时代，军事系统和战争形态比以往任何时候都更为复杂，战争节奏比以往任何时候都更为急促，战争牵动的内外关系比以往任何时候都更为纷繁，战争的政治后果比以往任何时候都更为直接而显著。在此情况下，处理战争问题更要谨慎从事，来不得半点轻浮和草率，必须坚决摒除非理性的情绪化因素的影响，慎重地进行思考和谋划。“慎重则必成，轻发则多败！”

这要求每一个担负战争指导和作战指挥责任者，必须时刻保持警醒，经常自我反思：我有没有受情绪化因素的影响和支配？我是不是做到了慎重对待？我的决心是不是轻率鲁莽的？三思而后行。这就是孙子所说的“良将警之”。只有具备这样的态度，战争指导和作战指挥才具有可靠性。

（二）知

在《孙子兵法》中，用得最多的不是“兵”字，也不是“战”字，而是“知”字。对知兵知情的强调，犹如一条红线贯穿于全书始终。孙子不仅要求全面掌握战争的规律，而且特别强调对战争的各方面情况要有全面的了解和把握，力求做到“先知”“尽知”。如“知兵者，动而不迷，举而不穷”；“知彼知己，百战不殆”；“知天知地，胜乃可全”，等等。显然，在孙子看来，知兵知情是战争决策的基础，是作战行动的依据，是克敌制胜的前提。从主张慎战到强调知兵知情，是孙子军事思维的自然逻辑，体现了理智性和科学性的统一。

在孙子的知兵知情观中，“知彼知己”“知天知地”——知敌情、我情和战场环境是重点，这已经成为普遍的共识。而在这之中，笔者认为，孙子对“知地”的强调特别具有深邃的内涵，在今天尤其具有启发意义。孙子说：“夫地形者，兵之助也。料敌制胜，计险厄远近，上将之道也。知此而用战者必胜，不知此而用战者必败。”《孙子兵法》总共有十三篇，其中有三篇——《行军篇》《地形篇》《九地篇》，主要都是围绕地形和地理问题进行论述的。《孙子兵法》行文简约，却以如此多的篇幅论述“地”的问题，原因何在？笔者认为，这正是孙子的超凡之处。在孙子时代，陆地是最基本的作战空间，只有谙熟这个空间，才能够行动自如。试想，一名将军如果对自己的活动空间都不熟悉，他又怎么能够指挥作战、克敌制胜呢？所以孙子说：“地之道也，将之至任，不可不察也。”所以他才要用这么多的篇幅，深入地论述地形地理的特点和规律以及不同地形地理条件下的行动原则和方法。①

孙子对“知地”的强调，启发我们在任何时候，作战指挥必须首先了

① 《孙子兵法》常将“天地”或“知天知地”并举，但孙子明确说，“天者，阴阳、寒暑、时制也”。可知孙子所谓“天”，就是气候时令，可以看作陆地战场的一种性状变化。因此，孙子所说的“天地”，其实就是一个作战空间，即陆地战场。《孙子兵法》用了三篇论述“地”的问题，但对“天”的问题在有关篇节中都只是简单提及而未作展开论述，可见其轻重是不一样的。

解和熟悉作战空间，掌握作战空间的特点和规律。在信息化时代，战争已经从平面的视距范围的线式对抗发展成了陆海空天网电多维一体、超巨空间的非线式对抗。指挥员只有积极适应这个变化，迅速从仅仅了解传统作战空间，转变到熟悉陆海空天网电多维一体的新作战空间，才能够胜任信息化战争的要求。必须像孙子那样，高度重视并深入地了解和掌握所处时代作战空间的特点和规律，否则就打不了这个时代的仗。

孙子的知兵知情观也有其历史局限，最明显的就是没有关注知武器问题。这是因为在冷兵器时代，武器装备及其操作使用大多比较简单易懂，基本不是一个大问题。但自从进入机械化战争时代，这种状况就从根本上发生了变化，陆海空三军的机械化武器装备越来越复杂，科技含量越来越高，没有相当的科技素养，不熟悉武器装备，就难以胜任现代机械化战争的作战指挥。随着信息化战争时代的到来，信息化武器装备成为战争的主要手段，科技含量更高，系统更加复杂，不了解和熟悉这些武器装备，就不能胜任信息化战争的作战指挥。所以在当今时代，对于作战指挥来说，知武器装备与知作战空间具有同等的重要性。而且，这两个方面实质上是相统一的，因为信息化战争中的作战行动，并不是简单的人在战场上的活动，而是人机结合的复杂系统在多维作战空间中的活动，说得更简单明了一点，就是人凭借高科技的武器装备实现在多维超巨空间中的作战行动，因此，不了解武器装备，也就不能很好地了解作战空间，也就难以在陆海空天网电的多维复杂空间中自如行动。

综上所述，如果以今天的眼光将孙子的知兵知情观加以发展，笔者认为必须特别强调知作战空间和知武器装备。做到知作战空间和知武器装备的统一，是当今时代的“将之至任”！做不到这一点，就指挥不了信息化战争，就打不了这个时代的仗。

（三）计

在“知”的基础上进行战争运筹和作战谋划，孙子总称之为“计”。在

《孙子兵法》中，“计”有三个层次的含义。第一是计算，第二是计谋，第三是计划。计算是对情况的量化分析比较；计谋是在计算分析的基础上进行策略设计，其最终选择便是决策；计划是根据决策制定具体的行动方案。《孙子兵法》第一篇的篇题“计”，就包含了这三层意思。

在《计篇》中，孙子特别强调了战争运筹中的计算问题。《计篇》两次谈到“校之以计而索其情”，这里的“计”字就指计算，这句话的意思是：对敌我双方的情况通过计算进行比较，以探索战争胜负的情势。[①]第一次，孙子提出要从“道、天、地、将、法”五个方面对敌我情况进行计算比较；第二次，他进一步提出要从“主孰有道、将孰有能、天地孰得、法令孰行、兵众孰强、士卒孰练、赏罚孰明”七个方面对敌我情况进行计算比较。在《计篇》的最后，孙子还用“庙算”的概念，对其倡导的基于计算分析的战争运筹方法作了概括，可见其重视的程度。此外，《计篇》也谈到了计谋、计划，如说：“将听吾计，用之必胜。”这个“计”字意即谋划，包括了计谋和计划两个方面的内容。

孙子赋予“计”的三个层次内涵是相当科学的，直至今天我们进行战争运筹和作战谋划，制定战争计划和作战方案，基本的程序仍然是从计算到计谋再到计划。特别是孙子对计算的强调，在今天尤其具有重要意义。在古代，战争中需要计算的内容相对还比较简单，比如兵员、武器、粮食的数量，以及路程、时间等。进入机械化战争时代后，武器装备的参数越来越复杂，工程作业和后勤保障的规模越来越浩大，这使得战争运筹和作战谋划中的计算分析也越来越复杂；随着信息化战争时代的到来，这种复杂性更是有增无减。如果说在第二次世界大战末期，没有美英盟军参谋部门强大的计算能力，就不可能有诺曼底战役的成功组织和实施。那么在今天，更可以说，任何作战都必须以计算为基础，没有计算就没有成功的组织，没有计算就没有战争的胜利。而且，信息化战争的基本特点是作战精

---

① “校之以计”是古汉语中的倒装句，也就是“以计校之”。计：计算；校通较，即比较。参见钟少异：《孙子“校之以计而索其情”解》，载《孙子兵法与现代战略——第七届孙子兵法国际研讨会论文集》，军事科学出版社 2007 年版。

确化，要求在精确的时间、运用精确的力量和手段、选择精确的目标、实施精确的作战行动，这就更加需要有精确的计算作为保障。

然而在历史上，有许多兵家把孙子有关“计”的论述片面地理解为计谋，而忽视了孙子对计算的强调；在今天，军中也存在类似的倾向，即好谈谋略而不愿做细致烦琐的计算。殊不知，没有精确的计算，就没有切实的计谋和计划；参谋部门计算能力的薄弱，恰恰是当今制约战争运筹和作战谋划水平的最关键因素。

深受孙子思想影响的明朝名将戚继光曾说，打仗要打“算定战”，而不能打“糊涂战”和“拼命战”。在信息化战争时代，这一点更加重要。

（四）变

变就是机变。战争情势瞬息万变，没有任何一个战争计划或作战方案能够预见战事的一切变化。因此，孙子又高度重视“因敌变化而取胜”，强调“践墨随敌”相统一。“践墨”，就是按照预定的计划行动；“随敌”，就是根据敌情的变化而变化。为此，孙子特别强调将帅要有机断专行的权力和魄力。因为没有这一点，就谈不上战场上的随机应变、机动灵活。

孙子有一句名言：“将在军，君命有所不受。”这句话的本质就是强调指挥员在战场上的机断权力。近代西方军事理论把作战指挥区分为命令式指挥（集中指挥）和委托式指挥两种类型，前者强调严格执行作战计划和上级命令，后者鼓励指挥员的主动性和创造性，允许一定程度的机断专行。可以说，孙子是历史上最早把握住委托式指挥精髓的军事家，也是历史上最早大力倡导指挥员战场机断权力的军事家。

毛泽东指挥解放战争和抗美援朝战争的做法，是战争史上对委托式指挥最成功的实践之一。他在每次致电前方指挥员就作战方针方案作出详细指示时，几乎最后都要强调一点：情况紧急时请机断处置，不必请示。给予了前方指挥员充分的信任，前方将领因而能够充分发挥主动性和创造性，在战争中创造出辉煌的战绩。

但指挥员的机断权力绝不是刚愎自用，更不是鲁莽行事，而是慎重思考基础上的大胆行动。近代倡导委托式指挥的德国军事家老毛奇说：“先慎思，后冒险。”中国解放战争中最富于创造性的名将粟裕，其参谋长张震将军总结粟裕的指挥风格是“深思熟虑，机断专行”，与老毛奇的话不谋而合。

但信息化战争时代的到来，使指挥员的机断权面临了新的挑战。信息化战争的特点是作战空间不断放大而作战时间急剧缩短，千里之外瞬息而至，初战往往就是决战，真正是“势险节短”，留给指挥员的反应时间极其有限，这对指挥员的应变能力提出了严格的要求：既无法事事请示，也不允许有较长时间的思考，只能迅速独立作出决断。这就违反了老毛奇“先慎思，后冒险”的原则。如果说粟裕大将靠深思熟虑来确保其机断专行的正确性，那么今天的指挥员靠什么来保证其机变的合理性呢？

办法可能只有一个，就是提前思考。把“慎思”的过程提前到战前，把“计”“变”两个环节统一起来，在“计”的环节中，从计算到计谋再到计划，把各种因素尽可能地分析透彻，计算清楚，针对各种可能的情况制订详细的预案，从而最大限度地为临战应变做好准备。

这在本质上其实是削弱了指挥员的机断权，实战应变很多情况下就是对多套预案的选择。但我们必须认识到，作战更加计划化、预案化，这是现代战争发展的必然趋势，随机应变能否正确合理，在根本上取决于战前计算分析是否透彻，取决于作战预案做得是否充分。中国有一句古话：“凡事预则立，不预则废。”这对信息化时代的战争，尤其具有重要意义。

第十三讲
中国古代作战思想的丰富内容和智慧内涵

作战用兵是兵法的核心主题。中国古代兵法关于这个问题有大量论述，概括起来包括两个大的方面。其一是关于作战制胜的一般性的理论和原则，可以统称为作战思想；其二是关于具体的作战方法，如行军布阵之法、野战战法战术、攻守城战战法战术、不同兵种的战法战术、具有一定特殊性的战法战术等。对古代兵法有关作战内容的这种认识，学界基本上是一致的。但关于第一个方面，即作战思想的内容，就仁者见仁、智者见智了，缺乏统一的认识。而且，由于这个方面历来是兵家论述最重要最丰富之点，创见最多，内容最为庞杂，长期以来一直缺乏比较全面的梳理，没有一个科学明晰的思想框架，不免制约了对其思想精髓的理解。①我们试对中国古代兵法有关作战思想的论述进行梳理，在此基础上力求把握其内在思想逻辑，揭示其基本的思想框架，从而为学习古兵法提供参考和帮助。

中国古兵法有关作战思想的论述，体现了对战争规律的深刻洞察，蕴含了丰富的智慧，极富创造性和启发性，主要可从三个方面来把握：一是制胜之机，二是分合之变，三是攻守之宜。下面我们就以兵法资料为依据，加以论列。

① 比如，古典兵学研究的经典之作《中国古代兵法精粹类编》（吴如嵩主编，军事科学出版社 1988 年版），把古代兵法有关作战的内容分为两篇，上篇“制胜之道”（即一般的作战思想），下篇“作战之法”（即具体的战法战术），这毫无问题。但编者将“制胜之道”分为 17 节，依次为：先为不可胜、料敌察机、造势任势、兵不厌诈、出奇制胜、批亢捣虚、因敌制胜、众寡分合、将权贵一、致人而不致于人、攻守之宜、先发制人、进攻速胜、后发制人、防御持久、尽敌为上、兵机贵密。读之不免庞杂，缺乏清晰的思想逻辑。

一、制胜之机

作战指导的关键是把握制胜的机理，即古人所说的“用兵之钤键，制胜之枢机”[①]。中国古代兵家提出了一系列重要的作战思想，体现了对作战制胜机理的深刻认识。比如，孙子认为“兵者，诡道也”，作战用兵要“攻其无备，出其不意”（行动出乎敌人意料），要“致人而不致于人”（牢牢把握作战主动权），要“因敌变化而取胜”（机动灵活变化），要善于把握和运用虚实关系、奇正关系、迂直关系等，都体现了对作战制胜机理的把握。在这方面，孙子的贡献尤其大，他在《孙子兵法》中提出的这些作战思想，基本框定了此后两千多年中国历代兵法的讨论方向和范围。在《孙子兵法》的基础上，历代兵家对作战指导的这些基本思想不断加以深入阐发，进一步揭示和拓展了其思想内涵，这是中国古代兵法关于作战思想最重要的内容。我们可从以下要点深入了解其内涵。

（一）攻其无备，出其不意

这个思想出自《孙子兵法·计篇》：“兵者，诡道也。故能而示之不能，用而示之不用，近而示之远，远而示之近。利而诱之，乱而取之，实而备之，强而避之，怒而挠之，卑而骄之，佚而劳之，亲而离之，攻其无备，出其不意。”大意是：战争是诡诈变化的事情。有能力装作没能力；使用装作不使用；近装作远；远装作近；敌人贪利，就用小利诱惑它；敌人混乱，就攻取它；敌人力量充实，就防备它；敌人强大，就避开它；敌人易怒，就骚扰它；敌人谦卑谨慎，就骄纵它；敌人体力充沛，就疲劳它；敌人亲和团结，就离间它。对敌人没有防备之处或乘敌人没有防备之时加以攻击，行动出乎敌人的意料。

---

① （宋）王皙注《孙子》，见《十一家注孙子·势篇》。钤键：锁钥。

作战制胜的核心要义是如何出乎敌人的意料，如何达成行动的突然性，孙子将之概括为“攻其无备，出其不意”。古往今来的将帅，无不追求这个目标，谁做到了这一点，谁就比对手棋高一着。孙子提出“兵者，诡道也”，又说“兵以诈立”，其基本内涵就是通过多种多样诡诈变化的手段和方法，欺骗和迷惑敌人，令敌人难以预测和准确判断，从而达到出其不意、攻其无备的目的。

孙子在作出这些论断的同时，列举了十二种手段和方法，即“诡道十二法”。其实，孙子在这里只是举例说明而已，作战中用以欺骗和迷惑敌人的方法和手段多种多样、变化多端，需要指挥员充分发挥主观能动性，深入研究所处时代战争的特点和规律，利用一切可能的条件，积极主动地进行创新性思考和创造性谋划，才能够实现作战行动的变幻莫测，做到出其不意、攻其无备。

三国时期魏景元四年（263），魏将钟会、邓艾、诸葛绪等统军攻蜀，取汉中后南下。蜀汉大将军姜维合军据守剑阁（剑门关，今四川剑阁东北），魏军受阻，加之粮运不继，钟会准备退军。邓艾上书建议以奇兵从阴平道（自今甘肃文县穿越岷山山脉的古道，非常荒僻险仄）绕过剑门关，经江油（今四川江油北）、涪县（今四川绵阳东）袭取成都。若姜维退守涪县，钟会大军即可攻取剑门关南进，若姜维固守不动，则蜀汉后方空虚，奇兵亦可取胜。同年十月，邓艾按此计划，乘蜀军主力被牵制于剑阁之际，率所部由阴平道南出剑阁之西，钟会也派将军田章等随同行动。邓艾率军越过七百多里无人烟的山道，凿山开路，修栈架桥，有时甚至以毛毡裹身滚下山坡，绕过剑阁，出其不意，直抵江油，迫降守将，继而攻取绵竹（今四川德阳北），一鼓作气进取广汉，逼近成都。

邓艾的行动出其不意、攻其无备，蜀汉主力滞留于剑阁，后方空虚，蜀都一片混乱，蜀主刘禅在群臣主降、投吴、迁都的争议声中六神无主，深感大势已去，于是开城向邓艾投降，蜀汉灭亡。

（二）致人而不致于人①

这个思想出自《孙子兵法·虚实篇》：“凡先处战地而待敌者佚，后处战地而趋战者劳。故善战者，致人而不致于人。能使敌人自至者，利之也；能使敌人不得至者，害之也。故敌佚能劳之，饱能饥之，安能动之。……胜可为也。敌虽众，可使无斗。”大意是：凡是先占据战场而等待敌人的一方就从容，后到达战场而仓促应战的一方就疲劳。所以善于用兵的人，总是调动敌人而不被敌人所调动。能使敌人自动来就范，是用利益引诱他的结果；能使敌人无法到达预定地域，是用危害阻止他的结果。因此，敌人休整得好，也能使他疲劳；敌人给养充足，也能使他饥饿；敌人驻扎安稳，也能使他移动。……胜利是可以争取的。敌人兵力虽多，可以使他不能战斗。

两军相争，谁能调动敌人、左右敌人、支配敌人，谁就处于主动地位，谁就掌握了胜利的枢机；反之，则必然被动挨打。孙子提出“致人而不致于人”，就是要求用各种办法调动、消耗、分散和削弱敌人，从而创造出战而胜之的有利机会。比如，使敌人由逸变劳、由饱变饥、由治变乱，我方则以逸待劳、以饱待饥、以治待乱；又如，达成我方专而敌分的效果，在正面或局部力量对比上使敌由众变寡、由实变虚、由强变弱，我方则集中兵力，以实对虚，各个击破。作战的主动权有赖于人的主动性，指挥者必须积极主动地创造办法调动敌人，才能够实现作战主动权。正是基于这个意义，孙子说：“胜可为也。敌虽众，可使无斗。”

历史上的优秀军事家，对作战主动权都非常看重。率军打败了东突厥的唐朝大将军李靖曾说：“（兵法）千章万句，不出乎‘致人而不致于人’而已。”毛泽东更是把作战主动权视同生命，指出：“一切战争的敌我双方，都力争在战场、战地、战区以至整个战争中的主动权，这种主动权即是军队的自由权。军队失掉了主动权，被逼处于被动地位，这个军队就不自由，

① 致：意为招致、引来，引申为调动；致人：调动敌人。

就有被消灭或被打败的危险。”[①]

明洪武元年（1368）八月，明军攻占元大都（今北京）后，朱元璋命孙兴祖驻守北平（明军攻占大都后改名），命徐达、常遇春率主力进击山西，汤和率部由河南进击山西。九月，正当常遇春攻克保定（今河北保定）、真定（今河北正定），准备进军山西之时，元朝的太原守将王保保突然大败由河南进入山西的汤和所部，然后北出雁门关，挥军东向，造成欲入居庸关、反攻大都之势。王保保以攻为守，企图迫使进攻山西的明军回师救援大都，从而缓解山西的压力，为元朝保住这个战略重镇。

面对这一战局变化，徐达深入分析形势，认为明军北伐中原以来，稳扎稳打，节节胜利，攻占大都后，元朝大势已去，明军有效控制了中原大局，北平守卫力量充足，不必过于担心，王保保率军远出，正是明军乘虚进兵山西的良机，以攻对攻，以快制敌，可以使敌人陷入“进不得战，退无所依”的困境。[②]于是果断指挥大军经井陉、平定直捣太原。在明军的快速行动之下，王保保进逼大都未成，后院反而告急，被迫从保安（今河北怀来西北）撤兵回师自救。两军在太原附近相遇，明军早有准备，以逸待劳，乘夜突袭，大获全胜，俘敌四万，王保保仅带十八骑逃走。明军乘胜夺取太原，平定山西全境。此战，徐达明判形势，以攻对攻，致人而不致于人，是取胜的关键。

（三）因敌变化而取胜

这个思想也出自《孙子兵法·虚实篇》：“夫兵形象水，水之形，避高而趋下；兵之形，避实而击虚。水因地而制流，兵因敌而制胜。故兵无常势，水无常形；能因敌变化而取胜者，谓之神。”大意是：战争的形态好像水。水流的规律是避开高处而流向低处，作战的规律是避开敌人的坚实之处而攻击它的薄弱之处。水因地势而制约流向，作战根据敌情而决定战法。

---

① 《毛泽东选集》第2卷，人民出版社1991年版，第410页。
② 《明史纪事本末》卷九。

因此，作战没有固定不变的模式，就像水没有固定不变的形态一样，能够根据敌人的变化而变化以赢得胜利的，就叫作用兵如神。

两军对抗，敌情和战场态势千变万化，谁能够及时准确地把握敌情的变化，灵活快速地采取相应的对策，谁就能够掌握主动权。因此，古兵家又高度重视作战的灵活性。孙子把作战用兵与水的运动相比较，提出“因敌变化”“因敌制胜”的思想，是对这个问题最精辟最经典的论述。其实质就是战法本于敌情，敌变我变。这要求指挥者必须在准确掌握敌情的基础上，机动灵活地采取适当的战法。

古兵家高度重视作战的灵活性，强调因敌变化，往往与反对拘泥兵法条文的死板用兵相联系。宋代名将岳飞有句名言：“阵而后战，兵法之常，运用之妙，存乎一心。”就是要求根据战场实际情况灵活用兵。毛泽东对此给予了高度评价，说：“古人所谓‘运用之妙，存乎一心’，这个‘妙’，我们叫做灵活性，这是聪明的指挥员的出产品。”又说：“‘审时度势’（这个势，包括敌势、我势、地势等项）而采取及时的和恰当的处置方法的一种才能，即是所谓‘运用之妙’。”①

汉献帝建安十三年（208）十月，曹操率二十万大军自江陵（今属湖北）顺长江而下，试图一举歼灭孙权和刘备联军，平定江东。孙刘联军五万之众在周瑜统率下溯江迎击，两军遇于赤壁（今湖北蒲圻西北，一说今嘉鱼东北）。曹军步骑面对大江，失去优势，新改编及荆州新降附的水军战力不强，加之不适南方水土，军中疾疫流行，初战失利，于是退据江北乌林（今湖北洪湖境），与孙刘联军隔江对峙。为了减小风浪颠簸，利于北方籍士兵上船，曹操下令将战船用铁链相连。曹军船船相连，阵势浩大，果然不惧风浪，战士加紧训练，待机攻战。

周瑜鉴于敌众己寡，恐久持不利，决意乘曹军还未熟悉水战之时寻机速战。部将黄盖针对曹军“连环船”的弱点，建议火攻，得到赞许。黄盖立即派人送伪降书给曹操，随后带船数十艘出发，前面十艘船满载浸油的

---

① 《毛泽东选集》第 2 卷，人民出版社 1991 年版，第 494 页。

干柴草，以布遮掩，插上与曹操约定的旗号，并系轻快小艇于船后，顺东南风驶向乌林。接近对岸时，戒备松懈的曹军争相观看黄盖来降。黄盖乘机下令点燃柴草，将士各乘小船退走，火船乘风闯入曹军船阵，风助火势，顿时一片火海，迅速延及岸上营寨。孙刘联军乘势发起攻击，曹军伤亡惨重，全线溃败。此战孙刘联军以弱胜强，得力于因敌变化，巧用火攻。

（四）避实击虚

这个思想的经典表述见于《孙子兵法·虚实篇》："夫兵形象水，水之形，避高而趋下；兵之形，避实而击虚。"大意是：战争的形态好像水，水流的规律是避开高处而流向低处，作战的规律是避开敌人的坚实之处而攻击它的薄弱之处。

虚实是中国古代兵法的重要范畴，概指军事力量的强弱优劣状况。一般而言，虚（又称之为瑕），主要指空虚、无备、弱、寡、乱、劳等；实（又称之为坚），主要指坚实、有备、强、众、治、逸等。中国古兵家在作战指导上主张避实击虚。《管子·制分》说："故凡用兵者，攻坚则轫，乘瑕则神。攻坚则瑕者坚，乘瑕则坚者瑕。"[①]大意是：故凡是作战，打强点就会碰钉子，打弱点就能取得神效。攻敌强点，弱敌也会变强；攻敌弱点，强敌也会变弱。此段话精辟阐明了个中道理。需要特别注意的是，避实击虚，敌人的虚弱之处必须也是关乎要害之处，或者是对敌我双方的行动都具有重要作用的关节点，对这样的地方加以攻击，才能够使作战效能加倍放大，收到奇效。避实而击虚的思想，实质上就是要求发现和抓住这样的虚点加以攻击，这是中国古兵家注重智慧用兵的突出体现。孙膑提出"批亢捣虚"[②]（抓住要害，乘虚而入），很好地揭示了这个思想的本质要义。如果抓不住要害之处，只是一味地对无关紧要的薄弱点进行攻击，无益于大局，反而无谓地浪费力量和时间，就是不智之举了，甚至可能是消极避战

① 轫：阻碍车轮转动的木头，车行时须抽去。引申为受阻的意思。瑕：玉上面的斑点，常用来比喻缺点（瑕疵），引申为弱点。

② 《史记·孙子吴起列传》记孙膑之言。亢：咽喉，喻指要害。

和怠战的表现。

古兵家又认为，虚实是相互联系、相互依存、相互转化的，当客观上不具备我实敌虚的条件时，就应当以各种手段努力去变敌实为虚，变我虚为实，从而创造出有利的战机，比如通过积极主动地调动敌人，使其暴露出弱点；或通过有效的欺骗和迷惑手段，使敌放松戒备，然后加以攻击，等等。由此也可见，古兵家提出的避实而击虚、致人而不致于人、出其不意攻其无备等作战思想，其实都是有机联系的。

周显王十五年（前354），魏惠王以庞涓为将领兵攻赵，包围赵都邯郸，围困了一年多，赵国危急，求救于齐。齐威王命田忌为将，孙膑为军师，领兵八万救赵。田忌想直赴邯郸，孙膑则提出了一个批亢捣虚、围魏救赵的策略。他说，魏国攻赵，久围邯郸，精兵大多在外作战，国内必然空虚，如果我军乘虚进攻魏都大梁（今河南开封），攻赵的魏军必然回师救援，这样既能解邯郸之围，又能收攻魏之利，一举两得。田忌采纳了这个建议。周显王十六年（前353）十月，齐军快速西进，直趋大梁，魏王惊惧，急令庞涓回师救援。于是田忌、孙膑又在庞涓回师的必经之地桂陵（今河南长垣北）设伏，以逸待劳，大败兼程赶回的魏军。此战，齐军抓住敌人要害，乘虚加以攻击，成功地调动敌人而创造出歼敌的良机，体现了避实击虚思想的精髓。

（五）善用我之虚实

这个思想较为典型的论述见于《草庐经略》卷六《虚实》："虚实在敌，必审知之，然后能避实而击虚；虚实在我，贵我能误敌，或虚而示之以实，或实而示之以虚。或虚而虚之，使敌转疑以我为实；或实而实之，使敌转疑以我为虚。玄之又玄[①]，令不可测，乖其所之，诱之无不来，动之无不从者，深知虚实之妙而巧投之也。"大意是：对于敌人的虚实，必须确切掌握，然后才能做到避实而击虚。对于自己的虚实，贵在能够误导敌人。或

---

① 玄之又玄：本义为深奥至极。引申指变化多端、极其诡谲、不可捉摸。

者将虚伪装为实；或者将实伪装为虚；或者将虚表现得更虚，使敌转而怀疑我是实；或者将实表现得更实，使敌转而怀疑我是虚。变化诡谲至极，使敌人无法捉摸，使其行动发生错误，于是引诱它就没有不上钩的，调动它就没有不就范的，这就是深知虚实的奥妙而巧妙地加以运用。

中国古代兵法中的虚实思想，包括两个基本方面：一是对敌之虚实，要避实击虚；二是对我之虚实，要善加运用。关于后者，古兵家认为最重要的是利用自己的虚实变化迷惑和误导敌人，虚虚实实，令敌人无法准确掌握我之实情，难以准确判断我之意图，进而对敌人的决策和行动产生误导，使其趋向错误的方向，从而成功地调动敌人，使之陷入我预设的圈套，或暴露其弱点，为我战而胜之创造出有利的条件。因此可以说，善用我之虚实，也是致人而不致于人的重要手段。

汉安帝元初二年（115），武都太守虞诩与羌人在陈仓、崤谷（今陕西宝鸡及其西南大散关一带）交战。虞诩兵少，抵挡不住羌兵进攻，打算撤退，又担忧羌兵追击，走不脱。于是，虞诩一边按兵不动，加强防守，一边散布消息说，已向上面请求援兵，待援军到来，即发起进攻。羌人听到后，以为暂时无事，就分兵四处抢掠。虞诩趁敌人散乱松懈之际，急速撤退，日夜兼程行军一百多里。羌人见汉军退走，立即集合人马追击。为了迷惑羌人，虞诩让士兵在第一天野炊时每人垒两个灶，第二天增加一倍，以后每天垒灶的数量都成倍增加。羌人在追击中见汉军的野灶天天增多，以为援军已到，便不敢再穷追，停了下来，虞诩得以全师而退。这是善用虚实的成功之例。

（六）先击强

这个思想较典型的论述见于《草庐经略》卷十二《先击强》："兵之所以先击强者，盖击蛇击首之说也。择坚强之处，选锐以冲之，奋勇以入之，以我完力击彼微瑕，可以逞矣。所谓瑕者，或乘其骄，或乘其懈，或乘其乱，或乘其劳，有可投焉。指麾三军，竭力致死，期在必克，深入其阵，无不摧败。强者既摧余自溃矣。"大意是：用兵作战之所以有首先攻击强敌的战法，就是打蛇要打头的道理。选择敌人的强点，用挑选的精锐去攻击它，坚决勇敢地突入它，以我之全力攻敌微小的瑕隙，就能够取胜。所谓瑕隙，或者是乘其骄傲，或者是乘其懈怠，或者是乘其混乱，或者是乘其疲劳，总之有可乘之隙。我指挥三军，竭尽全力死战，目的就是务必攻克强敌，深入敌阵内，将其彻底击败。敌人的强者被击败，其余就不战自溃了。

中国古兵家既强调避实击虚，也强调必要时的击强，即打敌强点，重心突破。一般而言，避实击虚更适用于敌强我弱或敌我力量均势情况下的机动灵活作战；击强战法，更适用于我强敌弱或敌我力量均势情况下的对攻作战。特别是在我之力量占优势的情况下，要善于抓住敌人的主力，重心突破，一举将其击垮，快速夺取胜利。在敌我力量均势的情况下，则要善于集中兵力，形成对敌强点或主力的局部优势，然后战而胜之。需要避免的是，自己力量明明不够，却不知退守，与敌主力盲目对攻，这不是兵家所提倡的“击强”，而是自取其败。

明神宗万历四十四年（1616），清太祖努尔哈赤统一女真各部，建立后金政权，建都赫图阿拉（今辽宁新宾老城）。万历四十六年（1618），努尔哈赤趁明朝忙于平定内乱，出兵攻占了抚顺和清河。万历皇帝怒火中烧，命杨镐为经略，集兵十一万余，号称二十四万（一说四十七万），大举讨伐后金，力图一举加以平灭。万历四十七年（1619）二月，明军兵分四路进击：西路由总兵杜松领军三万，为主力；总兵马林领兵二万余为北路；总兵李如柏领兵二万余为南路；总兵刘綎领兵二万余为东路。杨镐坐镇沈阳，节制诸军。

努尔哈赤获悉明军分进合击的意图，判断明军西路进兵最快威胁最大，其他三路因山险路远相对滞后，决定采取“凭尔几路来，我只一路去”的对策，集中六万八旗军精锐，先打掉明军西路，再视情对付其他三路明军。杨镐对后金的对策和部署一无所知，仍按原定计划分路进军。

三月初一，杜松率西路明军突出冒进，黄昏时分冒寒涉渡浑河，遭到后金军伏兵袭击，杜松匆忙分兵为二，留一部及辎重在萨尔浒山（今辽宁抚顺东）扎营，自率一部进攻后金新筑的界藩城（也写作界凡，位今抚顺与新宾交界之铁背山）。努尔哈赤趁着杜松分兵两处，面对坚城急切难下之机，以两旗兵力支援界藩，亲率六旗兵力急攻萨尔浒山。萨尔浒明军突遭猛烈攻击，猝不及防，伤亡惨重，很快溃败。努尔哈赤马上掉转兵力，攻打界藩城下的明军。杜松受到前后夹击，战死阵前。努尔哈赤挥军掩杀，至次日晨就将西路明军全部歼灭。其他三路明军尚在开进途中，闻知西路败讯，军心震动，犹豫不前，努尔哈赤乘势又猛攻北路明军和东路明军，将其各个击破。杨镐惊闻三路丧师，急令南路李如柏火速撤退。南路明军惊慌后撤，自相践踏死伤千余人。此战努尔哈赤集中兵力先破明军主力，一举粉碎了明军的四路进攻。

（七）以正合，以奇胜

这个思想出自《孙子兵法·势篇》："凡战者，以正合，以奇胜。故善出奇者，无穷如天地，不竭如江河。……战势不过奇正，奇正之变，不可胜穷也。奇正相生[①]，如循环之无端，孰能穷之？"大意是：作战用兵，一般都是以正兵相对，以奇兵取胜。善于出奇制胜的将帅，其战法就像天地一样变化无穷，像江河一样不会枯竭。……作战的方法不过奇和正，但奇正的变化无穷无尽。奇和正互相依赖、互相转化，就像沿着圆环转一样，没有起点也没有终端，谁能穷尽呢？

奇正变化，也就是出奇制胜。主要包括兵力使用和战法变化两个方面。一般而言，正指常态常法，其本质是意料之中；奇指异态变法，其本质是意料之外。因此，两军对抗，一切表面上双方都能够看清楚、在对方意料之中的事情，都属于正；一切不被对方所察觉、在对方意料之外的事情，都属于奇。可见，中国古兵家提倡出奇制胜，其本质就是要实现出其不意、攻其无备的目标，就是要求指挥员充分发挥主观能动性，在正常的态势之

① 奇正相生：奇正：中国古代重要军事术语。孙子首论奇正。一般来说，正常、普通、意料之中的兵力和战法属于正；特殊、变化、出乎意料的兵力和战法属于奇。相生：中国古代重要哲学术语，意指事物对立面互相依存、互相转化。奇正相生：指奇和正互相依存、互相转化。通俗讲就是有正才有奇，有奇才有正；奇可以变为正，正可以变为奇。

下，积极地寻求出乎敌人意料的变化，创造性地作战用兵、克敌制胜。

中国古兵家还深刻揭示了奇与正的辩证关系，这就是奇正相生，即奇与正是相互依存、相互转化的，没有固定不变的正，也没有固定不变的奇。奇招一旦用过，对方有所戒备，就不再是奇；正招司空见惯，敌人不以为备，往往可能用出奇效。出奇制胜，也可以说是把握奇正辩证关系的博弈，正如《唐李问对》所说："以奇为正者，敌意其奇，则吾正击之；以正为奇者，敌意其正，则吾奇击之。"因此，任何时候都必须以是否出乎敌人意料、是否能够达成出其不意攻其无备的效果为标准，只有做到了这一点，才是成功的出奇制胜。

汉高帝三年（前204），韩信领兵数万攻赵。赵军号称二十万，由成安君陈馀统率，扼守井陉（今属河北）。赵将李左车建议陈馀：汉军锋锐不可当，但井陉道路狭隘，车辆不便通行，骑兵不能列阵，汉军远来，粮车一定在后面，请以三万奇兵抄小路断其粮道和后路，井陉我军则深沟高垒，坚守不战，使韩信前不得战，后不得退，用不了十天，必败无疑。陈馀自以为兵多优势大，没必要用诈谋奇计，拒不采纳他的建议。

韩信探得陈馀没有用李左车的计策，非常高兴，这才大胆向井陉进兵。汉军进至距井陉口三十里扎营，韩信决定出奇制胜。他半夜派出二千轻骑，令其每人持汉军赤旗一面，潜伏于赵军附近的山中，待机攻占赵营；又派出一万人为前锋，令其越井陉口背靠绵蔓水（今绵河）列阵。天明，赵军对潜伏的汉军毫无察觉，见汉军背水列阵都大笑不止，以为韩信不懂用兵常识。韩信传令全军立即出发，等打败赵军后再吃早饭。于是汉军越过井陉口发起攻击，赵军出营会战。两军激战一阵，汉军后撤退入背水阵。赵军倾全力猛攻汉军背水阵，汉军再无退路，人人死战。这时，汉军的二千伏兵突然袭占空虚的赵营，拔掉赵军旗帜，遍插汉军赤旗。激战中的赵军突然发现营垒丢失，顿时大乱，韩信乘机挥军反击，大败赵军，斩杀陈馀，追擒赵王歇，一举灭赵。此战韩信以正合、以奇胜，是出奇制胜的成功之例。

古兵家还非常重视出奇制胜的时机，特别强调要在敌我对抗长期相持状态下，善于把握时机，主动灵活地出奇制胜。因为，在这种长期对抗僵持的局面下，敌情基本摸清，敌人的进攻势头衰竭，情绪焦躁不安，容易放松戒备，最有利于我奇袭取胜。同理，越是在敌我对抗相持不下的时候，越要提高警惕，加强薄弱环节，以防备敌人的奇袭攻击。

汉献帝建安五年（200），曹操与袁绍争雄北方，两军在官渡（今河南中牟境）展开决战。袁军兵力占有优势，依沙堆为屯，东西数十里，曹军也分营相拒。袁军垒土山，架高楼，以射曹营，曹军将士皆蒙盾而行。曹操令赶制霹雳车（抛石机），发石摧毁袁军的木楼。袁军又掘地道，曹军则深挖长沟以拒。两军对峙月余，僵持不下。袁绍部下一再建议分兵袭击曹操的后方大本营许都（今河南许昌），袁绍听不进去，自恃兵多粮足，执意要从正面攻灭曹军。曹军以弱抗强，旷日持久，士卒疲惫，军粮将尽，曹操想退守许都，谋士荀彧坚决制止，他说：我军以弱敌强，双方相持已久，此时先退兵必为袁军所乘，现在袁军也在苦撑，“情见势竭，必将有变，此用奇之时”[①]。也就是说，两军相持到这个地步，敌军的真实情况暴露出来了，进攻的势头衰竭下去了，必将发生变化，这是运用奇兵的时机。曹操被他点醒，于是调补供给，继续坚守待机。

十月，袁绍派淳于琼率兵万余护送，将军粮集中于大营后方约四十里的乌巢（今河南封丘西）。谋士沮授建议增派兵力守护乌巢侧翼，防止曹军偷袭，袁绍不听。谋士许攸、部将张郃又建议轻骑袭许，袁绍还是不采纳。此时，许攸得知后方的家属被治罪下狱，愤而投奔曹营，并献计偷袭乌巢。曹操果断行动，亲率五千精骑趁夜奔袭乌巢，击败袁军守兵，放火将乌巢粮食烧光。袁军军心动摇，内讧继起，曹操乘势大举反攻，大获全胜，袁军被歼七万余人，袁绍只带八百骑逃走，从此一蹶不振。此战曹操在艰难相持中把握时机出奇制胜，袁绍刚愎自用，不善灵活用奇，形成鲜明对比。

---

① 《三国志·魏书·荀彧传》。情见（音现）：情，指敌军的真实情况；见，通现，意为表现、暴露。

（八）以迂为直

这个思想出自《孙子兵法·军争篇》："军争[①]之难者，以迂为直，以患为利。故迂其途而诱之以利，后人发，先人至，此知迂直[②]之计者也。"大意是：作战中争夺先机之利最难的问题，是如何把迂远变为直近，把不利变为有利。所以，让敌人走迂回的道路，并以小利诱惑它，就能比敌人后出发而先到达，这就是懂得迂直关系而采取的计谋。

作战中争取先机之利，是夺取作战主动权的重要手段。谁争得了先机，如先敌占领要点要地，先敌展开兵力等，谁就有可能赢得整个战场的主动权，从而取得作战的胜利。要抢占先机之利，就需要解决机动路径和机动速度的问题。孙子敏锐地看到，有时候走迂远一点的路径，反而比走直近的路径更加有利。因为直近的路径，也是敌人重点防备之处，险阻重重，反而难以快速突破、及时到达；而迂远的道路，往往是敌人不够重视、防备较松甚至可能毫不设防之处，反而能够快速前进、及时到达。因此，孙子创造性地提出了"以迂为直"的思想，即通过迂回机动来争取先机之利。

在孙子的这一思想中，也包括通过种种手段来干扰，迟滞敌人的行动，如把敌人引向错误的迂远道路，耽于小利的争夺等，使其难以快速机动、及时到达，从而为我军先敌抢占要地创造出条件。

"以迂为直"思想还包含了深刻的哲理，这就是迂远和直近、间接路径和直接路径的关系充满了辩证性，在一定条件下是能够互相转化的。直接路径看似直近，有时却欲速而不达；间接路径看似迂远，却往往收到很好的效果。这在战争谋划和作战指导上，对后人产生了深刻的启发。

元至正二十七年（1367）十月，朱元璋在攻灭陈友谅、张士诚，基本统一南方之后，决定北伐灭元。大将常遇春提出，集中兵力，直取元大都（今北京）。朱元璋没有采纳，他认为，北方元军力量尚强，元建都百年，

---

① 军争：中国古代重要军事术语。指作战中争取先机之利，如先敌占领有利地形，先敌展开等，目的在于夺取作战主动权。

② 迂直：中国古代重要军事术语。迂，曲折，意指道路迂远，也引申为间接手段；直，道路直近，也引申为直接手段。

城守必固，我悬师深入，如果不能快速破城，顿兵坚城之下，进退两难，会很不利。经过深思熟虑，朱元璋制定了“先取山东，撤其屏蔽；旋师河南，断其羽翼；拔潼关而守之，据其户槛”①，最后进兵大都的作战方略。徐达、常遇春统率二十五万北伐大军，按照朱元璋制定的方略，稳扎稳打，先取山东，次攻河南，再占潼关，一步步消灭了北方元军的有生力量，控制了大都外围的各战略要地，使大都陷入孤立无援的困境，然后于洪武元年（1368）七月集兵进逼大都。元顺帝震骇，命臣下监国守城，自己带着后宫仓皇逃往上都（今内蒙古正蓝旗东北）。大都军心动摇，明军于八月初二轻松攻取大都，结束了元朝的统治。此战，朱元璋审时度势，以迂为直，取得了北伐灭元作战的全面胜利。

二、分合之变

兵力的集中和分散是作战的基本问题，古人称之为“分合”或“专分”。中国古代兵家认为，“分合之变”是机动灵活用兵的重要体现，对此做了许多论述，主要包括两个方面的内容。一是关于己方兵力的集中和分散问题，要求要适应战场形势的变化，能够快速地集中和分散；二是关于分散敌人的兵力问题，要求积极主动地通过迷惑、调动和牵制等手段，使敌人错误地分散兵力，或使其兵力难以集中。这两个方面内容是有机联系的，根本目的是使敌人分散兵力，我方则抓住有利时机快速集中兵力，从而创造“我专而敌分”的优势局面以战胜敌人。其内涵要义有以下几点。

（一）即分为合，即合为分

这个思想的典型论述见于《兵录》卷九《攻战·战略》：“兵之胜负，不在众寡，而在分合。夫有分则有条理，有合则有联络。然分常患其疏，

① 《明太祖宗训》卷一。

而合常防其混。故合而不分，分而不合，非善也；合而有分，分而有合，非善之者也；即分为合，即合为分，乃善之善也。”所谓“即分为合，即合为分”，即是立刻、马上的意思，意为迅速把分散变为集中，迅速把集中变为分散。

兵力分合问题，首先要求处理好己方部队的集中和分散。敌情和战场态势变化多端，部队和兵力必须适应这种情况快速地集中和分散，否则就不可能有效地作战。为此，古兵家提出了三个标准：能迅速把分散变为集中，把集中变为分散，是最好的；集中里面有分散，分散里面有集中；只有集中而没有分散，只有分散而没有集中，就不好了。这既要求有科学合理的编制体制，也要求有正确合理的指挥调度，是二者的统一，缺一不可。其次要求在训练和作战中，指挥员要充分发挥主观能动性，在现有编制体制下，灵活机动地根据敌情变化调度兵力，力求最合理最快速地集中或分散，最有效地运用兵力；在训练和战后总结中，则要深入分析现有编制体制对兵力快速集中和分散的影响，探讨调整改进的办法。

明朝后期，努尔哈赤崛起于东北，统一女真各部，建立后金政权。在此过程中，不断改进军制，建立了八旗军，更定女真为满洲后，称为满洲八旗，成为其对抗明朝的有生力量。努尔哈赤的满洲八旗，总数约6万人，每旗7500人，以旗统民，以旗统兵，出则征战，入则务农，兵民合一；以骑兵为主，精于骑射，时时以射猎习战守；节制严明，步调统一，分合灵活，行动迅捷。在与明军的交战中，屡屡以少胜多。

八旗军临阵分合变化的灵活快速，是其强劲战力的重要体现，也是其能够迅速把握战机克敌制胜的重要保障。

（二）常山之蛇

这是孙子关于协同配合思想的一个比喻，出自《孙子兵法·九地篇》：“故善用兵者，譬如率然。率然者，常山之蛇也。击其首则尾至，击其尾则首至，击其中则首尾俱至。敢问：‘兵可使如率然乎？’曰：‘可。’夫吴人与越人相恶也，当其同舟而济，遇风，其相救也如左右手。”大意是：善于用兵的人，能使部队互相策应就像率然一样。率然是常山的一种蛇。打它的头部，尾部就来救应；打它的尾部，头部就来救应；打它的中部，头尾就都来救应。试问：“可以使部队像率然一样吗？”答：“可以。”吴国人和越国人互相仇视，但当他们同船渡江，中途遇到风暴，就会像左右手那样互相救援。

在强调兵力集中和分散的快速性的同时，古兵家又非常重视作战中部队的协同配合。因为无论集中还是分散，部队都会分为不同的作战单元，只有各个单元和所有人同心协力，密切协同配合，部队才能形成统一的整体，发挥出强大的战斗力。否则，各自为战，形同一盘散沙，是不可能有战斗力的。为了强调这个问题，孙子专门作了两个精辟的比喻。一个就是“常山之蛇”，要求部队的同心协力、互相策应要像常山之蛇的头、尾、身的互相救应那样敏捷。需要指出的是，孙子强调的是军队同心协力、密切协同配合的实质，而非要求机械地把兵力部署成一字长蛇之势，若果真那样，反而不利于互相策应。[①]另一个比喻是“同舟共济”。在孙子看来，一支军队投入战斗，就如同驶入风暴的一条船，船上的每一个单位、每一个人都应当互相配合、互相救应，才能克服困难，赢得胜利。这就是军队同心协力、密切协同配合的力量。

秦朝末年，天下大乱，秦二世以章邯、王离等为将，领兵征剿各地反秦义军。秦军先后击灭陈胜、吴广，击杀楚将项梁，又将赵地义军重重围困于巨鹿（今河北平乡西南）。赵军遣使求援于楚、齐、魏、燕等地的义军。各地义军进至巨鹿周边，都慑于秦军兵威，不敢进战。秦军猛攻巨鹿，形势日益危急。

秦二世三年（前207）十一月，急于为叔父项梁报仇的项羽斩杀统领楚地义军的宋义，旋即自将楚军，渡过漳水，令全军破釜沉舟，只带三天的粮食，以义无反顾的必死决心向围攻巨鹿的秦军发起猛烈进攻。楚军结成

---

① 历史上凡是把兵力部署成长蛇之势的，效果都很差，如三国时期夷陵之战中的蜀军连营。

严密阵形，犹如闯入风暴的一条船，各部紧密配合，互相救应，将士人人奋勇，以一当十，喊声震天动地，勇往直前。正不可一世地秦军没料到义军会有如此猛烈的进攻，不敌溃败。各地反秦义军乘势助攻，消灭了围城的秦军，俘王离。此战，楚军胜在同心协力，奋勇敢战。

（三）形人而我无形，则我专而敌分

这个思想出自《孙子兵法·虚实篇》："故形人而我无形[①]，则我专而敌分。我专为一，敌分为十，是以十攻其一也，则我众敌寡。能以众击寡者，则吾之所与战者约矣。吾所与战之地不可知，不可知则敌所备者多。敌所备者多，则吾所与战者寡矣。"大意是：使敌人暴露而隐蔽我军真实情况，这样我军就可以集中兵力而使敌人兵力分散。我军兵力集中为一，敌人兵力分散为十，我军就能以十倍于敌的兵力去打击敌人，从而造成我众而敌寡的有利态势。能做到以众击寡，那么与我交战的敌人就很少了。我军所要进攻的地点敌人无法得知；敌人无法得知，则需要设防的地方就多；敌人设防的地方越多，我军进攻当面之敌就越少。

部队的集中和分散，是为了形成对敌作战的有利兵力态势，因此，己方兵力的分合，总是与敌人兵力的分合相联系，其目的或是以我之集中对敌之分散，或是以我之分散对敌之集中。中国古兵家尤其重视，作战中要善于以我之集中对敌之分散，把这视为克敌制胜的重要方法。

首先，古兵家通过对战争实践的总结，看到了作战集中优势兵力的重要性，所谓"专一则威""力分则弱"[②]；其次，古兵家深刻揭示了，不仅要善于集中己之兵力，而且要善于分散敌之兵力，使"我专而敌分"。为此，古兵家高度强调，作战指导上要充分发挥主观能动性，积极主动地迷惑敌人、调动敌人，误导其分散兵力，我则快速集中兵力，形成力量对比的优势，而不是简单机械地单纯依靠增加兵力来形成优势。孙子说"形人而我

---

① 形人而我无形：形人，使敌情暴露；我无形，使我情隐蔽。指以假象迷惑、欺骗敌人，从而使我情隐蔽，使敌情暴露。古人又统称之为"示形"。

② 《淮南子·兵略训》。

无形，则我专而敌分”，是对这个问题的集中论述。《淮南子·兵略训》说：“能分人之兵，疑人之心，则锱铢[①]有余；不能分人之兵，疑人之心，则数倍不足。”也是讲的这个道理。

萨尔浒之战后，明朝无力再主动进攻后金，只能主要依靠山海关外的沈阳、辽阳、锦州、宁远等城进行防御。天启元年（1621），努尔哈赤趁明朝辽东易帅之机，集中八旗军兵力，机动灵活地进行进攻作战。明军处处设防，备前则后寡，备后则前寡，“所备者多”，兵力处处不足。孙子说：“敌所备者多，则吾所与战者寡矣。”努尔哈赤充分利用了这一点，先以诱敌出战、围城打援等办法消灭明军有生力量，然后每次集中优势兵力攻打一座城池，以众击寡，各个击破，成功地攻陷了沈阳、辽阳等城，占领辽河以东广大地区。

（四）按人之兵

这个思想见于《孙膑兵法》下编《客主人分》：“能分人之兵，能按人之兵，则锱（铢）而有余；不能分人之兵，不能按人之兵，则数倍而不足。”大意是：善于分散敌人的兵力，善于牵制敌人的兵力，即使兵力很少也会感到用之有余；不善于分散敌人的兵力，不善于牵制敌人的兵力，即使兵力数倍于敌人也会感到不足。

中国古兵家除了强调通过迷惑、调动敌人来分散敌人的兵力，还提出用牵制的办法使敌人难以集中兵力，或无法有效集中兵力。孙膑所说的“按人之兵”，就是这个意思。《兵法百言》还提出“牵敌”之说，对这个问题作了专门论述：“敌不能猝胜者，惟或用牵法也。牵其前，则不能越；牵其后，则莫敢出。敌强而孤，则牵其首尾，使之疲于奔趋；敌狈而倚，则牵其中交，使之不得相应；大而广，众而散，则时此时彼，使之合则艰于聚，分则薄于守。我乃并军一向，可克也。”[②]大意是：不能迅速打败的敌

---

① 锱铢：古代重量单位。六铢等于一锱，四锱等于一两。常用以比喻事物细小，这里喻指兵力很少。

② 《兵法百言·法篇·牵》。

人，有时可用牵制法来对付。从前面牵制他们，使他们不能进展；从后面牵制他们，使他们不敢前出。敌人强大而孤立，就牵制其首尾，使他们疲于奔命；敌人处境困难、各部互相倚靠，就牵制他们的中间接合部，使他们不能彼此策应；敌人占领的地区广大，兵力众多而分散，就有时从这里有时从那里牵制他们，使他们合兵进攻则难以集中，分兵防守则到处薄弱。然后我集中兵力突击敌人一点，就可以战胜他们了。

古人特别强调对不能速胜的较强之敌要用这个办法。可见与强敌相抗时，不能简单地以集中对集中，而往往先要以适当的分散对敌人的集中，通过己之适当分散来牵制甚至调动敌人，使其难以有效集中，甚至被我调动分散，从而把握有利时机，快速集中优势兵力，予敌沉重打击。分合之变的精髓，就是敌我双方牵制和反牵制、调动和反调动的对抗博弈。

西汉景帝前元三年，为削弱诸侯王势力，加强中央集权，朝廷下诏削藩，吴王刘濞、楚王刘戊起兵反叛，胶西王、胶东王、菑川王、济南王等相从，史称“七国之乱”。景帝以周亚夫为太尉，率军平乱。当时朝廷没有准备，防御空虚。周亚夫向景帝面陈用兵方略：避吴、楚兵锋芒，以梁国（位今河南南部）牵制吴楚叛军，迅速调集兵力加强防御，断其粮道，相机破敌。得景帝首肯后，出武关（今陕西商南南）秘密赶至洛阳，掌控东都储备的武器和粮食，依险组织防御。

吴王刘濞起兵时，其大将军田禄伯进言，愿率五万精兵，沿江淮而上，夺武关直取京都长安（今陕西西安）；青年将领桓将军建议，吴多步兵，利于险阻，汉多车骑，利于平野，吴军应置沿途城邑于不顾，直趋洛阳，夺取东都积贮，据山河之险号令诸侯。吴王都不采纳，按部就班地率军渡过淮河，会合楚军，向北推进，攻打梁国。

梁王丧师失地，被围于睢阳（今河南商丘南），形势危殆，一再向朝廷和周亚夫告急。周亚夫坚不往救，而是借此时机，迅速调集各方兵马，有效加强了防御；又派出轻骑绕出叛军后方，阻其粮运，断其粮道。待这些战略部署实现，周亚夫才将主力推进至下邑（今安徽砀山）。吴、楚军转攻汉军主力，周亚夫仍坚壁防守。这时，吴、楚粮运不继，欲进不得，欲战不能，被迫撤退。周亚夫乘势挥军进攻，大败叛军，一举平定七国之乱。此战，周亚夫善用牵敌之法，转劣势为优势；吴王刘濞刚愎自用，错失良机。

（五）重进勿尽

这个思想见于《司马法·严位》："凡战，既固勿重，重进勿尽。凡尽危。"大意是：大凡作战，阵势既已强固则不要过于积重，以重兵进攻则不要把兵力用尽。凡是把兵力用尽的，后果很危险。

所谓"重进勿尽"，就是集中兵力进攻的时候，不要把兵力用尽。这是中国古兵家用兵要"备防不虞"思想的体现，即在任何时候，都要对不可预料的事情有所防备。作战中，当成功地调动敌人而分散了敌人的兵力，而且抓住有利时机迅速集中了自己的兵力，能够快速有效地对敌实施打击以取得胜利之时，指挥员往往会有些激动和冲动，为谋略的成功而激动，为胜利的近在眼前而冲动。在这种时候，越需要保持冷静，越需要对不可预料的变化有所防备。因为战场情况千变万化，谁也不敢说能把一切变化都看透算到，万一有新的变化出现，该怎么办呢？古兵家强调集中兵力进攻的时候不要把兵力用尽，是一个很好的明智办法，手中始终握有一定的预备力量，就有能力应对不可预料的变化。

明崇祯十七年（1644）三月，李自成大顺军攻克北京，灭亡明朝。明总兵吴三桂领军四万驻守宁远（今辽宁兴城）和山海关，备防关外清军，号称"关宁铁骑"。得知明亡消息，吴三桂筹思再三，准备归顺李自成，但领兵进京途中，突闻京中老父被拘、爱妾陈圆圆被占，怒而折返山海关，誓师为崇祯帝复仇。李自成闻讯，于四月十三日亲率十万（一说六万）大军进逼山海关。吴三桂料不能敌，遣使致书清摄政王多尔衮求援。清军日夜兼程，疾趋山海关。

山海关北依角山，南傍渤海，城高墙坚，外筑罗城、翼城，互为犄角，易守难攻。四月二十一日，大顺军抵达山海关，吴三桂部列阵关前，双方展开激战。二十二日晨，吴三桂见情势危急，带随从亲至关城东二里的威远堡向多尔衮剃发称臣，请清军入关共击大顺军。多尔衮见吴三桂确非诈降，即率八万劲旅进入关内，令吴三桂部系白布为号。

大顺军激战一昼夜未能夺关，于是投入全部兵力，自角山至海全线展开，急攻吴三桂部。清军在吴三桂部侧后靠海滨排成密集阵势，按兵不动。吴三桂部知有清军压阵，顽强抵抗。大顺军不明清军意图，仍然对着吴三桂部反复冲杀。这时，突然大风扬沙，咫尺不见，双方展开肉搏。血战至中午，双方均已疲惫，多尔衮见势，令阿济格、多铎各率两万精骑，挥白旗对阵直冲大顺军。大风渐止，疲惫的大顺军见清军聚至，猝不及防，阵脚渐乱，伤亡惨重。战至午后，李自成见无法挽回颓势，令余部且战且退。四月二十六日，李自成返回北京，很快就仓促弃京西撤。此战李自成对清军未加防备，重兵进攻吴三桂，把兵力用尽，教训极其深刻。

三、攻守之宜

进攻和防守是作战的最基本形式。攻与守既相互对立，又互相依存、相互转化。中国古代兵法对进攻和防守的关系及其运用作了大量论述，所谓“攻守之宜”，就是要求把握进攻和防守作战及其变化的特点规律，正确合理地加以运用。与此相联系，古兵家论述了进攻和防守作战的一系列普遍性问题，如“势险节短”（进攻作战的态势和节奏）、“兵之情主速”（进攻作战的快速性和突然性）、“尽敌为上”（打歼灭战而不打击溃战）、“持久以待其衰”（防御持久）、“以居攻出”（防守反击）等，构成了中国古代关于攻守作战问题的基本思想。

（一）攻守相兼

这个思想蕴含于《孙子兵法·形篇》对攻守问题的论述：“不可胜者，

守也；可胜者，攻也。守则不足，攻则有余。善守者藏于九地之下，善攻者动于九天之上[1]，故能自保而全胜也。”大意是：不被敌人战胜，就要采取防御；要战胜敌人，就要采取进攻。进行防御是由于取胜的条件不足，实施进攻是由于取胜的条件有余。善于防御者，像藏于九地之下一样深不可知；善于进攻者，像动于九天之上一样高不可测。因此，既能保全自己，又能消灭敌人，取得完全的胜利。

作战的最基本形式就是进攻与防守。孙子精辟地阐明了攻与守的作用、条件、特点和目的，特别是提出了攻与守的最高境界，攻如动于九天之上，守如藏于九地之下，不断启发着历代兵家的智慧。同时，古兵家也深刻认识到了进攻与防守的统一性，极其强调作战中必须把进攻与防守相结合运用，孙子合论攻守就包含这层意义，后代兵家更明确提出了攻守兼顾、攻守平衡、攻守统一的思想，即进攻时要注意防守，防守时要结合进攻，而坚决反对简单机械地单纯进攻或单纯防守。如《筹海图编》卷十二《经略二·严城守》：“自古用兵非执于一，攻之中有守，守之中有攻。攻而无守则为无根，守而无攻则为无干。”（自古用兵打仗不能固执于一端，在进攻中有防守，在防守中有进攻。有攻而无守，就没有根基；只守而无攻，就没有躯干。）简单机械的单纯进攻，通常与麻痹轻敌的思想结合在一起，往往导致在胜利面前马失前蹄，反而遭了敌人的算计；简单机械的单纯防守，往往与消极防御思想结合在一起，其结果是在作战中丧失了积极主动的精神，处处被动挨打，想守反而守不住。

隋朝末年，刘武周乘天下大乱起兵马邑，得突厥之助，攻占雁门、定襄等郡，被突厥立为定杨可汗。唐武德二年（619），刘武周遣宋金刚领兵南侵，又引突厥之众，兵锋甚盛，攻占晋阳（今太原西南），关中震骇。唐高祖李渊想放弃河东，秦王李世民上表谏阻，力主以精兵进讨刘武周。李渊于是命李世民统领关中兵马出征。

十一月，李世民率军趁黄河冰坚自龙门关（今山西河津西北）东渡，

---

① 九地：极言深不可知。九，古人用以表示数的极点。九天：极言高不可测。

进屯柏壁（今山西新绛西南），与宋金刚相持。世民休兵秣马，坚壁不战，只派副将进扰，以消耗敌人。唐军诸将请求出战，世民指出，宋金刚兵精将猛，但孤军深入，军无积蓄，不能持久，利在速战；唐军宜闭营养锐以挫其锋，遣兵断其粮道，待其粮尽撤退时，击而歼之。

两军相持约五个月，宋金刚粮尽计穷，率军北撤。李世民果断挥师追击，一昼夜兼程二百里，战数十合。至高壁岭（今山西灵石南），刘弘基执马而谏，建议停营休整，待粮草咸集而后决战。李世民以为，破竹之势，机不可失，遂策马而前，诸军奋进。唐军直追至雀鼠谷（今山西介休西南），一日八战皆捷，俘斩数万人。最后在介休城西与宋金刚余部展开决战，一举予以全歼。刘武周和宋金刚北逃突厥，不久被突厥所杀。[①]此战，李世民攻守兼备，领精兵主动进讨，却扼要地而坚壁不战，可谓攻中有守；宋金刚计穷撤退，李世民果断追击，又快速由守转攻，势如雷霆之击，终获大胜。

（二）势险节短

势险，指军队所形成的作战态势非常险峻，节短，指军队发起战斗的行动节奏非常急促而快速。这个思想出自《孙子兵法·势篇》："激水之疾，至于漂石者，势也；鸷鸟之疾，至于毁折者，节也。是故善战者，其势险，其节短。势如彍弩，节如发机。"大意是：迅猛的流水，能将石头漂走，这就是势；凶猛的飞鸟，快速扑击能擒杀鸟兽，这就是节。善于作战用兵的人，他所造成的作战态势异常险峻，他的行动节奏非常急促。这种作战态势就像张满待发的弩，这种行动节奏就像扣动弩的扳机。

进攻作战首先要塑造有利的进攻态势。孙子提出"势险节短"思想，堪称千古不易的重要原则。这里包含两个概念：第一个概念是"势（作战态势）"。石头从山上滚下之所以难以阻挡，是因为借助了落差巨大的险峻山势；激流能够冲走石头，也是凭借落差形成了强劲的冲击力。孙子认为，

① 《旧唐书·太宗本纪》。

进行作战，也要使军队形成像高山之巅的石头、像悬崖峭壁上的急流那样一种险峻的态势，能够猛烈地发挥出它的全部能量。第二个概念是“节（行动节奏）”。雄鹰一击就能准确而有效地搏杀鸟兽，不仅靠高空俯冲的猛烈之势，更靠出击的迅疾速度、短促节奏。孙子认为，军队形成险峻的作战态势，凝聚起全部能量后，其出击也应像雄鹰捕食一样，迅疾而短促，在短时间内猛烈地爆发出能量，使敌人来不及反应和躲避。

险峻的作战态势，短促的行动节奏——这就是进攻作战或攻势作战的精髓。为了更好地说明问题，孙子又拿他那个时代威力最大的射击武器弩作比喻：“势如彍弩，节如发机。”这种作战态势就像张满待发的弩，积聚起了全部的能量，可见其险之至；这种行动节奏就像扣动弩的扳机，一触即发，瞬间致人死命，可见其短促之至。

对这个比喻，也可以改用现代人更熟悉的枪械来表述：险峻的作战态势就像子弹上膛的枪，短促的行动节奏就像扣动枪的扳机。我们还可以换一个角度来看。当一柄张满的弩或子弹上膛的枪指着你时，你会感觉到巨大的危险，这就是险峻的作战态势的威力；当扣动弩或枪的扳机时，只需要很微小的动作，箭矢或子弹立刻飞射而出，对手避无可避，这就是短促的行动节奏的效果。

春秋晚期，吴楚争霸。周敬王元年（前519），吴王僚率公子光等领兵攻夺淮水流域战略要地州来（今安徽凤台），楚平王命司马、令尹等率楚、顿、胡、沈、蔡、陈、许七国联军救援，两军遇于鸡父（今河南固始东南），列阵而战。楚军布置六国军队于前，胡、沈、陈和许、蔡、顿分为两翼，而将楚军主力配置于后。吴军将主力分为左、中、右三部，严阵以待，如同弓弩之箭在弦上，又以不习战阵的三千个囚徒列于阵前。交战时，吴王僚以三千个囚徒先攻击胡、沈、陈三国军队，主力按兵不动，囚徒兵一上阵即溃，胡、沈、陈军紧追不舍，争获俘虏，以致军阵混乱。吴军主力抓住时机，迅捷出击，如同箭矢离弦，一举击溃胡、沈、陈三国军队。败兵和吴军纵逸的俘虏奔向许、蔡、顿三国军阵，吴军紧随而进，许、蔡、顿军队惊慌溃逃。楚军在六国溃兵冲击下，难以坚守，也逃奔而败。

此战，楚军列六国兵于前，本想以六国兵掩护自己，但六国都是受楚胁迫而来的小国，同役不同心，战斗力差，反而害了楚军。吴军以囚徒诱敌，主力列阵严整，形成险峻的战斗态势；一旦战机出现，则快速出击，致敌死命，堪称势险而节短。

（三）兵之情主速

这个思想见于《孙子兵法·九地篇》："兵之情主速，乘人之不及，由不虞之道，攻其所不戒也。"大意是：兵贵神速，乘敌人措手不及，经由意料不到的道路，攻击敌人不加戒备的地方。

进攻作战，贵在行动快速。只有快，才能最充分地达成作战行动的突然性，收到出其不意的效果；只有快，才能使敌人来不及反应，张皇失措，陷入混乱。古人还常用"有如迅雷不及掩耳"来形容快速进攻的奇效。但也必须看到，进攻速胜需具备一定的条件，如兵力占有较大优势，具备良好的战机，对敌情掌握清楚，等等。自古兵家倡导的进攻速胜，本质上都是在具备一定条件下的快速行动，而非盲目的冒险速进，或不顾客观实际的鲁莽行动。

还必须注意，快速进攻必须准确抓住敌人的要害，这就是所谓"批亢捣虚"，一击致命。抓不住要害的盲目行动，再快也无济于事，反而浪费了战机，暴露了意图，无谓消耗了力量。所以，《草庐经略》卷四《迅速》说："兵者，机以行之者也。攻其无备，出其不意，批亢捣虚，能使敌人前行不相及，众寡不相恃、贵贱不相救、上下不相收者，非迅速不可也。"大意是：作战用兵，在于抓住战机而行动。攻其无备，出其不意，抓住要害，乘虚而入，能使敌前后无法互相策应，大部队和小部队不能互相协助，官兵不能互相救援，上下不能互相照顾，要做到这样非行动迅速不可。

南北朝时期，北魏统一中国北方，与南朝刘宋分庭抗礼。此时，柔然崛起于蒙古草原，屡屡南下攻掠北魏的北部边境，使北魏腹背受敌。北魏神䴥二年（429），太常卿崔浩向魏太武帝拓跋焘建言：夏天草肥，柔然部众分散游牧，趁我刚刚打败西夏，南方刘宋不敢轻举妄动之机，全力攻伐柔然，乘虚掩进，一举将这个心腹之患灭掉。拓跋焘深以为然，于是留太尉长孙嵩、卫尉楼伏连镇守京师；命司徒长孙翰领一部兵马走西道接应，自己亲率主力大军由东道出，直击漠北（蒙古高原大漠之北）的柔然可汗庭（今蒙古国哈拉和林西北）。五月，拓跋焘领军至漠南（蒙古高原大漠之南），舍弃辎重，率骑兵兼马奔袭（每一骑都兼带副马，以备途中换乘），越过浩瀚的大沙漠，迅速进逼栗水（今蒙古国翁金河）。柔然无备，牛羊满野，突见北魏大军袭来，民畜惊骇，四散奔逃。柔然可汗大檀慌忙烧毁穹庐，向北逃遁。大檀弟匹黎先在西部得知魏军袭来，领兵欲救其兄，途中遭长孙翰截击而败。于是，魏军如入无人之境，四面搜讨，范围广阔，斩获者甚众。原属柔然的高车诸部，纷纷反水归附北魏。柔然及高车前后降魏者计三十余万人，魏军缴获戎马百余万匹，以及大批车辆、兵器、畜产等物资。大檀可汗愤郁而死。此战魏军长途快速奔袭，使敌人来不及反应，来不及防备，以快制敌，大获全胜。

（四）尽敌为上

这个思想见于《国语》卷二《周语中》，“夫战，尽敌为上”。大意是：作战，以全歼敌人为最好。

所谓“尽敌为上”，就是打歼灭战的意思。这是中国古兵家对进攻作战的明确目标要求。战争的进程和结局，归根结底取决于敌我双方有生力量的消长，最大限度地消灭敌人的有生力量，才能够达到彻底的胜利。因此，古兵家要求，每一战都要尽可能多地消灭敌有生力量，最好是全歼敌人，而不应仅仅只是将敌人击溃。如《吴子·励士》说：“若车不得车，骑不得骑，徒不得徒，虽破军，皆无功。”大意是：如果车战不能缴获敌人的战车，骑战不能俘敌人的骑兵，步战不能俘虏敌人的步兵，虽然击破了敌军，都不得算有功。明确主张以消灭敌有生力量来衡量战果，否定击溃战。又如《百战奇略》卷四《斥战》说：“击虏以殄灭为期，小利不足贪。”（进攻敌人应以歼灭为目的，小的胜利不值得贪求。）明确要求进攻作战要树立歼灭战的指导思想。

春秋中期，秦晋争霸。周襄王二十四年（前628），郑文公、晋文公相继去世，秦穆公决定乘晋、郑两国新丧之机出兵越过晋国南部边境袭取郑国，以插足中原腹地，东进谋求霸业。主政大夫蹇叔一再谏阻：秦、郑相距千里之遥，劳师远征，郑必知而设备，袭郑既不能成功，又得罪晋国，晋绝不会轻易放过秦军；此行必经晋国控制的崤山（今河南三门峡市陕州区东南），山势险绝，谷深委曲，唯有隘道可通，晋军必定在此设伏，秦军势将有去无回。秦穆公利令智昏，决意袭郑，发军东行。

果然，次年二月，秦军抵滑国（今河南偃师西南），行动机密泄露，知郑国有备，偷袭不成，便灭滑而回。秦军的动向尽在晋国掌握之中，晋国执政之卿先轸认为，秦是与晋争霸的对手，这次秦军无礼越境袭郑，是天赐良机，必须痛加歼灭，否则，一日纵敌，会遗患数代。于是，晋襄公身着丧服，亲自率军秘密赶至崤山，与当地的姜戎联合，设下埋伏，晋军负责正面阻击，姜戎负责断敌后路。四月十三日，秦军进入崤山谷地，晋军阻于前，姜戎断于后，全歼秦军，无一人漏网。这次决定性的歼灭战，使秦穆公遭受沉重打击，此后，秦穆公再也不敢冒进中原。

（五）用延待机

这个思想较典型的论述见于《兵法百言·法篇·延》："势有不可即战者，在能用延。敌锋甚锐，少俟其怠；敌来甚众，少俟其解；征调未至，必待其集；新附未协，必待其孚；计谋未就，必待其确；时未可战，姑勿战。盖拙者贵于守，延者势在必战而特迟之也。贪逞催激，动而必败。"大意是：形势有不宜于立即交战的，关键在于能够用延。敌人兵锋非常锐利，要稍等他懈怠下来；敌人来犯的兵力众多，要稍等他放松警惕；我军征调的部队还未到达，必须等待其集中；新归附的部众还不能同心协力，必须等待其信服；计划谋略还未成熟，必须等待其确定；时机不宜于作战，就暂且不打。用兵笨拙者只注重防守，然而所谓延，不过是势在必战而暂时延迟一点。如果贪功逞能鲁莽急激，必然会吃败仗。

中国历代兵家既强调战机有利时的快速进攻，也重视进攻条件不成熟时的耐心待机，为此专门提出了“用延”的思想。所谓“用延”，就是指在作战中，当进攻条件还不具备时，要保持冷静，耐心等待情况变化和更有利的时机，避免鲁莽草率地行动。这与兵贵神速是不矛盾的。兵贵神速是条件具备情况下的快速行动；用延待机是条件不成熟时的耐心等待，一旦条件成熟、战机来临，则要快速行动。作战中的快速进攻和延缓待机，归根结底是双方的力量对比和各方面客观情势决定的，当速则速，当延则延，一切需在准确研判作战当下的客观实际基础上进行决策。这也是历代兵法有关论述的思想本质。如果不深入全面地了解兵法的思想内涵，只是拘泥于兵法的这一说或那一说，那就是脱离实际的本本主义和教条主义了。

春秋初期，齐、鲁两国争衡，时有冲突。周庄王十二年（前685），齐国因襄公之死发生内乱，鲁庄公武力干预齐国立君之事，两国仇怨更深。第二年春，齐桓公继位不久就发兵攻鲁，进逼鲁国都。鲁庄公率军抗御，鲁人曹刿随同指挥。齐、鲁两军遇于长勺（今山东曲阜北，一说今莱芜东北），列阵交战。当齐军击鼓发起进攻时，庄公也命令鲁军击鼓推进，被曹刿制止。曹刿说：齐军兵锋甚劲，不可马上硬拼。于是齐军两次击鼓进攻，鲁军都稳守住阵脚，按兵不动，严阵以待。等到齐军第三次击鼓进攻时，已是兵疲意沮，气竭力衰，战斗力大为削弱。这时，鲁军以逸待劳，仍保持着高昂斗志和旺盛体力。曹刿抓住“彼竭我盈”的有利时机，让庄公发起攻击。于是鲁军击鼓，大举推进，两军碰撞厮杀，鲁军一鼓作气击败了齐军。此战，齐、鲁两军兵力相当，鲁军胜在能够用延待机，后发制人。

（六）防御持久

这个思想较有代表性的论述见于《百战奇略·不战》：“凡战，若敌众我寡，敌强我弱，兵势不利，或彼远来，粮饷不继，皆不可与战，宜坚壁持久以敝之，则敌可破。”大意是：凡是作战，如果敌众我寡、敌强我弱，兵力对比对我不利，或者是敌人远来，后勤供应源源不断，都不可以立即与之决战，而应坚壁清野，用持久的防御作战来消耗敌人，待其精疲力竭时再攻击它，就能够战而胜之了。

进攻贵在速胜，防御贵在持久。中国古代兵家很早就提出了“久”的术语，用以概括表达防御持久的思想，其基本内涵是，在弱军面对强敌的情况下，通过坚强持久的防御达到削弱敌人乃至强弱易势的目的，从而为最后反攻战胜敌人创造条件。

选择防御还是进攻，在根本上决定于敌我力量对比。在敌我力量悬殊的情况下，弱军必须进行持久防御来迟滞、消耗、削弱敌人，打破敌人速胜的企图，使敌人战线不断延长，兵力日益分散，锐气逐渐消磨，逐渐地由强变弱，从而为我军转入反攻，最终战胜敌人创造条件。因此，防御作战不是消极的龟缩防守，成功的防御作战不仅要能够守得住防线，还要能够拖得住敌人，更要能够有效地消耗削弱敌人。所以自古兵家都极其强调在防御作战中要积极主动地“因战地之利，为无穷之奇”，用多种多样的方法和手段消耗和削弱敌人的力量，能动地促使敌人由强变弱。如《投笔肤谈》上卷《持衡》说：“善守者，塞其险阻以遏之，清其原野以待之，绝其粮道以饥之，劫其营垒以挠之，捣其巢穴以牵之。”大意是：善于防守的人，要封锁险隘以遏制敌人，坚壁清野以防备敌人，断敌粮道以饥饿敌人，袭敌营垒以扰乱敌人，攻敌巢穴以牵制敌人。这也就是《草庐经略》卷九《击强》所总结的：“持久以待其衰，多方以误其趋。”（对强敌要用持久的防御作战来等待其力量衰竭，要用多种多样的办法来造成其行动的错误。）

楚汉战争（前206—前202）爆发之初，项羽占有绝对优势。汉高帝二年（前205）四月，刘邦的五十多万大军被歼于彭城（今江苏徐州），形势危殆。刘邦收拾残部，退至荥阳（今属河南）。荥阳西面的成皋，古称虎牢，北临黄河，南傍嵩山，城东汜水向北流入黄河，历来是屏护洛阳，远卫关中的军事要地。刘邦于是在这里组织防御，汉军扼守荥阳、成皋，依托关中，抵挡楚军的进攻，与项羽长期相持，前后达两年又四个月。在此过程中，萧何在后方有力组织巴蜀和关中的人力物力，源源不断输往前方，使汉军不但坚守住了防线，而且力量不断壮大。在坚持正面防御的同时，刘邦又遣韩信、彭越等将开辟北方战场、南方战场和敌后战场，牵制和消灭项羽的有生力量；积极进行外交和攻心活动，离间瓦解项羽的盟友和腹心，使项羽越来越孤立，甚至被项羽尊为"亚父"的范增也愤而离去。与此相反，在与汉军两年多的相持中，楚军没有稳定的后方，往来奔走，疲劳不堪，力量不断被削弱，以致军粮也匮乏。楚汉力量对比就这样发生了逆转。汉高帝五年（前202），项羽不得已向刘邦求和罢兵，以鸿沟（自荥阳北至淮阳东南连通黄河与颍水的古运河故道）为界，中分天下，东属楚，西属汉。然而，刘邦乘势大举反攻，不给项羽以喘息之机，最后在该年十二月的垓下（今河南鹿邑东）决战中，一举歼灭项羽。

（七）防守反击

这个思想的经典表述见于《国语》卷二十一《越语下》："尽其阳节，盈吾阴节而夺之。"阳节，强势者、进攻者的外在威力；阴节，弱势者、防御者的内在潜力。大意是：把强敌的力量消耗殆尽，把自己的力量蓄积充盈，然后进行反击，战而胜之。

中国古代兵家非常重视通过持久的防御作战来转变敌强我弱的不利态势，为由守转攻、最终战胜敌人创造有利条件。那么，如何由防御转入进攻呢？古兵家强调了两个要点。一是要把握好反攻的时机，古兵家认为必须等待敌人的力量消耗殆尽、我方的力量蓄积充盈的时候，才可以由守转攻。如果敌人的力量依然强大，士气仍然旺盛，则不宜轻举妄动，"阳节不尽，轻而不可取"。二是由防御转入进攻的时候，必须在自身防线稳定、阵地坚固的前提下，集中兵力，统一步调，快速行动，用突然性的猛烈进攻对已经精疲力竭的敌人给予致命的打击。《尉缭子·战威》专门提出"以居攻出”[①]的问题，就是指此：“夫以居攻出，则居欲重，阵欲坚，发欲毕，斗欲齐。”（在防御中进行反击，必须防守要稳定，阵地要坚固，发动要集中兵力，战斗要步调一致。）

三国时期蜀汉章武元年（221）七月，刘备为报孙权袭夺荆州擒杀关羽之仇，亲率大军讨伐东吴。孙权命陆逊为大都督，率军抵御。蜀军沿长江三峡东出，水陆并进。陆逊针对蜀军势盛、复仇心切的状况，决定采取退守防御的持久之策，主动放弃巫山、秭归等地，退至夷陵猇亭（今湖北枝城北，长江东岸）一带，据守有利地形防御，将几百里峡谷山地让给刘备。刘备大军沿着崎岖险仄的峡谷行军，疲惫不堪，兵力难以展开，只能沿着峡谷前后连续扎营。次年二月，刘备进至夷陵，遣军围攻夷道（今湖北枝城），吴军众将请求派兵救援，陆逊知夷道城坚粮足，坚持不分兵救援。蜀军频繁挑战，吴将急欲迎击，陆逊都耐心劝止，坚守不出。一些老将和贵戚企图各行其是，陆逊绳以军纪，严加制止。刘备伏兵八千人于山谷，派将在平地扎营，诱吴军出击，陆逊识破其计，不为所动。两军在夷陵、夷道一带相持达半年之久。

蜀军远道出师，速决不成，陷于不利地形，营地分散，运输困难，到了闰六月，又值暑热，兵疲意懈。刘备将水军也移驻岸上，更失去主动。陆逊认为反攻时机成熟，于是进行了精心的谋划和部署。他令水军封锁江面，分割蜀军于大江两岸；出其不意实施火攻，大火延烧蜀军连营，吴军各部乘机发起猛烈进攻。蜀军连营呈长蛇之势，前后不能相顾，吴军乘乱掩杀，各个击破，连克蜀军四十余营。蜀军大败，兵力损失殆尽。刘备逃回白帝城（位今重庆奉节），愤郁攻心，不久病死于白帝城。此战吴军避敌锋芒，主动后撤，以空间换时间，经持久防御后，成功组织反击，大获全胜。

作战思想是中国古代兵法最重要的内容，也是中国古代军事思想的精

---

① 以居攻出：居，驻守，指防御者；出，出战，指进攻者。所谓“以居攻出”，指防御者对进攻者进行攻击，意为在防御中进行反击。

髓所在，以上通过对兵法资料的梳理和分析，把中国古代兵法中的作战思想分为三个大的方面及若干要点，从而为理解古代兵法作战思想的主要内容提供一个新的框架，也希望借此引起对这个问题的重视和讨论。

第十四讲
中国古代国家对军事技术发展的作用：以北宋为例

军事技术的发展，从来都主要取决于国家力量的组织和推动，在中国古代王朝历史上也是如此。我们试以北宋为主要案例，对中国古代国家与军事技术的关系进行分析考察，着重探讨中国王朝历史上国家对军事技术发展的作用。

一、中国古代军事技术发展中的国家因素

学术界有一种比较普遍的认识：在中国的军事传统中，非常重视基于政治和道义因素的军队凝聚力和士气的作用，而比较轻视武器也即技术或者说物质因素的作用。[①]如孙子认为决定战争胜负的因素是道、天、地、将、法五事[②]，他把“道”（“主孰有道”，或者说政治清明）列于首位，而未提武器。学者们还常引孟子的言论为例：

王如施仁政于民，省刑罚，薄税敛，深耕易耨。壮者以暇日修其孝悌忠信，入以事其父兄，出以事其长上，可使制梃以挞秦、楚之坚甲利兵矣。彼夺其民时，使不得耕耨以养其父母，父母冻饿，兄弟妻子离散。彼陷溺其民，王往而征之，夫谁与王敌？故曰：“仁者无敌。”[③]

确实，中国的军事传统非常重视政治和道义因素，古代兵学也更热衷于探究军事理论和军事谋略，而普遍把技术、武器视为工匠之事。但说中

---

① 英国科学家、中国科技史研究专家李约瑟在《中国科学技术史》第 5 卷第 6 分册中对此有集中的论述。他认为：“中国古典战争理论一方面是惊人地‘现代的’，另一方面由于对武器的忽视，又属于过去。”

② 《孙子兵法·计篇》。

③ 《孟子·梁惠王上》。

国古代完全轻视武器和技术，却站不住脚，对这个问题还需要作更深入的具体分析。

古典军事著作不怎么涉及武器和技术，往往与其性质有一定关系。如《孙子兵法》系以军事力量的运用为研究对象，属于典型的战争艺术，自然多谈战略战术。但孙子也未忽视武器因素，《孙子兵法·计篇》将决定战争胜负的因素具体化为七个方面，即：主孰有道、将孰有能、天地孰得、法令孰行、兵众孰强、士卒孰练、赏罚孰明。其中，“兵众孰强”应当是指由人和物所构成的军队的实力，自然包括了武器因素。

至于一些思想家的偏颇之词，则往往与其所强调的主题有关。如孟子极力宣扬仁政的威力，不免过中。他的言论，是推销主张的夸大演讲，而非综合考量的治国计划。当讲实际治国时，儒家的鼻祖孔子也强调“足兵”[①]，这自然也包括人和物两个方面。

实际上，在中国古代，并不缺乏重视武器的主张。如：《司马法》把武器装备列为用兵必须关注的五个要素之一，提出“右兵”[②]，即重视武器。《管子》认为武器装备是决定战争胜负的主要因素之一，“故凡兵有大论，必先论其器、论其士、论其将、论其主”[③]；并由重视武器，进而重视工艺技术，提出军事建设要做到“工无敌”和“器无敌”。[④]《吕氏春秋》特别强调要对将士和军备进行严格简选，绝不可因为乌合之众和锄头木棍可能打胜仗，而精兵良将和坚甲利兵可能打败仗，就不要精兵良将和坚甲利兵了[⑤]。《六韬·必出》说：“器械为宝，勇斗为首。”《墨子·七患》说：“库无备兵，虽有义不能征无义。”即使儒家学派的大师荀子，虽力主强国强兵的根本是君贤和隆礼贵义，但同时也认为“械用兵革攻完便利者强，械用兵革窳楛不便利者弱”乃强弱之“常”。[⑥]

① 《论语·颜渊》：“子贡问政。子曰：足食，足兵，民信之矣。”尽管孔子接着把“足兵”列于“求信于民”和“足食”之次，但至少也是头三位的大事之一。
② 《司马法·定爵》。
③ 《管子·参患》。
④ 《管子·七法》。
⑤ 《吕氏春秋·简选》。
⑥ 《荀子·议兵》。

最为重要的是，古代在此问题上起决定性作用的，并非思想家的理论主张，而是人们的一般意识，特别是统治者的意识，这是荀子所谓“常”——常情常理范畴的事情。

在中国古代，很早就有人说：“国之大事，在祀与戎。”《孙子兵法》开篇第一句话也是“兵者，国之大事”。这些都反映了社会的普遍意识。这种意识在统治者的头脑中尤为根深蒂固，因此，与军事有关的事情，包括制造兵器和筑城，总是受到统治者的特殊关注和高度重视，形成强有力的国家意志。

周初鲁侯伯禽讨伐淮夷徐戎的誓词是：“备乃弓矢，锻乃戈矛，砺乃锋刃，无敢不善！”[①]春秋名相管仲说：“美金以铸剑戟，试诸狗马；恶金以铸鉏、夷、斤、斸，试诸壤土。”[②]突出体现了统治者对兵器制造的重视。中国古代与国计民生密切相关的手工行业基本上为国家所控制，而在国家控制的官营手工业中，兵器制造是最重要的部门。历朝历代，都设官管理兵器制造，制度日趋严密。由于兵器制造业被置于国家控制之下，得到国家的全力保障，因而成为中国古代官营手工业的主体。近几十年来出土的东周列国生产的青铜兵器，不计其数，恐怕足以重新武装一支“十万之师”，而这还仅只是当时列国武备之九牛一毛。汉、唐两朝，其中央武库藏兵器数量大概都在百万以上。中国古代兵器制造业的规模，由此可见一斑。

至于筑城，在历朝历代，也都是极重要的事务。中国古人很早就把粮食、军队和筑城视为国防的三要素，称：“此三者，国之具也。”[③]每个朝代建立伊始，总是立即组织大量民力营缮都城；而在任何一个朝代，其境内大大小小数以千万计的城邑的营缮活动，更无时或绝。许多朝代，甚至征发数十百万民夫建起规模浩大的长城，至今令人惊叹不已。如果没有统治者的高度重视和国家政权的有效组织，是根本无法想象的。

古代世界的科学技术成就，包括军事技术成就，主要是建立在农业文

---

① 《尚书·费誓》。
② 《国语·齐语》，参见《管子·小匡》。
③ 《墨子·七患》。

明的基础之上。其发展总体上表现为自然的渐进式过程，技术的创新和进步几乎都是点滴经验和微小改良世代累积的结果，也总是需要有较长的时间，才能逐渐发生作用。任何重大的变化，都须经历数代，具有长期累积、潜移默化的特点。在此状态下，技术发展的规模和水平，主要取决于其所赖以存在的文明体系的规模和连续性，而后者又总是与特定形态的国家或王朝相联系。中国不仅有非常广大的农耕区域，而且很早就出现了强有力的国家政权，能够有效地组织起巨大的人力和物力对广大区域进行开发，并予以控制和保护，从而形成了庞大而发达的农业文明体系，长期延续达两千多年，这在古代世界是独一无二的，它对科学技术发展所提供的支持也比任何其他古代文明要强。这种支持既表现为发达的农业提供了古代科学技术发展的物质基础，也表现为国家机器的组织推动作用。中国古代军事技术的发展，又比任何其他技术门类更加得益于此。由于统治者的高度重视和国家政权的有效组织，发达的农业文明体系所提供的雄厚的物质资源，被更多地投入于这个领域，因而使得中国古代军事技术的发展规模和水平，在古代世界处于非常突出的地位。

二、宋初的典型表现

国家因素对军事技术发展的组织推动作用，在宋代有相当突出的表现。

众所周知，宋代是一个重文轻武风气浓厚的时期。鉴于唐末五代武人跋扈的教训，宋太祖赵匡胤开国伊始就采取了右文抑武的方针，“杯酒释兵权”，削弱武将权力，提高文臣地位，大兴文教，科举取士。但这些举措从根本上都是出于防范军功集团的政治需要，并不说明统治者对军事和国防的轻视。准确地说，宋代的重文轻武或右文抑武，主要是贬抑武人而非轻视武备。所以在宋初就出现了这样的现象，赵匡胤一方面断然地削夺开国元戎们的兵权，另一方面则对武器装备的生产制造给予高度重视。

马端临所撰《文献通考》卷一六一记载：

宋太祖皇帝开宝……八年[1]，将平江南，颇以简稽军实为务，京师所造兵器，十日一进，谓之旬课。上亲阅之，制作精绝，尤为犀利。其国工之署有南北二作坊、弓弩院，诸州有作院，皆役工徒，限其常课。南、北作坊，岁造涂金脊铁甲、素甲、浑铜甲、墨漆皮甲、铁身皮副甲、锁襜兜鍪、金钱朱漆皮马具装、铁钢朱漆皮马具装、钱剑、大剑、手剑、金枪、根枪、梼本枪、掉刀鋸、银花皮器械箭鞍、弩箭箶簏、弓箭袋、皮立弩、桩床子弩，凡三万二千。弓弩院岁造角色弓、白桦弓、虎翼弩、马黄弩、床子弩、白皮器械、水獭皮器械、旗帜弩、桩铠弓、弩箭、弦鏃等凡千六百五十余万。诸州岁造黄桦黑漆弓弩、麻背弓、素皮器械、环子背枪、素木枪、黑漆木枪、朱红木枪、金漆竹枪，银装、铜装等剑、竹笴箭、木笴箭、皮甲、兜鍪、铁甲叶、箭鏃等凡六百十余万。又南、北作坊及诸州别造兵幕、甲袋、棕衫、钲鼓、炮砂、锅铡、行槽、锹、钁、镰、斧等，谓之什物，以备军行之用。凡诸兵器置五库以贮之。尝令试床子弩于近郊外，矢及七百步。又令别造千步弩试之，矢及三里，戎具精劲，近古未有。

在这段记述之后，马端临又引用了《挥麈录》中的一则逸事，来印证赵匡胤从开国就注意讲求武备。

承平时，扬州郡治之东庑，扃锁屋数间，上有建隆元年[2]朱漆金书牌云："非有缓急，不得辄开。"宣和元年[3]，盗起浙西，诏以童贯提师讨之。道出淮南，见之，焚香再拜，启视之，乃弓弩各千，爱护甚至，俨然如新。贯命弦以试之，其力比之后来过倍，而制作精妙，不可跂及，士卒皆欢服。施之于用，以致成功。此盖太祖皇帝亲征李重进时所留者，仰知经武之略，明见于二百年之前。圣哉帝也。

赵匡胤还对军事技术上的发明创造采取了奖励政策。开宝三年，"兵部令史冯继升等进火箭法，命试验，且赐衣物束帛"[4]。这种做法也为太宗、真

① 975年。
② 960年，为北宋开国第一年。
③ 1119年。
④ 《宋史·兵十一》。

宗皇帝所继承，如宋真宗咸平三年（1000），“神卫水军队长唐福献所制火箭、火球、火蒺藜，造船务匠项绾等献海战船式，各赐缗钱”①；咸平五年（1002），“冀州团练使石普自言能为火毬、火箭，上召至便殿试之，与辅臣同观焉”②。

在朝廷的重视和推动下，宋代前期军事技术有了重大的发展和进步。仁宗庆历三年至七年（1043—1047），曾公亮、丁度等奉敕编成军事类书《武经总要》，这部官修的具有军事百科全书性质的宏大著作，概括、反映了宋代前期军事的方方面面情况，也系统地记述了11世纪上半叶中国军队的武器和装备，它们无可置疑地代表了那个时代军事技术的世界最高水平，是宋代科学技术发展高峰的一个重要表现。对此，在这里不拟展开详论，只概要地列举一下最有代表性的两个方面的情况。

其一，《武经总要》记载了世界上最早的三个军用火药配方和多种初级火器（火毬、引火毬、蒺藜火毬、霹雳火毬、烟毬、毒药烟毬、铁嘴火鹞、竹火鹞、火药箭、火药鞭箭），③这些早期火器的创制与宋初朝廷的重视和奖励政策有直接的联系④，它们被装备军队并用于战争，标志着世界战争史揭开了由冷兵器时代向火器时代过渡的序幕。今天看来，这些初级火器及其火药配方的确还相当原始，威力和作用也还非常有限，但在当时的世界，它们的的确确是了不起的“新式武器”或“新概念武器”，代表了军事技术的未来发展方向，即将引起战争形态的革命性变化。正如恩格斯所说，火药是“注定使整个作战方法改变的新因素”⑤。

其二，《武经总要》非常全面地记述了当时中国的抛射武器，包括弓、弩、床弩⑥、抛石机四个大类，品种、名目繁多。在中国的军事传统中，抛射武器一直非常发达，至迟在秦汉时期就形成了弓、弩、床弩、抛石机四

① 《宋史・兵十一》。
② 《续资治通鉴长编》卷五十二，咸平五年九月戊午。
③ 《武经总要》前集卷十一、卷十二、卷十三。
④ 《武经总要》所记初级火器，有些可能就是开宝、咸平年间冯继升、唐福、石普等人进献朝廷的发明物。
⑤ 《马克思恩格斯全集》第16卷，人民出版社2007年版，第247页。
⑥ 又称“床子弩”，或写作“牀子弩”，即弩砲。其制为在框式架上安装大型弓，靠绞轴张弦，发射巨型箭，所谓“羽矛为矢”。

类综合运用的格局。到了宋代初期，抛射武器特别是床弩、抛石机等大型抛射武器的制造技术达到了新的高度。以床弩为例，当时在最高统治者的直接关心、过问下，有了显著的改进，射程从七百步增至千步（三里）①。宋代一千步约合一千五百三十六米。②在冷兵器时代，这可能是抛射武器的射程所达到的最高纪录。为达到如此高的射程，中国匠师采取了多弓复合、联动发力的巧妙方法，在古代抛射武器设计中独树一帜。由于构造复杂、技术含量高、威力巨大，中国的床弩和抛石机堪称中古世界的“高技术武器”，在战争中发挥了重要作用。③据记载，在景德元年（1004）的宋、辽澶渊之战中，宋军就是用床弩射杀了辽军主将萧挞览，从而促成了宋辽和议。④又有记载，在南宋开庆元年（1259）蒙古军围攻钓鱼城之战中，蒙哥汗为“砲风”或“飞石”所伤而死，⑤蒙古军被迫撤围北还。在中国古代，“砲”是抛石机的专名，到了宋代，因燃烧弹和爆炸弹也用抛石机抛射，故往往也被称为“砲”。⑥“飞石”本指抛石机发射的石弹，⑦后也成为抛石机的代称。蒙哥很可能是为抛石机发射的石弹或爆炸弹所伤。蒙哥的猝死，引发了蒙古内部的继位之争，牵动征战于欧亚大陆各地的蒙古军纷纷收缩回撤，从而对世界历史走势也产生了影响。

---

① 《宋史·魏丕传》记：“旧床子弩射止七百步，令丕增造至千步。”可与《文献通考》的记述相印证。

② 宋时五尺一步，一尺合 0.3072 米。

③ 李约瑟在《中国科学技术史》第 5 卷第 6 分册中集中地研究了中国古代的抛射武器，并令人信服地分析指出，中国的弩和抛石机对中古西方产生了重大影响，后来阿拉伯和欧洲出现的配重式抛石机，就是由中国的拽索式抛石机改进、发展而来（Joseph Needham,Science and Civilisation in China,Vol.5, part 6,Cambridge University Press,1994, pp.101 —240）。

④ 《契丹国志》卷七。又，南宋刘克庄《蜀捷》诗有“挞览果歼强弩下”之句，可以印证（见《后村先生大全集》卷二十三）。

⑤ （元）佚名《钓鱼城记》（见《古今图书集成·职方典·重庆府部》、雍正《四川通志》卷五十、乾隆《合州志》卷十二）；（明）谢士元《游钓鱼山诗序》（见民国《合川县志》卷七十六）。参见西南师范学院历史系编：《钓鱼城史实考察》，四川人民出版社 1980 年版，第 59 —64 页。在钓鱼城之战中，蒙军前锋元帅汪德臣也“几为飞石所中，遂感疾”而死（《元史·汪德臣传》）。

⑥ 钟少异：《铳、炮、枪等火器名称的由来和演变》，见《中国古代火药火器史研究》，中国社会科学出版社 1995 年版，第 159 —172 页。宋元之际有一种铁壳爆炸弹，称为“铁火砲”，也称为“震天雷”，在宋、金、蒙古诸方的战争中应用很广（见（南宋）赵与衮《辛巳泣蕲录》、《金史·赤盏合喜传》、刘祁《归潜志》卷十一、《金史·完颜讹可传》、（南宋）李曾伯《可斋续稿后集》卷五《条具广南备御事宜》、《宋史·张顺传》《宋史·马塈传》）。

⑦ 《汉书·甘延寿传》注引张晏曰：“《范蠡兵法》：‘飞石重十二斤，为机发，行二百步。’”

三、若干制约及其作用模式

在中国中央王朝的历史上，国家对军事技术发展的积极作用也受到多种根本性因素的严重制约，其表现具有很强的规律性，形成了特定的模式，贯穿于从秦统一直至鸦片战争的两千多年中。

（一）环境与活力

东亚地区以黄河流域和长江流域为腹心的这个历史舞台，由于周边高山巨岭、大漠荒碛和浩瀚大洋的环绕而具有很强的独立性。它与古代世界其他文明中心的联系，不是便捷的频密往来，而是表现为远距离的接力传递式渗透，或是靠艰难的长途跋涉。如先秦时代中国与西方的联系，主要是通过欧亚草原地带诸多游牧或半游牧部族的往来迁徙，传递中转；也正是通过那些中间民族的传递和不畏艰险的商旅、使节的长途跋涉，形成了中古时代中国与西方联系的主要途径——陆上丝绸之路和海上丝绸之路。由这些路径传来的西方事物，或像流星那样湮没于中国文化和中国历史的浩瀚空间，或与中国的文化和历史相融合，在全新的环境中发展，演变成为地道的中国事物。可以说，中国古代文明是在相对独立的空间范围内，主要靠其自身内部因素及其与邻近周边地区的相互作用关系发展形成的独特体系。在这个体系中，中国历代王朝始终处于核心和主导的地位，其在政治、经济、军事、文化和技术的发展上都遥遥领先于周边的部族藩国。这种状况决定了中央王朝的技术发展，特别是军事技术发展始终缺乏强劲的交流刺激。突出地表现在两个方面。

其一，上述状况使得古代东亚大陆的技术传播呈现为中心扩散型，其主导趋向是由中央王朝向周边部族藩国扩散，而由周边向中央的回流则非常微弱，因此中央王朝的技术发展没有相对等的技术体系的碰撞刺激，也缺乏来自外界的新的技术因子的刺激促进。宋代大科学家沈括，广泛搜罗了他那个时代的新奇事物，著成《梦溪笔谈》一书，其中重要的技术发明和创新，大多产生于中央王朝自身，来自周边和域外对技术进步具有重要意义的事物，寥寥无几。这部中国中古时代最重要的科学著作，是很有代表性的。

其二，中央王朝对其文化和技术的优势地位有清楚的认知，由此而生的强烈优越感和自大主义导致了严重的发展惰性，通常总是更加注重于保持固有的优势，而非创新发展。在军事技术上，由于国家安全的作用，往往更强调技术控制而非技术创新。自汉代以来，控制铁器输出一直是历代王朝的重要政策。在汉代，还严禁强弩外流。到了宋代，开始禁止火药火器和硝石硫黄输出。对于朝廷来说，只要保持住现有的武器和技术优势，就足以应付周边的部族藩国和境内的寇盗匪患。[①]关于国家对军事技术的控制，在宋代有很典型的材料。据王得臣《麈史》卷上引宋次道《东京记》，北宋京城设有“广备攻城作”，专司攻守城器械制造，后隶属军器监：

其作凡十一目，所谓火药，青窑，猛火油，金火，大、小木，大、小炉，皮作，麻作，窑子作是也，皆有制度作用之法，俾各诵其文，而禁其传。[②]

攻守城器械包括了火药火器及床弩、抛石机、云梯、攻城槌、钩车等大型军事机械，是当时最重要的军事技术，控制尤其严，甚至地方驻军要制造这些装备，都得先上奏，由朝廷颁给法式图样，才能制造。[③]在缺乏交流刺激的大环境下，严厉的控制进一步削弱了创新发展的活力。

① 中国历史上几次边地少数民族入主中原，主要是因为中央王朝内乱或国势衰颓，而非武器和技术的原因；揭竿而起的起义者，更没有武器和技术优势可言。之所以能够改朝换代，靠的是多方面的复杂因素，是历史的风云际会的结果。一些思想家特别强调“道”和“民心向背”的作用，都是基于某种特殊的历史情境，有其特定的针对性，而非一般性地否定武器和技术的重要性。

② 据《宋会要辑稿》职官三十之七，广备攻城作有二十一作而非十一作，具体为：“大木作、锯匠作、小木作、皮作、大炉作、小炉作、麻作、石作、塼作、泥作、井作、赤白作、桶作、瓦作、竹作、猛火油作、钉铰作、火药作、金火作、青窑作、窟子作。”

③ 《宋史·兵十一》记：宋神宗元丰四年（1081）七月，“泾原路奏修渭州城毕，而防城战具寡少，乞给三弓八牛床子弩、一枪三剑箭，各欲依法式制造。诏图样给之”。

（二）充气和慢撒气

中国中央王朝的历史所具有的强烈的周期性特点，使得统治者对军事技术和军事装备的讲求也呈现出周期性的起伏变化。通常，在王朝开创之初，国家有勃兴之气，同时危机四伏，统治者勤于国事，关注武备，对军事装备生产和军事技术提高非常重视；随着海内砥定，社会升平，继位者逐渐就松懈了对武备的讲求，尽管有识者屡屡提醒，要“居安思危”“安不忘战”，但收效甚微，总是承平日久，便不可避免地武备废弛。在此过程中，有时某些局部性的危机也促使统治者有所警醒，试图采取措施重振武备，甚至一度出现所谓“中兴”气象，但总是犹如昙花一现，难以挽回一步步衰颓的大势；最后，由于王朝更替，又回复到似曾相识的起点。这样一种周期性起伏变化的特点，可以用现代人非常熟悉的自行车轮胎做一个比喻，就好像车胎一充足气后，人们便不再去管它，于是车胎里的气就在日复一日的骑行中慢慢地消耗掉；人们发现车胎扁了，于是再次给它充气，随之而来的又是慢慢地撒气。

这个特点在宋代同样有非常典型的表现。就在曾公亮、丁度编纂《武经总要》的仁宗朝（1022—1063），各方面的武备制度便日渐败坏，“积弱”现象日趋严重，与西夏作战一再失利。欧阳修曾撰文指出，当时宋军使用的武器，“长短大小，多不中度”，且“铁刃不刚”，弓弩“筋胶不固”，“造作之所，但务充数而速了”，主管官员也不认真检查，以致“有器械之虚名，而无器械之实用也”。[①]迫于西部边防的危机，宋仁宗于庆历三年（1043）任范仲淹为副相，进行了包括“修武备”在内的十项改革，史称“庆历新政”。曾公亮、丁度编纂《武经总要》，其实就是因庆历新政而来，目的是总结宋初武备发展成果，为当时之式范。但随着次年与西夏达成和议，庆历新政的各项改革便基本作罢；曾公亮、丁度几年后虽编成了《武经总要》，而宋朝的武备却愈益废弛。到了宋神宗继位，又下决心进行改

① 《续资治通鉴长编》卷一三六，庆历二年五月甲寅。

革，这就是神宗时的熙宁（1068—1077）变法，在王安石的主持下，采取了一系列振衰起弊的措施，也整顿和加强了军事装备的生产。据《宋史·兵志》记载：

（熙宁）五年……诏权三司度支副使沈起详定军器制度。起以为一己之见有限，宜令在京及三路主兵官、监官、工匠审度法度所宜，庶可传久。诏从之。……时，帝欲利戎器，而患有司苟简。……六年，始置军器监，总内外军器之政。……先是，军器领于三司，至是罢之，一总于监。凡产材州，置都作院。凡知军器利害者，听诣监陈述，于是吏民献器械法式者甚众。[①]

由于当时采取了比较合理的做法来整顿军器制造，如广泛征求并综合军事指挥官、监官和工匠的意见来改进和完善制度法式，统一军器制造机构，鼓励官、民发明创造、献计献策，所以短时间内取得了显著进步。熙宁六年（1073），编成《熙宁法式》112卷，全面地总结了军事装备生产制造的技术、标准和制度。[②]但这场变法从熙宁二年（1069）开始，没几年就步履维艰，熙宁七年（1074）王安石罢相，八年复相，九年再罢相，草草收场。军器制造也再次陷入了停滞不前的状态，甚至不断退步，以至几十年后还只能抱着祖宗的老法式。[③]

中央王朝在武备问题上的"慢撒气"现象，难以简单地看成后来统治者的不重视，实际上他们对此问题的重要性一直是有认识的，但局面仍不可控制地下滑，其中有多方面的复杂原因，官僚主义是一个重要的因素。中国古代形成了世界上最发达的官僚制度和官僚体系，与之相伴随也存在古代世界最严重的官僚主义。官僚主义的基本规律——官僚体系的规模和历史与效率成反比，与腐败成正比——在中国历朝历代都有突出的表现，渗透于国家的方方面面，与王朝历史的周期性反复紧密关联。也正是这条

① 《宋史·兵十一》。
② 参见《麈史》卷上。
③ 《宋史·兵十一》记："政和二年（1112）二月，诏诸路州郡造军器有不用熙宁法式者，有司议罚，具为令。"40多年后仍只能依循老祖宗的法式，也是缺乏发展创新的活力的一个典型例子。

规律，对基本上为国家所控制的军事技术领域的“慢撒气”现象有着重要的影响。对此，《宋史·兵志》中有一段话，作了很好的描述：

工造不已而较数尝（常）阙，缮修无虚岁而每称弊坏。大抵中外相应，一以虚文，上下相蒙，而驯致靖康之祸矣。[①]

这虽然讲的是北宋后期军事装备生产的情况，但在历朝历代，实具有普遍性。

以上主要结合北宋的情况，对中国古代国家在军事技术发展中的作用进行了探讨，分析了一些具体的现象。关于这个问题的综合结论，试概括如下：在中国古代，统治者历来重视军事技术，国家对军事技术发展起了巨大作用，但其作用也受到一些根本性因素的严重制约，因而在总体上，中国古代军事技术的发展呈现为自然的渐进过程，国家因素的作用最终主要表现为规模效应和时间效应——国家的体量大，文明延续的时间长，故作用也大。

① 《宋史·兵十一》。

第十五讲

中国与火器革命失之交臂的历史过程和深层原因

当前关于军事革命的讨论正方兴未艾。回顾历史，大多数人认为，由于火药在军事领域的应用以及火器技术的发展所导致的世界战争从冷兵器时代迈进到火器时代，是人类历史上空前深刻的一次军事革命。我们可以称之为“火器革命”，其时间范围约为15世纪至19世纪。众所周知，火药是中国古代的四大发明之一，中国也是世界上最早将火药运用于军事、最先创制和发展火器的国家。然而，中国却是火器革命的落伍者和受害者。这既是中国古代科学技术乃至中国古代文明由辉煌而衰落的一个典型事例，又因军事技术自身的特性而有其特殊的表现形式。在今天新军事革命来临之际，深入研究中国和火器革命的关系，总结其中的教训，尤其具有意义。

一、1840年以前中、西科学技术发展的一般情况

古代中国在科学技术的许多领域都有独特的贡献，很早就达到世界先进水平，并从1世纪到15世纪保持了总体上对西方的领先地位。

天文学，中国是世界上天文学发达最早的国家之一，而且长期兴盛。自从四五千年前出现可考的星象记载以来，对天体的观察一直不断，从秦代到清末的两千一百多年间，哈雷彗星出现二十七次，中国都有记录。这在其他国家是看不到的。

数学，南北朝的祖冲之关于圆周率的计算，准确到小数点后7位，在世界上领先了一千年。

地学，中国是世界上最早记录地震的国家，而且一直没有放松对地震的关注，积累了丰富的地震资料。东汉张衡发明了世界上第一架观测地震

的仪器地动仪。

农学，自古以来，中国就有发达的农业，积累了丰富的农业知识和理论，产生了多部当时世界上最为系统的农学专著，如北魏贾思勰的《齐民要术》、元代的《王祯农书》、明代徐光启的《农政全书》等。

医学，创立了在世界上独树一帜的医药学体系。

技术方面，中国古代的造纸、火药、印刷术、指南针四大发明享誉世界。丝织和制瓷，一直为世人所称道。以青铜器铸造和生铁冶铸为代表的冶金技术，长期领先于西方。15世纪初郑和船队远航印度洋，所体现的造船技术和航海技术也领先于当时的欧洲。

然而，从15世纪后半叶到18世纪（明中期至清中期），中、西科学技术水平却发生了根本的逆转，其最集中的表现，一是近代科学在西方的兴起，二是工业革命在西方的发生。

15世纪的文艺复兴运动和16世纪初的宗教改革运动开启了欧洲的理性思维和科学精神。在16和17世纪，欧洲诞生了一系列意义重大的科学成果：1543年哥白尼发表《天体运行论》，确立日心说，这是近代天文学的起点；大约同时，维萨留斯发表《人体结构》，确立近代解剖学；1600年吉尔伯特发表《磁铁》，确立磁学与电学的基础；1609年伽利略发明天文望远镜；1637年笛卡儿创始解析几何；1661年波义耳发表《怀疑派的化学家》，进行化学分析，定义元素，被视为近代化学之祖；1687年牛顿发表《自然哲学的数学原理》，提出万有引力定律、牛顿三大定律……所有这些导致了近代科学在欧洲的确立。

16世纪以来英国以毛纺工业、矿业和金属工业为基础的初期资本主义的形成和发展，17世纪中叶以后工业资本的发达，以及殖民拓张的推进，海外贸易的扩大，国内商业组织的完备等，不断推进相关产业领域的技术发展，为工业革命准备了条件。18世纪英国人对纺织机的不断改进和1765年瓦特改良蒸汽机，终于引发了工业革命，西方于是进入了工业技术迅速发展的时代。

以上两个方面的情况，在中国都没有出现。

综观1840年以前中、西科学技术的发展历程，具有如下的特点。

第一，在古典时代，欧洲有古希腊罗马的辉煌，中国有百家争鸣和秦汉一统的灿烂，可谓各有千秋。

第二，秦汉王朝和罗马帝国的相继瓦解，使世界进入了纷乱动荡的中古时代。但中国历史表现出了强烈的周期性特征，在经历一个时期的分裂动荡之后，重新走向统一，建立起新的大一统王朝；而新的王朝又总是盛极而衰，再次出现分裂动荡，正所谓“分久必合，合久必分”。在西方，随着罗马帝国的解体，大一统的局面一去不返，在罗马帝国废墟上涌现的众多部族和国家，陷入了长期纷争战乱的“黑暗时代”。在此情况下，欧洲的科学技术水平严重倒退；中国的科学技术则保持了缓慢发展，不断有所进步，因而直到15世纪，总体上领先于欧洲。

第三，从15世纪至1840年，中国的科学技术仍然以固有方式缓慢发展，虽仍有进步（如徐光启《农政全书》、李时珍《本草纲目》、宋应星《天工开物》等都产生于这个时期），但只有有限的量变，没有飞跃的质变；欧洲科学技术则在文艺复兴和宗教改革运动的影响下，冲破了中世纪的桎梏，伴随着资本主义的成长和大规模的海外殖民扩张，不断地加速发展，因而很快发生了突变，超越了缓步行进的中国。

15世纪以前中国科学技术的领先地位既因欧洲中世纪的倒退而得到凸显，更有其内在的原因。在工业文明产生之前，农业文明是最先进的文明形态，古代世界的科学成就就主要建立在农业文明的基础之上。中国不仅有非常广阔的农耕区域，而且很早就出现了强有力的国家政权，形成了大一统的政治局面；虽不时动荡反复而终能恢复保持，因而能够组织起巨大的人力和物力对广大区域进行开发，并予以控制和保护，从而形成了庞大而又发达的农业文明体系，长期延续达两千多年。这在古代世界是独一无二的，它对科学技术发展所提供的支持也比任何其他古代文明要强。这种支持既表现为发达的农业提供了古代科学技术发展的物质基础，也表现为国家机器一定的组织推动作用。中国古代最有成就的科学技术领域，总是与农业社会的国计民生以及统治者的好恶密切相关。比如天文学，其持久兴盛的原因，一是农业生产的授时需要，二是统治者宣扬天命的需要。

然而，建立在传统农业文明基础上的中国古代科学技术，又有很大的局限性，突出表现为：（1）偏重于解决实际问题，不重视对理论问题的探讨。具有以与传统农业社会的国计民生密切相关的实用技术为主体的结构特点。即使是最为抽象的数学，始终也以应用计算见长。（2）一直停留在基于感官观察和经验总结的简单综合水平上，缺乏分析和试验方法。中国古代科学技术著作中的大量内容，是对生产经验的记载和对自然现象的描述，普遍分析不足，更少有有意识的试验。（3）与以小农经济为基础的传统农业文明相适应，中国古代科学技术的发展一直表现为缓慢的渐进积累模式，缺乏有力的加速机制。成果的取得靠长期的微细累积，往往数百年甚至一两千年没有变化。（4）中国古代科学技术始终与天命神学和方术存在密切关系。宗教和巫术在早期对科学技术发展有一定意义，但随时间推移，越来越起束缚的作用，成为科学的误区。如中国古人对天象和地震的观测，大量被用于解释、宣扬天命，难以产生有价值的深刻学说。

15世纪以后中国科学技术的落后，很大程度上就表现为这些局限性的顽固延续，其主要原因是：

传统农业文明体系长期延续。当西方在中世纪晚期出现资本主义萌芽，17世纪发生资产阶级革命，逐步建立起资本主义制度的时候，中国仍然停留在封建王朝时代，继续沿着以小农经济为基础的农本道路缓慢发展。中国传统农业文明体系是一个典型的“自适应”“自满足”系统，其超强稳固导致了封建社会的长期延续，严重限制了商业资本的发展和小手工业向工场手工业进而向近代工业转化，新的资本主义的生产方式难以发展，社会生产就难有大的发展，对科学技术发展就提不出迫切的要求，近代科学技术也就没有适于生长的土壤。换言之，科学技术的发展缺乏新的根本的推动力，它只能在固有的轨道上蹒跚而行。

封建社会后期严重的保守性和封闭性。从15世纪意大利的文艺复兴运动，到16世纪初德国的宗教改革运动，再到18世纪法国的思想启蒙运动，欧洲资本主义在其成长过程中，经历了三次伟大的思想解放，一次比一次深入，一次比一次广泛，从而使理性思维、科学精神和民主观念深入人心，为近代科学技术的大发展、新发明、新创造的层出不穷，提供了强大的催化剂。然而，在秦汉以后的中国封建时代，从来就没有什么思想解放运动。相反，中央集权的封建专制制度延至封建社会后期，产生了严重的保守性和封闭性，突出表现为思想禁锢，排斥外来影响，闭关锁国，对变革持消极态度；几乎任何改革都困难重重、举步维艰，其结果是整个社会丧失了活力，故步自封。依赖于精神解放的科学技术的快速发展，也就无从谈起。倒是迎合人们（特别是封建统治阶级）落后、愚昧的封建迷信，肆行无忌。

社会价值取向越来越不重视科学技术。在古希腊罗马时代，欧洲就形成了注重研究自然的传统。在中世纪神学统治的时候，西方人对自然的兴趣仍然得到保持。文艺复兴后，随着思想解放的逐步深入，用理性研究自然的科学精神得到确立；随着资本主义和近代工业的发展，人们对科学和技术的兴趣越来越大。但在中国古代，教育和学术一直以关于社会和人文的知识、学说为主，汉代的“罢黜百家，独尊儒术”、隋唐时代科举制度的建立、明清时期的八股取士，越来越强化了这种倾向。如果说唐代科举中还有“明算”一科，明清的八股取士，就完全是死钻四书五经了。体现封建上层社会的价值取向的这些制度措施，决定了知识分子乃至整个社会的价值取向越来越不重视科学技术，科学技术日益成为主要是匠师而非知识阶层的领域，其发展便越来越难。

传统的思维定式制约了科学技术的发展。中国人很早就形成了长于综合、短于分析，重整体感悟、轻微细解析的民族特质，崇尚抽象概括和以简驭繁。特别是战国秦汉时期阴阳五行学说成熟后，就形成了一种思维定式：把万物的变化，都大而化之地归于阴、阳二气或金、木、水、火、土五要素的作用，而不去深究其理。这种粗放型的理论一直到明清时期仍然主宰着中国的思想界。在这种环境中，作为近代科学基础的分析和试验方法很难发育。

二、中、西早期火器技术

1840年以前中、西火药火器技术的发展，与中、西科学技术的总体发展呈现出类似的轨迹和特点。

火药是中国古代方士炼丹活动的产物。至迟在9世纪（唐代晚期），中国已经发明了火药。10世纪后半叶（宋代初期），已经将火药应用于军事。从这时候至13世纪末（元代初期），我们的祖先创制了一系列世界上最早的火器，如火药箭、燃烧性球弹、铁壳爆炸弹、管形喷焰火器（竹管或纸管）、管形射击火器（竹管或纸管）、反推型火箭，等等。这些火器在宋、辽、西夏、金及蒙古诸方长达三四百年的战争中得到了初步运用，揭开了军事史从冷兵器时代向火器时代过渡的序幕。

约在13世纪末至14世纪初（元朝），中国发明了金属管形射击火器铜火铳（包括单兵手持使用的手铳和架射的碗口铳），它被公认为后世金属枪炮的鼻祖。在14世纪晚期到15世纪初期（明洪武至永乐时期），火铳逐渐得到改进和规范化，是当时世界上最先进的武器，并被较多地用于装备军队（洪武十三年，各地卫所驻军约按编制数的10%装备火铳）。洪武十年（1377）还铸成了当时世界上最大型的铁炮（长100厘米、口径21厘米）。

在13世纪，火药技术从中国传入阿拉伯地区。受中国早期管形射击火器的影响，阿拉伯人在13世纪末14世纪初制成了木质管形射击火器马达发（madfa）。约在13世纪后半叶，火药又由阿拉伯地区传入欧洲。14世纪，欧洲人制成了他们的早期火器火门枪和射石炮。火门枪与中国元明之际的铜手铳相似，都为金属发射管，靠插入火门的药线点火，装有木柄，手持使用，发射碎石铁砂，但中国手铳的铜铸发射管技术和规范化程度高于火门枪。欧洲射石炮多用锻铁条加箍制成炮管，而且不是一个整体，可拆卸的炮尾部是在火炮装填完毕后才装上炮筒，落后于中国火铳的整体铜铸发射管，更难与洪武十年大型铸铁炮相比。

概而言之，直到15世纪初期，中国火器技术处于世界领先地位。同样，其时中国对火器的运用，也居世界领先水平。明洪武二十一年（1388），西平侯沐英平定云南思伦发叛乱时，用火器击溃了敌军的象阵进攻，其法是“置火铳、神机箭为三行，列阵中，俟象进，则前行铳箭具发；若不退，则次行继之；又不退，则三行继之”。这是世界上在野战中运用火器齐射战术最早的成功例子。明永乐初年（1407—1413），创建了“专习枪炮”的神机营，这是世界上第一支火器部队。永乐二十一年（1423）明成祖朱棣在第四次亲征漠北时，提出布阵要“神机铳居前，马队居后”，“战斗之际，首以铳摧其锋，继以骑冲其坚”。这是世界上关于火器战术运用的最早理论。

然而，洪武、永乐时期军事领域因火器技术进步出现的变革萌芽未能得到进一步发展。永乐之后，中国的火器技术和火器应用都陷入了停滞不前的局面。而恰在这个时候，欧洲的火器技术开始加速发展，很快就引起了军事领域的巨大变化。

三、欧洲火器革命的到来

（一）欧洲火器的快速发展

15世纪，欧洲火器技术出现加速发展的势头，在三个方面有了重大进展。

一是创制出火绳枪并逐渐改进。15世纪后半叶的欧洲火绳枪，身管细长，比火铳和火门枪轻便，具有舌形扳机，采用机构发火，比手铳和火门枪需手持火绳点火简便；发射与口径吻合的圆形铅弹比发射大小不一散弹的手铳和火门枪闭气效果好，并能形成规则的弹道；枪管上设有准星和照门，提高了瞄准的准确度；具有曲形枪托，比手铳和火门枪的直形木柄更利于操持、瞄准和射击。

二是用铜、铁铸炮的技术迅速发展起来，炮管实现了整体铸造，并逐渐大型化。1453年，奥斯曼帝国苏丹穆罕默德二世用以围攻君士坦丁堡的重型青铜炮，长259厘米，口径63.5厘米，重19吨，发射重91千克的石弹。1489年，法兰德斯制造的重型铁炮，口径49.5厘米，发射的石弹重249.5千克，射程达2560米。大约1450年前后，铸铁制的圆炮弹也开始取代石弹，使弹体与炮膛更加密合。在这个世纪，炮车的使用也日益普遍。1490年前后，法国首先提出了炮耳轴的设计，这使火炮可以平衡架设于炮车上，方便调整射角，直接发射，而无须像早期那样将火炮从车上卸下，平地架好，然后发射，大大提高了火炮的机动性。

三是发明粒状火药，解决了早期粉状火药的沉淀问题，保证了火药燃烧的均匀性，这是火器进一步发展的一个重要基础。

由于这些方面的发展，到15世纪的后半叶，欧洲火器技术便超越了中国，而占据世界领先地位。其时在欧洲战场上，火炮基本取代了抛石机，成为攻城的主要武器；在野战和海战中，也日益受到重视。单兵火器的运用，越来越广。

此后，欧洲火器技术和火器的实战运用持续快速发展。

1.火枪

16世纪初，发明了燧发枪（flintlock，又译燧石枪）。17世纪，燧发枪得到改良和推广。17世纪中，发明了刺刀。到17世纪末，装有刺刀的燧发枪既取代了火绳枪，也淘汰了长矛手，这标志着欧洲实现了军队的火器化。但欧洲火器技术并未就此止步。相反，在18世纪工业革命后，更加快了发展速度。19世纪初，发明了击发枪。1835年，成功研制击针枪，这标志着前装滑膛枪时代的结束，枪械的发展进入了后装线膛枪时代。

2.火炮

16世纪，各国先后开始统一炮制，确定前装、长身管的加农炮为主要炮种。出现爆炸弹。1543年，英国苏塞克斯炼铁厂铸成高质量的铁炮，价格比同类铜炮便宜得多，这是极其重要的工业化生产的开端。17世纪，研制出榴弹炮，很快成为各国标准的炮兵武器。开始使用预装定量药包，大大缩短了火炮装填时间。燧石发火机构被运用于火炮，改进了点火方法。发明了水平调整螺杆，使射角的调整更为便利。1713年，发明了火炮钻孔用的镗床，炮管制造技术出现重大革新，显著提高了精度。1784年，发明榴霰弹，为各国炮兵先后采用。19世纪前半叶，生产出优质铸钢，大大提高了炮的质量。1846年，成功研制使用长炮弹的后装螺旋线膛炮，闭锁机构业已完善，这标志着前装滑膛炮时代的结束，火炮发展进入了后装线膛炮时代。

3.火器技术基础理论

16世纪以来，基于近代科学的火器技术基础理论研究也迅速发展起来，不断取得重大成果。1540年前后塔尔塔利亚揭示了真空中45度的射角可使炮弹达到最远的飞行距离。大约同时，哈特曼发明口径比例表，即以火炮口径为基数，按比例计算火炮各部尺寸，为火炮设计提供了最初的科学标准。1638年，伽利略发表《力学对话》，提出弹道抛物线理论。1687年，牛顿发表《自然哲学的数学原理》，探讨了一系列火器技术理论问题，如火炮发射时内部发生的作用及其改进，合适的瞄准法，子弹的空气阻力，子弹对弹道的偏离，等等。1742年，罗宾斯发表《射击学新原理》，更深入地研究了空气阻力和枪炮弹道学问题……这些研究工作及其成果，为枪炮的制造和使用奠定了理论基础。

（二）近代欧洲战争和军事的变化

枪炮等火器的运用，使人类的战斗方式由依靠体力的白刃格斗转变为依靠化学能的远距离射击。因此，随欧洲战场上火器淘汰冷兵器，战争的样式发生了巨大变化。

1. 野战

在中世纪，欧洲战争的主宰力量是顶盔贯甲、执矛佩剑的重装骑士。14世纪，出现了步兵复兴的迹象。15世纪以后火器的发展，导致了步兵全面复兴和重骑兵的彻底衰落。从15世纪至19世纪，欧洲步兵的战斗队形经历了从冷热结合型的方阵，到冷热结合型的线式编队，再到纯火器的线式编队，最后发展为散兵作战的演变（见表15–1）。这个变化过程的基础就是火器技术的发展进步。

表15–1　欧洲近代步兵战斗队形的演变

年代	典型军队	战斗队形
16世纪	西班牙步兵团	“西班牙方阵”：宽度150米，纵深100米，主体为数十排长矛兵，四角有排成密集方队的火枪手，或在方阵的四边外侧排列火枪手
17世纪初	荷兰步兵营	中间为5个横排长矛兵，每排约50人；侧翼各有120名火枪手，列为10个横排，每排12人
17世纪前期	瑞典步兵团	编队纵深为6个横排，长矛兵居中，火枪手位于两翼
17世纪中期	英国克伦威尔新军	每个兵步团1200人，长矛兵与火枪手之比为1∶2，后变为1∶3，编队纵深为6个横排，长矛兵居中
18世纪前半叶	普鲁士步兵营	全部装备带刺刀的火枪，采取纵深3个横排的线式编队。标准战斗队形由前后两个三排制线式编队组成，相互间隔约300步
18世纪后半叶	法国步兵	“纵阵”：多个三排制线式横队作纵深排列，以增强进攻力度并产生心理威慑
19世纪初	英国步兵	纵深为两列的线式横队与散兵相结合，以编队步兵为主力，散兵为辅
19世纪后半叶	普鲁士步兵	“疏散队形”：所有步兵都是散兵

在15—16世纪，火枪装填费时，射速很慢，准确性和杀伤力还不高，步兵的主力仍然是长矛手。15世纪晚期后，通常将火枪手配置于长矛方阵的四角或周边，靠长矛手来保护，从而得以发挥作用。当火枪射击造成敌方一定的混乱后，便由长矛手发起进攻，进行决定胜负的真正决战。

为解决火枪手的连续射击问题，欧洲人采取了倒退装弹的方法。最初必须将火枪手编为10排，才能保持轮番连续射击。这是线式编队的最初起源。在17世纪，由于火枪的逐渐改进，射速和杀伤力的不断提高，线式编队的排数逐渐减为6排、4排、3排。同时，编队中火枪手不断增加，渐成主力；长矛手日益减少，仅起掩护作用。17世纪末，三排制的火枪手已无须长矛手保护，长矛手于是被淘汰。三排制稳定了100多年后，又进一步减为2排。而当进入后装线膛枪时代，装备近代步枪的士兵能够独立连续作战的时候，便产生了真正的完全的散兵作战，时在19世纪后半叶。

导致散兵作战的另一个重要因素是火炮及其实战应用的发展，火炮对集群士兵的杀伤力越来越大。在最初，东西方都主要把火炮用于攻城作战。15世纪开始，由于欧洲火炮机动性的提高（炮耳轴的发明是最初的重要标志），火炮的野战运用迅速发展起来。在1618—1648年的欧洲三十年战争期间，瑞典国王古斯塔夫二世对炮兵编制和战术进行了重大改革，他给每个步兵团配备2门轻炮，随军机动；而将重炮单独编为炮兵连，在军队侧翼或中央占据有利阵地，集中使用。这奠定了近代野战炮兵体制和战术的基础。这种体制和战术，此后历经法、普等国的改进，在拿破仑战争（1795—1815）中达到了一个高峰。拿破仑极其重视炮兵的作用，并注意充分发挥炮兵的机动性。他统率的步兵师由2~3个步兵旅和1个炮兵旅组成。在战役初期，他经常让炮兵主力隐而不发，而使用配备给步兵的一些轻炮发起战斗，诱敌暴露目标。一旦确定主要攻击目标，就出其不意地迅速编成庞大的炮队，集中猛烈轰击，予敌重创。

2.攻城战

15世纪欧洲火炮的发展及其在攻城战中的大量运用，使以高峻的城墙和塔楼为其标志的中世纪城堡迅速成为过时之物。旧式城堡既难抵挡火炮的攻击，也无法架设进行反炮击的火炮，这迫使人们降低城墙的高度，增大城墙的厚度，逐渐演变形成了低矮而厚实的屏障式工事，放弃城塔而加筑大直径的炮台。为克服炮台的射击死角，16世纪发展产生了五角形棱堡，成为此后二三百年中筑城的基本形式而日趋完善，极大地增强了城垒的防御能力。这反过来又促使人们改进攻城的方法，因而产生了掘壕攻城战术，即朝堡垒要塞挖掘壕沟，借助壕沟的掩护，将火炮和兵力运动接近城垒，再发起攻击。这种战术到17世纪晚期沃邦提出"平行攻击法"而趋于完善。

军事工程领域的这些新进展也逐渐被运用于野战防御，产生了堑壕战、阵地战，并随火器杀伤力的提高而日益盛行。当19世纪后半叶散兵作战普及的时候，堑壕和阵地等防御工事同时也成为步兵不可缺少的依托。城市的攻守，则因火炮打击距离的增大和防御纵深的扩展而开始野战化。

3.海战

15世纪，欧洲人已在战船甲板之上设置轻型火炮。16世纪初，英国首先将火炮移至下甲板，在战船上设置舷侧炮，从而使火炮重心位于船的重心之下，使战船得以配置重炮，而且能够配置大量火炮。15世纪以来，欧洲的造船技术也开始加速发展。舷侧炮的采用，促使木质帆船式远洋战舰越造越大，装备的火炮越来越多，从而引起海战方式的根本性变化：由古老的撞毁敌船或接舷攻占敌船变为远距离的炮轰。由此产生了近代海战典型的舰队纵列战术，即将所有舰只以一定间隔排成一个纵队，最大限度地发挥舷侧炮火的威力。1588年，英国舰队击败西班牙无敌舰队的英吉利海峡之战，是第一次靠火炮制胜的重大海战，标志着炮舰时代的来临。此后直至19世纪后期蒸汽铁甲战舰发展起来之前，桅帆舷侧炮战舰一直统治着海洋。从18世纪中期至19世纪中期，欧洲战舰大体上标准化为六个等级：一级有三层甲板，共配备100或100门以上火炮；二级也有三层甲板，配备80~90门火炮；三级有两层甲板，配备70门左右火炮；四级也有两层甲板，配备50~60门火炮；五级、六级有22~40余门火炮，往往全部设在一层甲板上。头三级为大战舰，最大者长300多英尺（约100米），排水量2500吨左右，载员约1000人。

综上所述不难看出，火器及其应用的发展所引起的欧洲战争和军事的变化，极其广泛而深刻。从15世纪至19世纪，欧洲各国军事领域发生了一系列大大小小的变革，著名者如15世纪末西班牙贡萨罗·德·科尔多瓦的改革，17世纪初荷兰摩利士的改革，1611—1632年瑞典古斯塔夫二世的改革，17世纪中期英国克伦威尔的改革，18世纪中期普鲁士弗里德里希二世（腓特烈大帝）的改革，18世纪末19世纪初法国拿破仑的改革，等等。这些改革涉及了战略战术、编制体制、后勤保障、军事训练等几乎所有重要的军事内容；往往首先发生于一国，继而影响全欧洲。它们无不与火器及其应用的发展密切相关，同时又促进了因此而引起的变化。近代欧洲军事领域的革命，正是由这些变革不断累积而成的。

（三）欧洲火器革命的动力和机制

从英法百年战争（1337—1453）开始，欧洲历史进程逐渐形成三股强劲的潮流：一是近代民族统一国家的形成，以及伴随而来对于土地、资源，大陆和海洋霸权的激烈争夺；二是资产阶级革命，以及伴随而来新兴市民阶级与封建势力之间革命与反革命的剧烈斗争；三是殖民主义的兴起，以及伴随而来对海外领地的疯狂扩张和掠夺。三者错综糅杂，使欧洲进入了“战胜而强立”的铁与火的时代：四五百年中，欧洲列强之间、欧洲列强内部不同力量之间、欧洲列强与东方世界之间，战争持续不断，剧烈而残酷。这是15世纪以来欧洲以火器为核心的军事技术持续快速发展，乃至引起整个军事领域发生革命性变化的动力所在。

15世纪以来欧洲火器技术的持续快速发展，还有两个因素起了至关重要的作用。

其一，近代科学的兴起为火器的发展及其应用奠定了科学基础。近代欧洲知识界对军事技术问题极为关注，被视为近代科学先驱的文艺复兴巨匠达·芬奇就曾任波吉亚家族的军事工程师。16世纪以来枪炮制造和使用中产生的种种技术问题，如枪炮的弹道和瞄准问题，炮火射击角度、射程和火力覆盖面积问题，不同口径火炮的作用问题，口径与装药量、与火炮长度和重量的关系，火炮各部分金属重量的比例，后坐力对炮架的作用及其解决办法等，受到具有近代思想的科学家和工程师的广泛重视，甚至伽利略、牛顿这样的大科学家也致力于探讨这些问题。他们以近代物理学、数学和化学知识为依据，运用试验和分析的方法进行了卓有成效的研究，产生了大量科学研究成果，使欧洲火器的制造和使用具有了坚实的科学基础。

其二，近代工业的发展为火器的发展及其应用奠定了工业基础。随着资本主义的成长，欧洲的小手工业逐渐发展为工场手工业，工业革命后又发展为机器大工业。在欧洲近代的工业化过程中，与军事密切相关的采矿业、钢铁工业和造船业，一直是最为重要的产业部门，正是主要在这些部门的基础上，产生了欧洲的近代军事工业，使枪炮和舰船逐渐实现了工业化生产，得以满足日益庞大的战争机器的需要。

战争需要促进了火器应用和生产的发展，火器制造和使用中出现的问题借助于近代科学技术而得到解决，新的科学技术成果则通过工业化生产而迅速推广，于是引起军事领域新的变化，反过来促使军事需求进一步升级。这种良性循环机制，是欧洲近代火器技术能够快速发展、军事领域的革命能够不断深化的原因所在。

四、中国的落伍

（一）中国火器发展的第一次停顿

1424年，明朝永乐皇帝去世。此时欧洲火器技术正开始加速发展，中国火器技术却陷入停滞不前的局面。此后直至明正德末年（1521），中国的火铳一直停留在永乐时期的水平上，甚至铳型也无变化；铸铁炮毫无发展，甚至再未铸造洪武十年大铁炮那样的火炮。就在这100年中，欧洲火器技术全面超越了中国。

（二）明末清初对欧洲火器的仿制

16世纪初，随着欧洲殖民主义者东侵，西方先进火器开始传播到中国。此时中国的明朝北部受到蒙古瓦剌部的严重威胁，东南沿海倭寇之乱日趋严重。性能和威力显著优于中国火铳的西方枪炮，很快引起明人的重视，并予以仿制行用，中国火器发展因而进入了以仿制西方枪炮为主的时代。这一波仿制浪潮一直延续到清初，可以分为两个阶段。

第一阶段，明嘉靖至万历时期（1522—1620），主要仿制佛郎机铳和火绳枪。佛郎机铳原是欧洲的一种轻型舰炮，为后装子母铳结构，在16—17世纪日益盛行长管加农炮的欧洲，逐渐被淘汰。正德年间（1506—1521）明人最先从活动于南洋和东南沿海的葡萄牙舰船上见识到这种火炮。明人称葡萄牙为佛郎机[①]，故称其炮为佛郎机铳。嘉靖时期（1522—1566），明廷开始仿制佛郎机铳，既用于战船，也用于城守。时人称："凡火攻之具……无以加诸。"可见其时中西火器水平已有相当差距。

嘉靖年间，西方的火绳枪传入中国，其性能同样令明人吃惊，"即飞鸟之在林，皆可射落"，故称之为鸟铳。明廷很快也进行仿制，用于抗倭和守边。

第二阶段，明天启至清康熙前期（1621—1689），主要引进、仿制长管加农炮。万历后期（约17世纪初年），明人首先从活动于东南沿海的荷兰舰船上见识到这种当时世界上最先进的火器，转而"视佛郎机（铳）为笨物"。由于明人称荷兰人为"红毛夷""红夷"，故称其炮为"红夷炮"。后来引进这种火炮，虽来源并非荷兰，也袭用这个名称，或概称之为"西洋

① 转译自 frangi，本是伊斯兰教徒对欧洲人的泛称，源于对 Frank 的不准确读法。

大炮”。

天启年间，随关外满族崛起，辽东边患益急，徐光启、李之藻等人主张“练精兵，致利器”，致力于引进西洋大炮（主要通过澳门的葡萄牙人购募），并向其时来华的欧洲耶稣会传教士学习铸炮、用炮之法。天启六年（1626），明军在宁远之战以新引进的西洋大炮重创后金军队，[①]对交战双方都震动极大。于是，双方皆开始仿制西洋大炮，明人之法出于利玛窦、汤若望等西方传教士的传授，后金则网罗得其法之汉人匠师铸炮。清入关后也积极利用西方传教士铸炮，随战事扩展，造炮规模愈益扩大。康熙前期，因平定三藩、统一台湾和抗击沙俄、收复雅克萨之需，对西洋大炮的仿制达到了高峰。

在这个阶段，西方的燧发枪也传入了中国。毕懋康著于崇祯八年（1635）的《军器图说》中，第一次介绍了燧发枪，称之为“自生火铳”，但未得到发展和推广。

明末清初对西方火器的引进和仿制，缩短了中、西火器水平的差距。其时由传教士主持制造的长管加农炮，与欧洲同类火炮基本处于同一技术水平上，但在火炮技术理论、实战运用的规模和技战术上，仍有很大差距。其时欧洲基于近代科学的火炮技术理论已经取得了一系列重大成果，中国则还不存在这样的学问；西方火炮在攻城战、野战和海战中都已得到大规模运用，建立了独立的炮兵，出现了装有数十门乃至上百门火炮的大战舰，发展形成了一套新战术，中国则仍然只是在攻城战中较多使用火炮，野战和海战用炮都很有限，而且局限于较轻型的火炮，战船上最多只设10门左右火炮，都布列于船面之上，根本没有舷侧重炮，所以水战仍以撞击和接舷攻占敌船为主要方式，仅以炮击为辅。在单兵武器方面，由于燧发枪在中国未得到发展和推广，中、西之间差距更大，17世纪末欧洲军队实行了火器化，中国军队还大量甚至主要使用刀矛弓箭。

---

① 传努尔哈赤就是在此战中遭炮伤后不治而亡。

（三）中国火器发展的第二次停顿

康熙皇帝在三藩平定、台湾统一、雅克萨收复之后不久，于康熙二十八年（1689），利用比利时传教士南怀仁（卒于康熙二十六年）生前的设计，铸成了61门重型铜炮，敕封为“武成永固大将军”，以夸耀武功告成，显示大清帝国的强盛，并体现他欲使江山永固的愿望。这批炮重自3600斤至7000斤，是明末以来中国铸造的最为巨重之炮，代表了当时仿制西方火器的最高水平。也正是这批炮，标志了始于明嘉靖时期的对西方火器的仿制活动的终止。①

康熙中期以后，甚至可以说就在“武成永固大将军”炮铸成之后，随着全国局势的日益稳定，火器制造便由兴旺而转趋消寂。加之闭关锁国，逐渐就断绝了对西方火器的引进。雍正之后，火器技术因循祖制，停滞不前，甚至于逐渐退化。燧发枪一直未得到发展推广，火炮则越造越轻，多为几十斤重的子母炮、抬炮之类。鸦片战争爆发前夕，沿海军民赶造了一些大型火炮，也都是依照老祖宗的法式，技术水平却明显降低。这些炮的口径并不比明末清初仿制的同类型炮大，管壁却更厚，而且往往铸造差劣，屡有炸膛之祸。

（四）两次停顿的影响

中国火器技术在第一次停顿期间，从先进变成了落后；在第二次停顿期间，更扩大了与西方的差距，中西之间形成了巨大的技术代差。

第一次停顿还未对中国的历史进程造成大的影响。16世纪初来到中国东南沿海的第一批欧洲殖民主义者葡萄牙人，尽管武器比中国先进，但因整体实力单薄，仍被明军打得难以立足；后来由于明朝的容忍，才得以占据澳门，开展有限的贸易。17世纪东来的欧洲殖民主义势力仍然较弱，而

① 参见钟少异：《清代武成永固大将军炮》，《文物天地》1996年第4期；钟少异：《中国青铜铳炮总叙》，《中国历史文物》2002年第2期。

中国通过引进和仿制西方火器也缩短了与欧洲武器水平的差距。在这个时期，中国仍然成功地击退了西方的侵略：1622年郑成功从荷兰人手中收复台湾，1688年康熙从沙俄手中收复雅克萨。

然而，经过17世纪末以后长达150多年的第二次停顿（西方恰在这期间发生工业革命，更加速了火器技术的发展），到1840年鸦片战争爆发的时候，中西武器水平和军事实力就有了天壤之别。

鸦片战争时，清军火器手与冷兵手各半。火器手主要使用火绳枪，另配备一些轻炮和火球、火罐等。战斗中火器手和冷兵器手混编成阵，只能短暂齐射，然后就短兵相接，白刃格斗，根本不能轮番连续射击，其水平相当于欧洲16世纪的冷热结合型方阵（如“西班牙方阵”）。英军全部装备燧发枪和击发枪，采用成熟的二排制线式编队战术，具有连续而密集的齐射火力。

清军战船只适于近海和内河航行，大者不过长十余丈（三十多米），通常装中小型火炮五到七门，多者不过十来门，仍全布列于船面之上。英军使用巨大的桅帆舷侧炮远洋战舰，每艘配备数十门乃至近百门火炮，其火炮数量，甚至远远超过了清军海岸炮台的火炮数（见下页表15-2）。而且，清军的火炮形制杂乱，式样陈旧，质量较差，仍停留在清初（17世纪）的水平上，甚至比康熙时期还有退步，其射程、射速和威力都难与代表19世纪中叶世界最先进水平的英军舰炮相比。据林则徐描述：英军火炮远及十里之外，我炮不能及彼，彼炮先以及我；英军放炮如放排枪，连声不断，我放一炮后须隔多时才能再放。

于是，当英军采用其擅长的舰队纵列战术在中国海岸外一字排开时，清军的战船只能龟缩入港；英舰的炮火齐射，能够轻易摧毁清军的炮台，而清军的炮火却够不着英舰；英军登陆后，使用刀矛弓箭和老式火绳枪的清军，在英军密集而连续的轻武器火力面前，不堪一击。其结果是清朝惨败，割地赔款，丧权辱国，中国由此逐步沦为半殖民地半封建国家。

表 15-2 鸦片战争中英两军火炮比数

时间	战役	英军		清军海岸炮数	双方火炮比数
		舰数	舰炮数		
1840-7-5	第一次定海之战	5	158	70	2.2：1
1841-1-7	沙角、大角之战	7	168	29	5.8：1
1841-2-26	虎门之战	10	374	240	1.5：1
1841-8-26	厦门之战	10	324	279	1.2：1
1841-10-10	镇海之战	7	236	86	2.7：1
1842-5-18	乍浦之战	7	178	30	5.9：1
1842-6-16	吴淞、宝山之战	6	168	181	0.93：1

注：实际作战中，英军常以数舰猛攻清军一处炮台，其舰炮总数常在清军海岸炮的 6 倍以上。

五、中国落伍的原因和教训

火器革命是与世界由中古迈入近代相伴随的一场深刻的军事革命，在此期间，西方崛起，中国则走向衰落。19 世纪西方在战场上战胜中国，就是凭借了这场革命的成果；近代中国在军事上的失败，其直接原因也是在这场革命中落伍。中国火器技术之所以由先进而变为落后，中国之所以成为火器革命的落伍者，其原因既与近代中国科学技术落后的总体原因密切相关，又有其独特的表现形态。

第一，缺乏强劲而持续的发展动力。在 1840 年以前，中国历史进程一直保持固有的相对独立性，15 世纪以来欧洲历史进程中出现的三股强劲浪潮（近代民族国家的形成和大陆、海洋霸权争夺，资本主义的成长和资产阶级革命，殖民主义和海外扩张）在中国都没有发生，直到 19 世纪也未对中国产生大的影响。在中国历史上，虽然大战频仍，但始终主要表现为周期性的王朝更代战争。尽管人们一直说“国之大事，在祀与戎”“兵者，国之大事也”，但通常只在祸乱四起的王朝末期和危机四伏的新王朝初期才特别注重军事，讲求武备，一旦海内砥定，社会升平，武备就逐渐松弛。因此，有识者又屡屡说“居安思危”“安不忘战”，但收效甚微，总是承平日久，便不可避免地武备废弛。明清时期中国火器发展的两次停顿都出现在王朝中期社会较为安全的时候，都与这种周期性的现象有关，特别是第二次停顿，尤为显著。

第二，缺乏内在的促进机制。由于中国一直未能发展产生近代科学和近代工业，火器的创制活动主要局限于匠师阶层，生产制造始终停留在传统小手工业水平，技术进步通常靠生产中的长期摸索和经验积累，世代相传，甚至互相秘守。在火药军事应用之初，还能够陆续有一些初级水平的发明创造。但当火器发展到一定程度后，其进一步的创新就需要依赖较深入的科学研究，而且必须有工业的发展才能够实现和推广。中国由于不具备这两个条件，所以在明初以后，火器发展表现出明显的创造力枯竭现象，因循祖制，缺乏创新，甚至逐渐退化。缺乏科研基础的手工作坊式生产，必然没有后劲。

如果说欧洲近代科学的兴起和近代工业的成长，使火器发展形成了良性的循环促进机制，那么在中国情况恰恰相反：小农经济长期稳固，近代工业难以成长；而落后的生产关系长期延续，加之封建社会后期严重的保守性和封闭性，以及社会价值取向越来越不重视科学技术等，又严重制约了科学技术的发展，未能孕育产生近代科学；近代科学和近代工业的缺失，则成为制约火器进一步发展的两大因素。明清时期起主要作用的，就是这样一种负作用机制。

这种负作用机制，即使在明末清初因西方火器的传来和战争需要而带动中国火器继续发展的二百来年中，也有明显的表现，即自始至终基本上只能仿造，而未能在此基础上有较大的改进和提高，更谈不上创新发展。

明末清初，徐光启、王徵等人也曾和利玛窦、邓玉函、汤若望、南怀仁等西方传教士合作，译介欧洲近代科学技术知识，其中包括一些初步的枪炮科学知识，如汤若望、焦勖合著《火攻挈要》、孙元化著《西法神机》、南怀仁著《神威图说》等。然而，一是由于明清朝廷都只是利用传教士修订历法、绘制舆图和铸造火炮，以应一时之需，而没有发展科学技术的长远打算，在根本上则抱排教反教的立场；二是由于强大的保守势力，即使是对传教士介绍的欧洲近代科技知识，也视之为异端邪说，而将之与基督教义一概加以排斥；三是由于中国的士人一贯重文轻技，对这些新式学问多不热衷，对铸炮用炮等工艺之事更少有参与，终使徐光启等人的努力难有大的影响，这个时期传入的欧洲近代科技知识，包括枪炮科学知识，也未能生根发芽，更谈不上在其基础上有所发展创造。因此，在康熙晚期以后朝廷公开排教反教，教禁日严，传教士相继离去后，铸炮水平便逐渐退步。因为，在中国仍然只有传统的手工匠师而没有具有近代科学素养的工程师和科学家。

第三，闭关锁国，故步自封，使中国丧失了跟上西方步伐的机会。秦以后的中国历代王朝，始终以维护王朝统治以及中心农业区域的安全和稳定为根本目标，更注重于内部控制而不是开拓发展。到封建社会后期，这种保守性日益严重，以致闭关锁国，隔绝人民与外部世界的交流，把外来影响挡在国门之外，以免扰乱社会，引致动荡。曾经派郑和七下西洋的永乐皇帝死后，明朝旋即采取闭关锁国的政策，禁止人民私自下海，交接外番；对打着通商旗号东来的欧洲殖民者，概予斥逐，只因逐之不去，不得已在朝廷的控制下与之进行有限的贸易。明末清初来华的西方传教士，因朝廷的一时之需，才获得有限的活动空间。及至清康熙晚期，海内砥定，便予以排斥、禁止。对于东来的欧洲殖民者，清朝也像明朝那样，能挡拒者即挡拒，挡之不去，则在严格控制下与之进行有限的贸易。这种政策虽然暂时挡住了欧洲殖民主义势力的入侵，但却是完全消极的自我封闭，而且是把一切外来因素，包括西方的科学技术，也予以挡斥。康熙晚期以后逐渐断绝了对西方火器的引进和仿制，就是与这种政策互为表里的。在这个问题上，清朝统治者所表现出来的目光短浅、缺乏远见，令人震惊。

1689年，康熙皇帝铸造“武成永固大将军”炮，反映了他武功告成、江山永固的满足心态。康熙晚年虽也时常告诫臣下要居安思危，但却逐渐中止了火器的发展，停止了仿制活动。这说明他对将来与拥有先进火器的欧洲国家发生冲突对抗的可能性毫无认识，在他的意识中，需要防范的只是反贼草寇和周边的蛮夷戎狄，以清军的武器装备，已经够了。后来清军火器的退化，也与此有关。因为，与朝廷对敌的反贼草寇和蛮夷戎狄武器水平比清军还差，用刀矛弓箭加一些老式的火绳枪和轻炮，足能应付。

乾隆五十八年，英国马戛尔尼使团来华，向中国展示了威力巨大的先进火炮和战舰。然而，其时清朝正值鼎盛，不过把英吉利视为朝贡“天朝”的外番而已，上下都讳言天朝的落后，只有负责接待使团的浙江巡抚长麟在一封奏折中婉转提出要预为设防，但他的建策却十分荒唐：“臣于本年夏间访知宁波府素有采取蛋鱼之人，能在海水数丈之下寻觅什物。此等人若能招募为兵，虽无别技可用，即其入水锯舵，俾匪船不能转动，而攻取操纵，悉惟我用。”不可思议的是，乾隆皇帝居然批道：“备而不用可也，想不必至此。”

清朝最有作为的两位皇帝尚且如此，其他皇位继承者就可想而知了。18世纪末19世纪初，英国人即在中国东南沿海频频挑衅、炫耀武力。1799年（嘉庆四年）10月，英国从印度派军舰三艘，擅入中国内洋。翌年正月，英舰“朴维顿”号擅自驶进广州黄埔，夜间开枪，伤华人一名，落水一名。同时，英舰“曼达拉萨”号驶泊三角洋面，“无策可着远离”。1802年（嘉庆七年)3月18日，英国以防备法国夺占澳门为名，派军舰六艘，劲兵数千，驶到零丁洋面，准备随时登岸，因清廷的坚决反对而退去。1808年（嘉庆十三年）9月11日，英海军少将度路利率舰由印度至澳门洋面，21日擅自率军登岸，进入澳门，盘踞不退；11月14日，英舰往广州装取伙食，与清军发生冲突，两广总督吴熊光调集兵力，驻防黄浦、澳门；11月21日，度路利限令英商48小时内撤离广州；11月27日，清廷训令，如英人继续迁延不退，即当“调集大兵，前来围捕”；12月10日，双方达成妥协，英军撤去，清朝允其继续通商。这时候，清朝才感觉到了英国的威胁，但为时已晚，双方军事技术和军事实力的差距，已非短时间可以弥补。更为严重的是，直到这时，清朝也未能积极采取有效的应对措施，而依然故步自封，满足于海疆的暂时相安，自我陶醉于天朝的所谓强大。如果说明末清初人们还想到引进和仿制，这时候却连这个意识也没有，以致鸦片战争失败后，林则徐、魏源等人提出“师夷长技以制夷”，仍然是空谷足音。

六、晚清的追赶和失败教训

晚清对火器革命的追赶，开启了中国军事近代化的进程，它起于晚清军事变革，也以晚清军事变革的失败而告失败。

1840年鸦片战争爆发时，英军已经完全火器化，装备着当时最先进的燧发枪、击发枪和加农炮，庞大坚固的远洋风帆战舰配备舰炮数十门乃至百余门，射程远，射速快，火力猛；清军还处在冷兵器和火器并用阶段，普遍使用刀矛弓矢，只有少量火绳枪和老式火炮，射程近，射速慢，威力小，基本上停留于100多年前康熙时代的水平上。这种技术代差表现出来就是大刀长矛与坚船利炮的对抗，其结果是清军惨败，丧权辱国。

在近代西方列强东侵的强烈冲击下，军事变革作为一种自然的因应，在自觉不自觉中逐渐兴起，其本质就是实现军事近代化，缩小乃至消除中国与西方军事上的差距，从而有效抗御列强的侵略，保障国家安全。1874年，李鸿章在《筹议海防折》中论道：“今则东南海疆万余里，各国通商传教，来往自如，麇集京师及各省腹地，阳托和好之名，阴怀吞噬之计，一国生事，诸国构煽，实为数千年来未有之变局。轮船电报之速，瞬息千里；军器机事之精，工力百倍；炮弹所到，无坚不摧，水陆关隘，不足限制，又为数千年来未有之强敌。……盖不变通则战守皆不足恃，而和亦不可久也。”诚是最有代表性的论见。

晚清变革思想的起源，最早可以上溯到鸦片战争前以林则徐为代表的先行者进行的“悉夷情”活动。1839年3月，林则徐到广州查禁鸦片，发现各级官员均“不谙夷情”，难以应对涉外事务，遂组织人搜集、翻译西洋书报，林则徐因而成为近代中国“睁眼看世界的第一人”。鸦片战争失败后，林则徐、魏源进一步提出了“师夷长技以制夷”的战略思想，主张放下“天朝上国”的架子，大力学习西方先进的军事技术以自强，发出了军事变革的鸡鸣先声，也为晚清军事变革确立了基本的指导思想。然而，“和议之后，都门仍复恬嬉，大有雷过雨忘之意”。晚清政治和社会的整体陈腐，使军事变革在鸦片战争后的10多年只是停留在少数先觉者的议论中。

延至1860年前后，清政府面临太平天国和英法联军的双重威胁，在内外交困中，经过激烈的争论和反复酝酿，在奕䜣、曾国藩等人的力主之下，开始引进和学习西方近代军事技术，实行“自强新政”（时人概称之为“办洋务”），晚清军事变革随之逐步展开。

以甲午战争失败为标志，晚清军事变革可以分为前后两个阶段。甲午战前的第一阶段变革，随兴办洋务而起，因甲午战败而衰，主要内容包括推进陆军火器化；建立近代海军，加强海防；创办近代军事工业；革新军事教育等。甲午战争的失败，使晚清军事变革第一阶段30余年惨淡经营的成果毁于一旦，也标志着晚清军事变革步入了第二阶段。由于《马关条约》及其后《辛丑条约》的签订，清政府背上了极其沉重的赔款负担，国家进一步衰败，已无力再投巨资建设海军。因此，这个阶段军事变革的重点集中在陆军，最主要的内容是编练新式陆军和发展陆军教育。第二阶段的军事变革，因中央集权不断削弱，各省各自为政，非但未能有效增强国家的整体军力，反而为清朝的覆亡挖掘了坟墓。1911年10月10日，武昌新军中的起义枪声宣告了清王朝的灭亡，不久后中国就陷入了以晚清新军为资本的北洋军阀分裂混战之中，中国的军事近代化遂告彻底失败。

回顾百年之前晚清军事变革和中国军事近代化的坎坷之路，首先，需要从指导思想上进行反思。

晚清军事变革的基本指导思想有二：一是“师夷长技以制夷”，二是

“中体西用”。鸦片战争后林则徐、魏源提出“师夷长技以制夷”的主张，看到了近代西方军事上的强大源于技术上的先进，符合近代世界军事发展技术先导的大趋势。但这个思想又有严重的局限性，即没有看到西方军事的强大是由于军事技术、军事思想和军事制度的整体领先，更没有看到近代世界军事发展是以技术进步为先导带动军事思想和军事制度革新的总体发展。后来实际推动晚清军事变革的主要人物曾国藩、李鸿章、左宗棠、张之洞等人都视林则徐和魏源为精神导师，都奉“师夷长技以制夷”为圭臬，这就使晚清军事变革一直缺乏整体的科学认识和正确路径，陷入了技术上对西方盲目照搬、亦步亦趋式的跟进模仿，始终没有形成军事技术、军事思想和军事制度全面发展、整体提升的局面。

曾、李等人对“师夷长技以制夷”思想的推崇，还有一个深层的重要原因，就是传统士大夫维护大统和避免触犯朝制的心结，主要从技术或器用层面进行变革，最符合这样的需要。然而随着军事变革的推进，西方新事物（尽管主要是技术和器用方面的）不断输入，如何看待、处理、调谐这些新事物与朝制和大统的关系，仍使中国社会陷入了两难之中，在朝野引起了广泛争议。为此，张之洞于1898年撰《劝学篇》，提出“旧学为体，新学为用”的主张，这就是著名的“中体西用”论，实际上反映了自晚清军事变革兴起以来，统治集团一贯的主导思想，即把学习和引进西方新事物限制在具体应用的层面，不触动朝制、大统这个根本。甲午战争后，尽管一些有识者也分析指出，甲午之败“非患兵少，而患在不精；非患兵弱，而患在无术；其尤足患者，在于军制冗杂，事权分歧，纪律废弛”，“虽由调度之无方，实亦军制之未善”，但“中体西用”论继续框定了甲午战争后第二阶段军事变革的基本取向，只不过在前一阶段严重滞后的军制革新方面被迫迈出了有限步伐，表现为在具体部队的组训上，仿照西方军队的编制、训练方式，编练新式陆军，而在根本的军队领导指挥体制上，仍沿袭旧制，近代化的参谋、管理机构建设逡巡迟缓；在军事思想和战略战术上也仍然毫无创新，只是机械地照抄照搬西方的操典和战术教程，没有自己灵活、独特的战略战术。由于基本放弃了重建海军，国防方针更趋消极、狭隘。由此可见，指导思想的局限，正确方向和科学路径的缺失，使晚清军事变革不可能成为先进的军事变革。

其次，有必要对晚清军事变革的组织领导进行分析。综观晚清军事变革过程，基本上是外促内，下促上：来自外部的侵略不断刺激起内部的变革需求，一些身处一线、较有战略眼光的方面要员（如曾国藩、左宗棠、李鸿章等）因时局急需，从局部先行着手，日益昏聩的清廷则通常被动接受，最终迫于形势逐渐予以认可，或给予肯定。因此，晚清军事变革始终缺乏强有力的统一领导。通常的情况是上无规划统筹，下面各自为政，各行其是。湘系、淮系，南洋、北洋，各路诸侯，各搞一摊，互不协调，甚至各谋利益，互相掣肘。在此过程中还不断受到强大保守势力的攻讦和阻挠，以致反反复复。这使得军事变革步履艰难，进程曲折，整体性差，事倍而功半，辛辛苦苦搞了几十年，经不起甲午一战。甲午战争后，国势进一步衰败，中央集权进一步削弱，各省各自为政，纷纷借编练新军蓄资本立山头，为后来的北洋军阀分裂混战埋下了祸根。这说明，没有强有力的统一领导，就没有成功的军事变革。

最后，有必要对晚清军事变革的实效进行检视。实战是检验军事变革成效的根本标准。甲午战争的惨败，使晚清军事变革最辉煌的成果——北洋水师毁于一旦，这是中国军事近代化历程中最令人痛心的大挫折。30多年的经营，为什么结果这么差？很重要的原因就是晚清军事变革没有正确的方向、科学的路径和强有力的领导，步伐缓慢，军队近代化程度低，战力依然疲弱。虽然引进了不少西方的近代武器装备，但国防工业极其孱弱，始终未摆脱对外国的严重依赖，难以为陆、海军提供可靠的技术支撑和装备保障。特别是由于清廷固守腐朽没落的朝制，使得军队组织体制的改进甚微，没有一支统一的国防军，没有一个统一的组织指挥系统和适应近代战争需要的参谋部，军队维持着旧的勇营编制。即使是新建的海军，官制也完全按旧军制，而且具有浓厚的私属性和严重的派系，南、北洋舰队无法统一调动指挥。直到甲午战争爆发，清军基本上还是拿着一些新武器的旧式军队，有的甚至仍处于冷兵器与火器并用阶段，未能形成真正的足以与列强抗衡的近代化战斗力。

军事文化中严重的形式主义风气，使清朝最终吃了大亏。晚清军事近代化本来成效有限，只是刚刚学到一些西方的皮毛。以北洋水师为例，从1875年开始组建到1888年宣告成军，不过十几年，未经实战锤炼。虽然购买、仿造了一批铁甲战舰，列起阵来蔚然壮观，操演起来燃烟放炮像模像样，但作为一个缺乏海洋意识的传统大陆国家，作为一支没有近代化海战经验的新建海军，实际上还谈不上有多强的海上战斗力。而在甲午战争前，许多军政大员，特别是一言九鼎的慈禧，却已自鸣得意，真以为北洋舰队“亚洲第一”。满足于表面而不讲求实际战斗力、陶醉于形式而丧失清醒的判断，是北洋舰队一战而亡的重要原因，也是晚清军事变革失败的重要原因。

百年回首，世事沧桑。晚清军事变革和中国的军事近代化虽然没有成功，但其失败的教训，仍可以为新时代中国的军事现代化提供有益的借鉴。

附 录

探寻中国古代的军事技术和军事文化

郑诗亮：中国古代的小说、评书等通俗文艺作品中经常出现各类貌似威力无穷的兵器，时常还不乏细致的描写，这些兵器有多少是存在实物，还是说仅仅出于作者的想象？

钟少异：中国古代小说中确实有一些名将的武器，其实是小说家的艺术创造，在历史上并不存在。非常有名的一个例子就是《三国演义》中关云长的“青龙偃月刀”。在汉末三国时期，并不存在这样的长柄大刀，当时军中大量使用的是长一米左右的环首短柄刀，《三国志》中有许多名将用刀的记载，就都属于这种短柄刀。但罗贯中创造的“青龙偃月刀”也有参照物，这就是宋代《武经总要》中著录的“掩月刀”。对这种现象，还需结合中国文学史来看。中国古代小说是随着宋以后市井文化的发达而走向兴盛的，大量作品产生于明清时期，其中反映唐以前的战争史事，写到兵器，作者便多有创造或改造，而且基本是参照与作者相近时代的熟悉之物，与历史原貌大多不符；如果写的是宋以后的事情，则接近于当时人演绎当时事，有关兵器的描写也比较近真，甚至可以当史料来用，比如《水浒传》。

郑诗亮：在这些作品当中，武艺高强的人常被描述为“十八般武艺样样精通”，这又是怎么回事呢？

钟少异：“十八般武艺”的说法，大致是在宋元时期出现的。南宋宁宗朝的武状元华岳（人称翠微先生）所著《翠微先生北征录》中说：“臣闻军器三十有六，而弓为称首。武艺一十有八，而弓为第一。”这是较早的记载。此后“十八般武艺”一语在元明杂剧、话本和小说中广为流行，并由“十八般武艺”衍化出了“十八般兵器”的说法，如关汉卿《哭存孝》中说：“你放下一十八般兵器，你轮不动那鞭、简、挝、槌。”

关于“十八般武艺”的具体内容，有多种说法。《水浒传》第二回说是“矛锤弓弩铳，鞭简剑链挝，斧钺并戈戟，牌棒与枪杈（杈或作机）”。明谢肇淛《五杂俎》卷五中说是“一弓、二弩、三枪、四刀、五剑、六矛、七盾、八斧、九钺、十戟、十一鞭、十二简、十三槁、十四殳、十五叉、十六杷头、十七绵绳套孛、十八白打”。关于“十八般兵器”的具体内容，说法更多，有人统计总在十种以上，最有代表性的说法是：刀枪剑戟、斧钺钩叉、鞭简锤抓、鎲棍槊棒、拐子流星，其内涵实质也是关于这些武器的习练技艺。在中国传统武艺中，弓射之术本有极重要的地位，宋人甚至说“武艺一十有八而弓为称首”，但后来由于火器特别是铳炮的发展，弓的地位逐渐下降，及至晚清，习练弓箭者越来越少。由“十八般武艺”衍生而来的“十八般兵器”的具体内容中往往没有弓箭，就反映了这种发展趋向。

中国古代的兵器及其习练技艺远远不只十八种，“十八般武艺”和“十八般兵器”其实都是概举，举其要者。之所以举了“十八”之数，与中国古人尚九及九的倍数的习俗有关。“天地之至数，始于一，终于九焉。”九者，阳数之极也。所以古人举数物事，常喜欢凑成九、十八、三十六等，如九天、九州、十八拍、三十六计、七十二变、一百零八将，等等。印度传来的佛教，本只有十六个罗汉，宋时有人在十六罗汉外又加了两名，凑成十八罗汉。久而久之，民间盛称十八罗汉，反不知正宗原是十六罗汉了。

郑诗亮：在中国古人笔下，常常出现“阵法”这样的记载，对此我们应该怎样去理解？

钟少异：在冷兵器时代，列阵战斗是基本的作战方式。中国古人所谓“阵”，其实就是军队战斗队形。冷兵器时代军队的战斗队形大多呈密集厚实的方形或长方形，所以今人就把那个时代的作战方式概称为“方阵作战”。方阵一词，狭义指方形战斗队形；广义泛指密集厚实的整齐战斗队形，多数是方形，也有非方形者。方阵作战概念就是用其广义。

方阵作战的基本要求是厚集兵力，统一步调，形成强大的集团冲击力或坚强的整体防御。冷兵器时代的战争基本是方阵对决，以整胜乱、以整胜散是基本规律——哪一方的阵形先乱，哪一方的阵形先散，哪一方就必然归于失败。因为保持整齐队形的集团方阵，其强大冲击力或坚强防御力是任何散兵游勇所难以对抗的。所以古代实战阵法的基本原则就是厚集兵力，整齐统一，即以训练有素的士兵组成密集的整齐集团队形，步调一致、行动统一，其方法并不复杂，其特点就是厚集兵力，简单实用，统一整齐。越复杂的阵法，必然越难以统一，往往不足以胜敌，反而自乱阵脚，自取其败。

郑诗亮：阵法发展到后来，被渲染得神乎其神，出现了“八卦阵”“天门阵”这些东西。在您看来，我们应该怎样看待已经神秘化了的阵法？

钟少异：中国古代阵法理论发展之所以与简单、实用的实战阵法相背离，走上神秘化、复杂化的玄虚道路，有两个因素起了重要作用。

一是兵阴阳理论的盛行。战国秦汉时期，阴阳五行学说趋于成熟，逐渐成为中国人看待宇宙万物、世界万象的基本方法论。受此影响，在军事领域也产生了兵阴阳学派，运用阴阳五行学说来预测、分析、阐发战争和军事问题，形成了系统的兵阴阳理论。汉代将兵家总分为四派：兵权谋、兵形势、兵阴阳、兵技巧。《汉书·艺文志·兵家》述兵阴阳理论：“阴阳者，顺时而发，推刑德，随斗击，因五胜，假鬼神而为助者也。”（斗击，北斗所指，泛指星象；五胜，五行相胜。）这一派人多为占星望气的方术之士，排兵布阵之法是其热衷探讨的重要问题，他们没有实战经验，却有基于阴阳五行理论的成套推演方法，其阵法理论遂越来越脱离实际，而趋向神秘化。

二是文人论兵风气的盛行。文人论兵，发端于战国时期，渐成风气，其流弊便是“言战者多，被甲者少也”，“藏孙、吴之书者家有之，而兵愈弱”[①]。为什么会这样呢？因为纸上谈兵，不切实用，夸夸其谈成为时尚，反

① 《韩非子·五蠹》。

而败坏了社会风气。中国历史上文人论兵的风气在宋、明两代达于极盛。众多文人学士热衷于谈兵论战，他们没有实战经验，又受阴阳五行学说的强烈影响，更进一步加重了军事理论特别是阵法研究的神秘化和复杂化，于是，在阵法研究中形成了文人论兵和兵阴阳理论的合流之势，大量的兵书，纯粹从兵阴阳的理论模式——诸如阴阳五行、太极两仪、八卦九宫，等等，推演出了五花八门的复杂阵法，玄而又玄，在实战中则完全难以运用，其末流甚至堕落为奇门遁甲的法术。宋、明两朝，兵书撰著之丰创造了“世界之最”，而在实际战场上则疲弱不振，屡战屡败，与此不无关系。

了解了中国古代实战阵法与阵法理论之间存在的悖反现象，有助于我们对中国古代阵法研究采取正确的态度，这就是必须以实战为依归，力求把握其实战性特点，切忌堕入传统阵法理论神秘化、复杂化的误区。

郑诗亮：说到阵法，让人联想到战车。春秋战国时期的战争中似乎经常用到战车，但到了两汉时期似乎就慢慢地淡出了。在您看来，原因是什么呢？

钟少异：你所说的战车应是特指古典战车，即独辕的马车，用于搭载将士冲锋陷阵。在世界古典时代，这种战车在东西方都有广泛使用，在两河流域、古埃及、古希腊罗马和中国夏商周文明中都能够看到其踪迹，尤其中国对古典战车的运用是相当突出的。经过商代和西周时期的发展，古典战车的运用在春秋时期达于极盛，常见一战萃集上百辆以至数百辆战车。众多的战车搭载兵士，列阵交战，气势磅礴，如霆如雷，成为那个时代的标志。这与西方古典时代一般只在战争中使用少量战车，主要由将帅及其亲随武士乘用有很大不同。由此在中国学术界也产生了“车战时代”的概念，认为中国历史上有一个主要使用战车作战的时代。

不过，现在我们对“中国车战时代”的研究还没有完全突破一个难题：大数量的战车如何列阵、如何交战？古代武士搭乘马拉战车，必须接触战斗——虽然可以在一定距离用弓箭对射，但最终双方必须接触厮杀。历代注经学者对春秋车战的列阵方式做了大量考证，今人也根据考古发现的商周战车遗迹进行了复原探讨，但迄今的研究复原基本只适用于少量战车列阵或单排列阵的方式。然而在实际中，大量战车参战，不可能只是单排列阵，试想几百辆战车一字排开，得有多宽广的战场，兵力这样分散又怎能有效攻防？那么，如果多排纵深列阵，敌对双方的车阵又如何交会交战？对两千多年前的将帅来说，这是个很棘手的实战问题，弄不好可能只有第一排的战车能与敌人交上手，后面的战车则自我拥挤、互相碰撞、乱成一团，不用打就垮了；对今天的研究者来说，这是个很不好解决的学术难题，至今还没有人能够复原出一个令人信服的春秋多排制车阵模型，进而令人信服地建立起春秋时代大规模车战的历史图景。

但不管怎么说，春秋时期集中使用大量独辕马车搭载兵士作战的情况，在世界历史上是少见的。古典战车运用的衰落，开始于春秋晚期，主要原因是争霸战争发展导致作战地域扩大，战场环境日益复杂化，只适于平原旷野驰骋的马拉战车越来越难以适应，于是步战复兴，步兵得到大发展。战国时期骑兵的发展进一步加剧了战车的衰落。战国晚期秦、楚等大国的军力结构都是“车千乘，骑万匹，带甲（或持戟）百万”，军队的主体是带甲持戟的百万步兵，战车和骑兵都起辅助作用，其共同特点是机动性好、突击力强，但骑兵的适应性更好，所以当汉武帝大力发展了骑兵之后，古典战车就完全退出了战争舞台。与此同时，汉代兴起了双辕的畜力车，主要用于运输，在军中也有广泛使用，除了载运辎重，也用于防御设障，后人有时也称之为“战车”，但与古典战车已完全不同。

郑诗亮：从战国、秦汉起，就出现了强弩这种兵器，历代记载不少。《战国策·韩策》记载：“天下之强弓劲弩，皆自韩出。溪子、少府、时力、距来，皆射六百步之外。”汉代许慎说天下好弩材料中有“溪子”。居延汉简有“大黄力十石弩”的记载，三国两晋以及隋唐一直都有著名的弩出现，如众所周知的诸葛连弩。晋代还有一种腰引弩，《马隆传》里有记载。到了宋朝，西夏又有神臂弩。在您看来，这些弩的真实性有多高，它们真的有传说中的那么大的威力吗？

钟少异：你提到的关于弩的这些材料，基本上都是真实的，而非虚幻的传说。需要区分的是，其中有些是手持弩，有些是安装在架上发射的弩砲。

能射六百步外的，应是弩砲，其弩力极强，需用绞车张弦，所以古人称之为“车弩”“绞车弩”。秦始皇在海边射巨鱼，就是用的这种弩砲。汉简有关弩力的记载，甚至高达“四十石”。我曾作过粗略分析，汉简所记十石以上的弩，有些是弩砲；二十石以上的弩，应都是弩砲（见拙著《中国古代军事工程技术史》上古至五代卷，山西教育出版社2008年版，第403—406页）。

中国手持弩的发展高峰是在汉代，李约瑟曾对汉代的青铜弩机赞叹不已，认为是古代机械工程技术的杰出成就，可以与现代的“来福枪机”相媲美；弩砲的发展高峰是在宋代，宋人将弩砲称为“床弩”或“床子弩”（床或床子即指安装弩的架子），宋代床弩的射程达到千步，约合一千五百五十米，这大概是冷兵器时代抛射武器射程的世界之最。床弩在元代仍有使用，蒙古军西征也用了床弩。宋元时期还用床弩发射用火药制作的燃烧弹和爆炸弹。到了明代，床弩就从战场上消失不见了，其原因主要是火器发展起来了。但手持弩的情况有些复杂。在汉代之后，中国的手持弩技术就陷入了停滞，非但没有进步，反而逐渐退化，到了宋元明清时期，虽然军中一直也使用一些手持弩，但精妙的汉代青铜弩机却失传了，宋元明清时期的手持弩，大体就类似于我们今天在云贵地区的少数民族中还能够见到的那些狩猎用弩。中国弩的发展演变过程及其中的历史原因，是一个很有意思的文化现象，还需要深入调查研究。

郑诗亮：说到发展停滞，有一个问题很受关注：中国为何在火枪出现后的几百年里，没有大规模出现西方那种“排队枪毙”式的火枪阵，而是一直将弓在军队里使用到19世纪？有的冷兵器研究者比较了中国的反曲弓与火器，得出结论说，中国因反曲弓比火绳枪乃至燧发枪都强，所以长期压制火器发展，对此您怎么看？

钟少异：这种现象确实说明中国早期火器发展缓慢，难以淘汰冷兵器，所以形成了与冷兵器长期并用的局面。其中的根本原因，我认为还是古代中国的文明特性导致火器发展的动力不足。

中国早期火器的发展曾经历了两次严重的停顿。自从我们的祖先在北宋初把火药应用于军事，创制出世界上最早的火药兵器后，在南宋和元代，中国早期火器有了突出的发展。在这个时期，爆炸性火器从纸壳发展到铁壳，出现了铁壳爆炸弹；管型火器，从纸管、竹管发展到金属管，从喷射火焰发展到发射子弹，出现了金属管形射击火器——火铳，这是后世枪炮的鼻祖；还有一个很重要的发展，就是出现了反推式的火箭。

到了明朝永乐时期，开始于北宋的中国早期火器的发展达到了一个高峰。这时，金属管型射击火器——铜火铳代表了火器技术的最高水平。永乐时期的铜火铳，两种类型，手持铳和架射火铳，在结构上、制造上，比起之前洪武时期和元朝的铜火铳都有很大的进步，而且非常规范。从现在发现的元明火铳来看，管型火器进入金属管时代以后，逐渐表现出了规范化的迹象或趋势，在永乐时期，规范化程度就比较高了，比起之前的洪武火铳和元火铳都明显突出。

达到这个高峰以后，中国早期火器的发展也就停顿了下来。永乐之后，从宣德到正德的一百来年，中国火器看不出有什么显著的发展表现，基本就处在停滞的状态。而且，与永乐火铳相比，从宣德到正德时期的铜火铳反而有退步的迹象，一是制造没有永乐时期精细，二是规范性降低了。所以这一百来年，总体上是停滞和退化。

从嘉靖时期开始，中国火器发展进入了新的阶段，出现了新的趋势。这是因为西方火器传来所刺激、所带动的。首先是西方的佛郎机炮和火绳枪（鸟铳）传来，中国进行仿制，这是从嘉靖时期开始的，这标志着中国火器迎来了第二个发展阶段。接着，在天启、崇祯时期，西方的加农炮——西洋大炮（又称“红夷炮”“红衣炮”）传来，中国又进行仿制，火器技术又上了一个台阶。然而，以仿制西方火器为主的中国火器的这个发展阶段，从明朝嘉靖时期开始，经过万历、天启、崇祯时期，持续到清朝康熙前半叶，也就终止了。这一停止是非常明显的，基本上是清朝统治者自动放弃发展。

明末清初仿制西洋大炮，主要是依靠传教士来设计、指导和监造的，康熙年间南怀仁贡献最大。康熙初年，内乱、外患迭至，应军事急需，南怀仁帮助清廷铸造了大量火炮，在平定三藩、平定准噶尔、统一台湾、抵御沙俄入侵黑龙江等一系列战事中发挥了重要作用，也使明末以来对西方火器的仿制达到了高潮。康熙二十八年，海内基本安定，清廷根据南怀仁的设计，铸成了六十一门重型火炮——“武成永固大将军”炮，代表了明末清初中国仿制西方火器的最高水平，也标志着明末清初仿制西方火器高潮的终结。这之后，康熙、雍正、乾隆、嘉庆时期就再没有造过这样大型的火炮，清廷也渐渐不再重用传教士，火器方面的发展基本停止，又陷入停滞和退化状态。如果说乾隆时期火器技术还勉强保持了康熙时期的水准，那么乾隆之后，就越来越不济了。直到鸦片战争时，清朝的火器制造仍然还是遵循康熙时的“祖制”，但技术全面退化。鸦片战争爆发前，东南沿海地区为加强海防，按照祖宗的老法式赶造了一些大炮，其技术水平和质量，明显还不如乾隆、康熙时期。

中国早期火器发展的这种自我停顿现象，用反曲弓的压制来解释，恐怕简单化了，也说不太通。明末清初引进的西洋大炮，其威力早已远超反曲弓。当时欧洲燧发枪已传入中国，但清人根本不加以发展推广，而欧洲正是通过不断改良推广火炮和燧发枪，在17世纪末彻底淘汰了弓箭手长矛手。为什么中国不进一步发展推广西洋大炮和燧发枪呢？在康熙、乾隆的心目中，显然是有点西洋大炮和鸟铳（火绳枪）就足矣。对此，我深感有必要从古代中国的文明特性来分析探讨深层次的根源，这也是一个很有意义的学术课题。

郑诗亮：古代制造兵器离不开钢铁冶炼技术。现在有些军事爱好者对中国古代的铸铁技术推崇备至，对西方古代主要的冶炼产物熟铁非常不屑。对这种技术上“两条路线的斗争”，您怎么看？

钟少异：中国古代钢铁冶炼技术的突出特点是形成了以生铁冶炼为主的技术路线，这与欧洲长期沿用块炼法冶锻熟铁的技术路线相比，有两个明显的优势。一是冶炼液态生铁显著扩大了炼铁规模，能够获得大量铁原料；二是用液态生铁进行铸造适于大批量生产铁器，但生铁质脆，生铁冶铸不适于制造兵器。所以，尽管春秋战国时期生铁冶铸已有规模化发展，但主要是生产农具，这个时期的铁兵器仍然主要用块炼法冶锻熟铁的方法制造。之后，我们的祖先发明了将生铁炒炼脱碳以获得熟铁或钢的技术（对这项技术，以往都沿用现代术语称之为“炒钢”。华觉明先生认为，中国古人炒炼生铁基本上是对含碳量不加控制地一炒到底，获得的大多是含碳量很低的熟铁，更宜称之为“炒铁技术”），才从根本上克服了生铁不宜制造武器的难关。这项技术在西汉时期迅速推广，才使铁兵器淘汰了青铜兵器，由此也确立了中国古代铁兵器的基本制造方法，即炒炼生铁获得熟铁，用熟铁增碳折叠锻打制成兵器。这个方法，可以说继承、融合、升华了早期冶锻块炼法熟铁的技术，不仅用于制造兵器，也广泛用于制造优质的农具和手工生产工具。

因此，我认为中国古代钢铁技术的特点不能仅仅概括为生铁铸造或生铁冶铸，而应概括为以生铁冶炼为基础，包括两个基本方面：冶炼液态生铁，用生铁进行铸造；炒炼生铁成熟铁，用熟铁进行锻造。中国古代钢铁技术的这两个方面紧密联系，相辅相成，我们研究探讨问题时不可偏废。

郑诗亮：有人认为，在马镫出现之后，骑兵才能成为战争中的决定性力量。那么，除了自幼生长在马背上的游牧民族，农耕民族的骑兵是不是直到马镫出现后才能获得决定性的地位呢？杨泓先生说，“人们对于完备马具的需求情况是：过着游牧生活的骑马民族并不迫切，非骑马民族为了掌握骑术，自然更迫切地求助于完备的马具”。也就是说，他认为，农耕民族的需求更为迫切，科技水平更高，于是率先研发出了马镫。对此，您怎么看？

钟少异：关于马镫发明的意义，我觉得需从三点来看：第一，评价马镫的意义，首先要看到在马镫出现之前，骑兵已经有较长的历史，并且已经在世界战争舞台上创造了壮观的业绩。发生在东亚的汉匈战争，其决定性的作战方式就是在广阔草原上进行大规模的骑兵集团对抗，这些骑兵都是无镫骑兵。第二，要看到发明马镫的4世纪，正当欧亚大陆上开始形成骑兵重装化的发展时期，其表现是骑兵和战马都披上铠甲，骑兵铠甲更趋完备，由防护严密但机动性较差的重装骑兵（甲骑具装，即后世所谓“拐子马”）组成严整的阵形互相碰撞厮杀。对重装骑兵来说，马镫是上马时登踏借力和骑乘时稳控战马的急需之物，如果没有马镫的借助，穿着笨重的骑兵要爬上同样穿着笨重的战马会非常困难，而要想在马背上骑稳就会更加困难。因此，马镫的发明与中古时代的骑兵重装化趋势密切相关，其最直接的重大作用就是解决了重装骑兵的骑乘问题，由此促成了欧亚大陆骑兵重装化浪潮的到来。第三，有了马镫，骑马更加安稳，训练骑兵更加容易，骑兵也能更好地发挥战斗效能。因此，马镫的出现标志着骑乘马具的完善，也标志着骑兵装备的完善。7世纪后重装骑兵风潮在欧亚大陆上逐渐退潮，骑兵的主体恢复了轻捷快速的传统——人着甲马不披甲，但鞍镫齐备，组训和作战更加便利有效。这时，习惯了鞍镫齐备的骑乘者，要他们再像老祖先那样去骑无镫马，势必困难重重了。

杨泓先生是国内最早关注马镫发明问题的学者，他的观点很有道理。目前，在中国东部的农耕地区发现了马镫发明的完整证据链，即从单镫到双镫的较丰富的实物和图像资料。这些资料说明，古人先是在马的一侧装一个小镫，仅供上马登踏，骑好后就不再使用；之后才发展为在马的两侧都安装上镫，供骑乘时双脚踩踏。从出现单镫到形成双镫，在不长的时段内就完成了，根据中国的资料，这个发明过程发生于300年前后，至迟4世纪初已有双镫（参见拙著《中国古代军事工程技术史》上古至五代卷，山西教育出版社2008年版，第497—500页）。其时中国正进入东晋十六国时期，骑兵重装化的浪潮迅速兴起，铠马骑士成为战场上的主力，也成为那个时代独特的标志（时人将披甲的战马称为“铠马”。据《晋书》记载，石勒大败姬澹时俘获铠马万匹，姚兴击败乞伏乾归，收铠马六万匹）。

郑诗亮：您自己写过一篇《6—8世纪中国武器中的外来影响》，除此之外，还有哪些关键性的外来影响呢？举个例子来说，元代的襄樊之战，元军使用了“回回砲”来攻打樊城、襄阳城，而这种兵器是由回族学者发明的。套用时髦的说法，我们是不是可以称之为中国兵器发展的“内亚性”？

钟少异：古代兵器的传播交流及其影响，是技术史、军事史也是文明史研究应关注的重要内容，但目前各方面对这个内容都还注意不够，研究非常有限。除了少数问题，如对火药西传和早期火器东西互渐的研究较充分外，大量问题都缺乏深入、系统的研究。我自己对这个方面也缺乏研究，知之甚少。当初写《6—8世纪中国武器中的外来影响》一文，主要是因为读了薛爱华《撒马尔罕的金桃——唐代舶来品研究》一书，觉得书中有关唐朝武器中外来物的论述过于薄弱且不够准确，于是略述个人所见，实在也是很没有系统性。

你提到“内亚性”的问题，确实，在中国史研究中需要关注亚洲内陆文明及其与中原文明的互动关系，需要关注亚洲内陆文明在沟通东西方中的作用。研究中国古代兵器和军事技术的传播交流问题，也很需要有这样的视野。比如，火药西传是较典型的一个例子。在宋元时代，中国人发明的火药通过丝路贸易和蒙古军西征传到阿拉伯地区，进而又由阿拉伯传入欧洲，对欧洲和世界历史进程产生了巨大影响。历史的这种结果，离不开诸多亚洲内陆民族的活动。又如，抛石机的传播。在火炮发明之前，抛石机是威力最大的攻城武器。古代抛石机有人力拽索式和配重式两种主要类型，中国很早就发明了拽索式抛石机，传到阿拉伯地区，阿拉伯人对其进行了改良，发明了威力更大的配重式抛石机。蒙古军南下攻宋时，从阿拉伯地区引进配重式抛石机，终于攻陷久围不克的襄阳城，打开了南宋的大门。中国文献中因而把配重式抛石机称为“襄阳砲”“回回砲”。但目前对抛石机的研究和史料挖掘还不够充分，对其传播、改良过程中的许多情况的了解不甚了了。类似还有许多重要问题，需要以内陆亚洲乃至欧亚大陆的广阔视野去把握，而国内学术界目前的工作都还处于初级阶段，如冶铜术的起源和传播，冶铁术的起源和传播，马车的起源和传播，骑马的起源和传播，骑兵重装化浪潮的兴起、传播和衰落，等等。深入地究明这些问题，才能对欧亚大陆古代文明的互动和发展建立起真切的图景，这还需要做大量的研究工作。

（本文原刊于2016年9月11日出版的《东方早报·上海书评》第397期，原标题是《钟少异谈中国古代的兵器及军事技术与文化》）

后记

本书旨在对中国古代军事的重要内容进行解析，编写的基本思路是着眼重要问题，努力探寻历史规律性，力求平实易懂，深入浅出。

本书各讲撰写人如下：

第一讲，钟少异、任力、高润浩、邱剑敏、李晓玲

第二讲，钟少异

第三讲，霍印章、萧大维、钟少异

第四讲，钟少异、喻江

第五讲，高润浩

第六讲，魏鸿

第七讲，葛业文、赵英

第八讲，葛业文、李元鹏、钟少异

第九讲，赖锐

第十讲，姚有志、高润浩、李元鹏、钟少异

第十一讲，钟少异、魏鸿、高炜

第十二讲，钟少异

第十三讲，钟少异、张欣

第十四讲，钟少异、荚丽、倪霄汉

第十五讲，钟少异

诚挚感谢各位先生的大力支持与合作奉献！

钟少异

2021年冬于京西